段振富 ◎ 著

一线教师这样做课题研究

海峡出版发行集团 | 福建教育出版社

图书在版编目（CIP）数据

一线教师这样做课题研究/段振富著. —福州：福建教育出版社，2025.1. —ISBN 978-7-5758-0134-8

Ⅰ.G420

中国国家版本馆CIP数据核字第20244JB058号

Yixian Jiaoshi Zheyang Zuo Keti Yanjiu
一线教师这样做课题研究
段振富　著

出版发行	福建教育出版社
	（福州市梦山路27号　邮编：350025　网址：www.fep.com.cn）
	编辑部电话：0591-83763280
	发行部电话：0591-83721876　87115073　010-62024258）
出 版 人	江金辉
印　　刷	福建省地质印刷厂
	（福州市金山工业区　邮编：350011）
开　　本	710毫米×1000毫米　1/16
印　　张	19
字　　数	299千字
插　　页	1
版　　次	2025年1月第1版　2025年1月第1次印刷
书　　号	ISBN 978-7-5758-0134-8
定　　价	53.00元

如发现本书印装质量问题，请向本社出版科（电话：0591-83726019）调换。

序

段振富老师的新作《一线教师这样做课题研究》即将付梓，可喜可贺。在我看来，这本书对于广大一线教师的教育教学研究工作具有不小的指导意义。

本书的价值首先在于这是关于指导教师课题研究的著作。在教育强国的整体背景下，教师专业发展成为一个非常重要的议题。教师专业发展的其中一个要义，是要让教师成为研究者。如何能成为研究者？教育教学方面的课题研究是一个重要抓手。

然而，对于多数一线教师而言，平时更多思考的是如何把课上好，所以更习惯的是教学思维，并不习惯研究思维。当需要做教育教学研究时，往往觉得无从下手。因此，需要很多的指导。但老师们需要的指导，又不是单纯的理论指导，而是如何基于教学，将平时实践的思考转化为课题研究话语的指导。

基于此，本书的另一个重要价值也就得以凸显，即作者是基于自己在一线二十多年的教育教学经历以及主持多个省、市级课题的经验来谈课题研究。这对于广大一线教师来说，是一个更加友好的视角。难能可贵的是，作者还曾在研究院科研处从事过三年的课题管理工作，他将管理课题的实操经验体现在书中，这对于那些初涉课题研究领域的教师来说，无疑是一份珍贵的指南。

概括而言，通过认真阅读本书，读者至少能获得两方面的价值。首先，是能更好地认识课题研究及其意义。作者指出，需将课题研究与教育教学紧密结合，特别强调了要将课题研究与课堂教学紧密结合，同时要将其与自己的教学主张融为一体，这种理念具有很强的前瞻性和指导性。其次，是能更加明确该如何进行课题研究。书中不仅为我们呈现了从课题选题、申报、开题、中期检查到结题总结的完整流程，并详细阐述了每个环节的具体实操、需要完成的任务，还提出了以下做法：以撰写一篇论文的视角去设计一节课，以申报一项课题的视角去撰写一篇论文，以出版一本专著的视角去申报一个课题，以申报一项教育教学成果奖的视角去出版自己的专著，为一线教师提供了进行课题研究的"术"和"道"。

作为一名大学里的教育教学研究者，我深知课题研究对于教师专业成长的重要性。这本书不仅为一线教师提供了实用的方法和策略，更传递了一种积极进取、勇于探索的精神。作者在书中以自己主持过的大量研究课题作为案例，分享了自身的专业成长路径和心得体会。鼓励教师们在课题研究的道路上不断前行，不断提升自己的教育教学水平和科研能力。

我推荐这本书给每一位致力于提升自己教育教学水平、追求卓越的一线教师，相信它会成为你们在课题研究之路上的得力助手，也希望各位教师能在本书的指导下，进行教育教学课题研究的实践，真正让自己成为研究者。只有亲身实践了，才能真正有所收获，得到成长。所谓"纸上得来终觉浅，绝知此事要躬行"。

权作为序。

章勤琼

二〇二四年九月

（福建师范大学教育学院教授、博士生导师）

目　　录

第一章　一线教师的课题研究与专业发展 …………………… 1
第一节　课题研究的定义和价值 ………………………… 2
第二节　一线教师做课题研究的原因 …………………… 3
第三节　一线教师课题申报的类型和等级情况 ………… 7
第四节　一线教师课题研究水平提升的有效途径 ……… 8
第五节　一线教师做课题研究的具体流程 ……………… 11

第二章　一线教师课题研究的选题策略 ……………………… 20
第一节　课题研究的选题原则 …………………………… 20
第二节　课题选题的方向和来源 ………………………… 22
第三节　课题名称的常见模式 …………………………… 31
第四节　有效选题的前期准备 …………………………… 36

第三章　一线教师课题研究的申报评审 ……………………… 40
第一节　课题申请评审的价值和意义 …………………… 41
第二节　课题申请评审书包含的具体内容 ……………… 44
第三节　课题申请评审书撰写的具体环节 ……………… 50
案　例　"基于数据分析的初中数学弹性作业设计实践研究"课题申请评审书修改过程 ……………………………… 91

第四章 一线教师课题研究的开题报告 …………………………… 134
- 第一节 开题报告的意义 ………………………………………… 134
- 第二节 开题报告与申请评审书的联系与区别 ………………… 138
- 第三节 课题实施行动计划 ……………………………………… 141
- 第四节 课题开题过程中的常见错误和对策 …………………… 143
- 第五节 开题之后课题研究的实施阶段 ………………………… 145
- 案　例 "大概念视角下初中数学图形与几何单元整体教学的实践研究"
  课题开题报告修改过程 ………………………………… 148

第五章 一线教师课题研究的中期检查 …………………………… 174
- 第一节 课题中期检查的价值和意义 …………………………… 174
- 第二节 课题中期检查具体的检查内容 ………………………… 176
- 第三节 课题中期检查活动的关键步骤 ………………………… 180
- 案　例 "'双减'背景下'读思达'教学法在小学习作教学中的落地研究"课题中期检查表修改过程 …………………………… 184

第六章 一线教师课题研究的结题鉴定 …………………………… 208
- 第一节 课题结题活动的组成要素 ……………………………… 209
- 第二节 课题结题报告的内容和撰写注意要点 ………………… 213
- 第三节 课题结题鉴定书的内容和撰写注意要点 ……………… 219
- 第四节 课题研究的成果公报 …………………………………… 226
- 案例1 "核心素养视域下利用信息技术优化初中英语阅读教学策略的研究"课题结题报告 ……………………………………… 231
- 案例2 "核心素养视域下初中数学校本课程体系建设的研究"课题结题鉴定书 …………………………………………………… 252

第七章 一线教师课题研究的成果提炼 …………………………… 263
- 第一节 课题研究类论文的特点 ………………………………… 263
- 第二节 课题研究类论文的组成要素 …………………………… 266

第三节 课题研究类论文的撰写方法 …………………………………… 268

第四节 课题研究类论文撰写的一般范式 ………………………………… 272

第五节 课题结题之后 …………………………………………………… 275

案　例　大数据背景下基于过程性评价的初中数学教学实践 ……… 278

参考文献 ………………………………………………………………… 287

致谢 ……………………………………………………………………… 292

第一章
一线教师的课题研究与专业发展

最近几年国家陆续颁布了一系列重要文件，强调教育科研等相关问题。例如，2019年6月23日颁发的《中共中央、国务院关于深化教育教学改革全面提高义务教育质量的意见》明确提出："各地要定期开展聚焦课堂教学质量的主题活动，注重培育、遴选和推广优秀教学模式、教学案例。"这些活动的开展都需要一线教师通过教育教学改革来推进和落实，而开展课题研究是落实这些要求最好的方式。

教育部等八部门印发的《新时代基础教育强师计划》中提出："鼓励支持高水平师范院校建立教师教育协同创新平台，推动优质课程资源共享、学科建设经验分享、教育科研课题共同研究，整体提升我国教师教育的办学水平。"明确指出要以教育科研课题共同研究的方式来提升教师的研究水平。

《教育部关于实施国家优秀中小学教师培养计划的意见》提出培养"国优计划"研究生，目的也是为一线教育教学输送一批具有较强科研能力的人才。

各省（市）教育行政主管部门都会在落实这些文件精神方面出台相关政策措施。通过这些政策，越来越多的教师开始意识到教科研特别是课题研究对于教学质量提升的重要性，学校和各级教育部门也在鼓励和支持教师进行课题研究。课题研究已经成为一线教师专业发展的重要途径，越来越多的教师积极参与到这项活动中。

一方面，教师通过课题研究可以解决和深入研究自身教育教学中遇到的实际问题，从而提高教育效果和教学质量。另一方面，教师通过课题研究可以不断提升自己的专业水平，从而提升职业发展和晋升的机会。

与此同时，一线教师的工作性质和特点也导致中小学课题研究面临一些挑战和问题。一方面，一些教师可能面临时间和资源的限制，日常教学任务繁重，还需要应对各种检查、提交材料等琐事，难以充分投入到课题研究中。另一方面，一些教师因为缺乏研究方法和研究能力，导致研究成果的质量不高，难以推广，更难形成系列的研究成果。此外，一线教师本身对课题研究成果应用和推广的意识不足，也会导致研究的实际价值和效果打折扣。

教育行政主管部门以及各级科研单位和学校，进一步有规划地推动和科学地加强对中小学课题研究的系统指导，将有助于促进教师的专业成长和提升教育教学质量，也是解决一线教师目前在课题研究方面所遇问题的有效方式。

下面我们就课题研究的一些具体问题进行系统性的探讨，以期让一线教师在意识上对课题研究，特别是对其所要进行的研究课题有一个更加清晰的认识。

第一节　课题研究的定义和价值

课题很多时候会跟项目混在一起来讨论。其实课题是科学研究的基本单元，具有较为单一而独立的特征，而项目是由若干彼此有联系的课题所组成的一个综合性较强的科研问题。

《现代汉语词典》把课题解释为：研究或讨论的主要问题或亟待解决的重大事项。通俗来讲，课题研究是指在某个学术或专业领域中，对具体的主题或问题进行系统的调查、研究和分析的过程。课题研究通常是针对特定的目标和问题展开的，旨在通过收集和分析相关数据、文献或实际情况来深入了解该主题或问题，并提出解决方案和形成结论。课题研究的目的是解决日常工作生活中遇到的问题、难题，解决社会生活中存在的热点、难点、痛点问题，通过研究推动社会不断进步。

在课题研究过程中，课题主持人或核心成员需要制订明确的研究目标，设置相关问题或假设，设计研究方法，收集和分析数据，撰写研究报告或论文，并与同行专家进行交流，最后对成果进行推广，以扩大研究成果的价值和影响力。

一线教师的课题研究是指针对基础教育（包括中小学、幼儿园、职业教育，以及特殊教育等）领域的特定问题或主题进行的系统性、持续深入的研究活动。这些研究主题可以是教学方法、学生学习策略、教学效果评估、教师和学生发展等与教育教学紧密相关的议题。这些研究是为了提升一线教学的质量、改进教育教学方法、解决教育实践中的热点和难点问题，以及促进学生的核心素养提升并获得终身发展所必备的价值观、必备品格、关键能力。

一线教师课题研究旨在提升教师的教学能力和教育教学质量，促进教师的专业成长。在一线教师课题研究中，教师首先需要确定研究问题和目标，搜集相关的理论知识、研究成果和实践经验，然后设计研究方案，进行数据采集和分析，最后总结和归纳研究结论，并将研究成果应用到课堂教学实践中，不断进行反思和修正。

一线教师课题研究具有实践性与理论性相结合的特点，注重解决实际教学中的问题，倡导反思和创新，并能够为其他教师提供有益的教学经验和参考。课题研究不仅对一线教师的个人成长和发展有益，也对学校和教育系统的进步与改革起到积极的推动作用。

第二节　一线教师做课题研究的原因

一线教师在基础教育领域进行课题研究的原因有两个方面：一方面，从个人专业职称和研究水平来说，课题研究是一线教师专业成长的重要途径。另一方面，从学校发展和区域教育整体水平提升角度来说，教师教科研能力决定了学校甚至是区域教育未来可以走多远。

一、教师个人专业成长

"只有教师发展了，才有学生的发展"表达的意思是，一所学校的核心竞争力不在于建筑多么雄伟，而在于有一批优秀的教师。优秀教师除了敬业，更要有独立思考的能力，有对学科教学、教育的深刻理解。只有拥有了一大批优秀教师，一所学校甚至是整个区域的教育才能真正有未来。一线教师做课题研究，对教师个人职业生涯，特别是个人学术影响力提升，有着特别重要的意义。

1. 职称评审

一线教师的专业技术职称从二级教师到一级教师，正常要求是任现职满5年时间，并且需要参与课题研究；从一级职称到副高级职称，正常也是任现职满5年时间，且需要主持或者作为核心成员完成县、市级以上的课题研究；最后到正高级职称，最少需要在高级职称岗位上工作5年，还需要主持省级以上的课题研究，但实际上很少有人能够一到规定的5年时间就可以参加正高级职称评审的。当然最近几年随着名校的硕士和博士陆续加入到一线教师队伍中来，对他们的职称评审要求会有不同，这个需要参照各省教育厅和人社厅相关规定执行。

2. 名师认定

跟专业技术职称一样，一线教师也需要不断经历名师认定的过程，一般情况下，从县（区）到地市级，然后是省、部级。从县（区）级骨干教师培训和认定开始，就需要有相对应的课题研究经历。例如，福州市教育局在2021年印发了《福州市闽都教育人才培养工程五年规划》，对全市所有教师进行如下路径的培养：新任教师→教坛新秀→骨干教师→学科带头人→教学名师→教育专家。从市级骨干教师、学科带头人认定开始，都需要有参与课题研究的经历，或者曾作为核心成员参加过县（区）级以上的课题研究，主持过市级以上课题。同样的，在省特级教师评定中也明确要求要有作为核心成员或者主持人完成过省级以上的课题研究的经历。

3. 教学成果奖

教师所做的课题研究与他申报的教学成果奖之间可以相互关联和佐证，相互成就，关系紧密。

在申报教学成果奖时，通常需要提供相关的佐证材料来支持自己的申请。这些佐证材料可以包括课题研究成果、教学设计案例、教学实施方案、教学评估数据等，以展示申请人在教育领域中的贡献和取得的成果。虽然不是必需的，但通过提供课题研究成果作为佐证材料，可以向评审机构或专家团队展示申请人针对特定教育问题进行深入研究和实践的能力，进而加强申请人的申报信誉和竞争力。因此，如果在课题研究中取得了较为显著的成果，并且这些成果与申请教学成果奖的目标有关，那么将课题研究作为佐证材料是一个有利的选择。

4. 教学主张提炼

提炼名师教学主张可以为课题研究提供理论依据和指导，而课题研究则可以进一步验证和完善名师教学主张，促进教育教学的发展和改进。课题研究可以作为提炼名师教学主张的佐证，通过实践和数据的支持，进一步加强和完善名师教学主张的可行性和可靠性。

当我们提炼名师教学主张时，可以选择具体的问题来作为研究对象，通过对该课题进行深入研究和实践，进一步验证和完善名师教学主张的有效性。同时，通过课题研究，我们可以运用科学的研究方法，搜集和分析相关数据，观察和评估教学策略的实际效果。课题研究的结果可以提供实证数据，支持或修正提炼出的名师教学主张，并且能够更直观地展示这些主张在实践中的应用和成效。

5. 个人研究水平提高

课题研究是一线教师进一步提高专业水平和能力的重要途径。参与课题研究，教师需要进行系统性的思考、研究和实践，不断提高自己的教育教学理论水平、对全局规划整合的能力、学科专业教学能力以及作为教师的综合素养。这为教师的专业发展提供理论指导，同时也为实践过程提供了方向，更加有利于教师专业成长和发展。

通过参与课题研究，教师可以进一步强化自己的专业知识和教学技能。如果长期坚持做一项课题研究，能够促使教师深入探索某一特定问题或课程领域，从而拓宽自身的教学视野，提升自己对教育教学更高层次的理解，提高对教育教学实践的理论认识和方法运用能力，同时也能够间接提升教学质量和效果。这样就推动了学校的社会影响力，进而个人和学校都在某一个区域内就有一定的影响力和号召力。

二、学校和区域教育发展

从学校发展和区域教育的整体水平提升角度来说，教师做课题研究也是非常有意义的一件事情。一位教授说过："评价一所学校，除了看每年清北、其他双一流高校考取了多少人，还要看这所学校教师的整体科研能力。"一线教师做课题研究对个人研究能力提升和学校发展有特别的意义，具体可以从以下几个方面来理解。

1. 整体提升教学水平

通过课题研究，教师可以深入研究和解决实际教学中遇到的需要迫切解决的问题或者研究热点，寻找更有效的教学方法和策略，形成研究性成果，并指导实践教学。教科研课题必须从一线教学实践中来，基于教学实践中遇到的真实问题，以研究的视角来分析问题和解决问题，最后回到学校，回到课堂，回到教学中，这才是真研究。而这一切都是基于教学又回到教学。因此，课题研究可以帮助教师提高专业知识和技能，促进教师在实践中不断反思与总结，提升教学水平和能力，进而提高学生的学习效果和成绩。

2. 促进师资培养和交流合作

教师是一个特殊的群体，因为每天打交道的对象基本上都是学生，而作为未成年人的学生生活相对比较简单，这就导致许多一线教师的生活也变得简单，与成年人交流的机会和动力就少了很多。而参与课题研究可以促进一线教师之间的交流和合作。现在课题管理机构都很重视和鼓励跨单位、跨学科，甚至是跨行业组建课题研究小组。同一学科不同学校的教师组建一个课题研究小组的情况下，教师们可以交流的对象就丰富了很多。

教师们可以通过参与课题研究相互切磋、分享经验，共同解决教学中的问题和困难。这有助于教师之间的沟通与合作，共同探讨和解决教育教学中的难题，分享有效的教学经验，相互借鉴和学习，进而提高整个教育系统的质量，提升教育在区域内的社会影响力。

3. 彰显教师专业身份和成就感

课题研究过程中，教师必须完成相关的研究报告，撰写与课题相关的CN论文，形成课题结题的系列成果。通过这些成果，教师就能够展示自己在教育领域的专业能力，提升自身的学术声誉和专业地位。

特别是课题研究的文章，因为有详实的过程和精准的实验数据，所以有项目基金资助的课题类文章更容易被人复印和全文转载。通过课题研究成果的提炼，能让更多的教师了解和认可自己的工作，进而对教育教学产生积极的影响。这不仅有助于教师个人的发展和提升，也能够为教育系统树立良好的师资队伍形象。

第三节　一线教师课题申报的类型和等级情况

课题研究纵向分为国家级课题、教育部课题、省级课题、市级课题和县（区）级课题，以及部分学校设有的校级课题。其中国家级课题又分为国家重大、国家重点和国家青年三大类；教育部课题分为教育部重点、教育部青年、教育部专项这三大类；省级、市级和区县级课题都根据各自的特点或者需求有具体划分，一般来说整体上具有相似性和一致性，例如，横向分为重点课题、规划课题、专项课题等。纵向的课题按照级别从低到高大致划分如下。

级别	主管单位（机构）	课题类型
县（区）	教育局	县（区）教育局专项课题
	教师进修学校	县（区）教育科学规划课题
市级	教育局［电化教育馆（以下简称电教馆）］	市教育信息技术研究课题
	教育研究院/教育科学研究院	市教育科学规划课题、专项课题
省级	省教育科学研究所	省教育学科规划课题、专项课题
	省电化教育馆	省信息技术研究课题
	省普通教育教学研究室	省基础教育课程教学研究课题
	省教育厅	教育厅中青年教师教育科研项目
	福建师范大学教育学院（并非每个省都有）	教育部福建师范大学基础教育课程研究中心开放课题

对于基础教育领域的一线教师（这里主要是与高校教师区别）而言，申报国家级课题和教育部课题，获得立项有较大的难度，但还是有可能的，关键是看申报人的个人研究经历以及团队的研究基础。以 2023 年国家级和部级课题为例，有 13 个中小学、幼儿园、特教等基础教育领域（含中职校）申报的项目获得"国家一般"课题的立项，如深圳元平特殊教育学校、南京市力

学小学等。同时，也有 21 个中、小、幼、特等基础教育领域（含中职校）申报的项目获得"教育部重点"课题立项，如厦门市瑞景小学、重庆谢家湾学校等。

  总体上说，要申报国家级、教育部课题的教师，需要关注相关的网站，一般情况下在春季会发布课题申报的通知，同时各省的教育科学规划办也会在国家教育科学规划办的基础上转发关于组织国家教育科学规划办课题申报的通知，按照这种方式层层转发文件最后到学校。有意向申报的教师需要自己关注国家级课题的网站。同样，要申报省级课题的教师，也需要关注各省教育科学规划办的网站信息。

  一般情况下，需要有课题经验（主要是指做过课题主持人，或者至少曾经是某个课题的核心成员）才能申报上一级课题的负责人。例如，要申报市级课题主持人，必须至少有做过县（区）级课题主持人或者曾经是某个课题的核心成员的经历，并且需要提供已经完成项目的结题证书作为佐证材料。同理，申报省级课题主持人，必须至少有做过市级课题主持人或曾经是某个课题的核心成员的经历，全国大部分省份对课题主持人的研究经历要求是一致的。

第四节 一线教师课题研究水平提升的有效途径

一、继续教育培训

  教研机构是专门从事教育教学研究的机构，承担着教师培训等职责。在学科教研员的带领下，在职教师每年都要接受相关的培训。但是在实际操作中，很多都是学科专业类的培训，对于学科教学而言，如何做课题研究就成为了通识课，操作起来基本被有意无意地忽略了，成为了边缘地带。不过可喜的是现在很多教育科学研究院都设置了科研中心，在未来一段时间内将推进一线教师做科研（特别是课题研究、成果奖申报、个人专著出版、个人教学主张提炼、为本地区教育发展提供智库支持等）的进程。

二、各级教师进修学校（学院、研究院）或教师发展中心等的培训

按照规定教师进修学校等是最正规的课题行政管理部门，重点进行课题研究的立项审核、课题研究过程管理、课题结题验收审核等工作。就实际操作而言，目前大部分科研部门的工作重点都在课题研究的管理。对于如何做课题、如何进行科研课题过程管理的相关培训，大部分也是针对县（区）以及市（省）直属学校教科室主任和获得年度立项课题的负责人的。在这样的背景下，我们不难发现对一线教师的课题研究规范和研究流程，以及课题研究质量等问题的培训工作，相对来说还有待改善，理应加强对一线教师进行科研课题方面的培训。这样才能从源头上解决一线教师不知道如何做课题研究的问题，也只有这样才能整体上提升一个区域内教师的教科研水平。

三、学校教科室的培训

从整体建制的角度来说，省、市属学校一般都有设置专门的学校教科研行政管理部门（教科室），教科室主任一般由教务处副主任兼任。但是上级主管部门（县、区、市级教育局）一般没有正式的行政任命，所以让很多教师觉得教科室是一个说起来重要，实际上虚无缥缈的部门。这个问题目前一部分省级达标学校会有一些改变，如教科室主任能得到教育行政主管部门的认可，算作正规的行政干部，有行政任命书，有了名正言顺的岗位，就要承担起相应的培训和管理责任，这样对于学校科研实力的整体提升是非常有帮助的。

学校教科室本应在提升教师课题研究水平和能力培训方面承担重要的责任。但是，实际上一线教师会发现，学校工作的重点永远都在如何提升学生的学习成绩，很少有相对完整的时间和机会来对教师进行教科研水平和能力提升培训。同时在学校层面的培训中高水平的师资资源也相对缺乏。

综合上面这些因素，我们就会发现一线教师教科研水平在源头上存在着缺陷和不足。但是，随着全国教育水平的整体提升，国家对教育的投入增加，重视度越来越高，上述现象也在逐步得到改善，特别是一线城市部分基础教

育领域的研究水平已经达到了一个相当高的层次，这与最近几年高层次人才被引进到中小学、幼儿园的政策是分不开的，很多重点大学的博士毕业后到一线城市的中小学或幼儿园担任教师，从而推动了基础教育领域研究水平的大幅度提升。

四、跟随名师团队一起成长

现在很多一线教师做教科研以及课题研究，基本上都是通过名师引领。跟随已经有丰富课题研究经验的前辈，从做课题普通成员开始，了解课题研究是什么、做什么、如何做，做一些资料搜集整理、活动过程影像资料保存等基础性、实操类的工作，慢慢地了解一些课题研究的内涵和关键问题以及重要环节和研究流程。积累一段时间后，跟随某一位主持人做课题的核心成员，这个时候是一线教师走向课题研究最重要的一个里程碑。要做课题核心成员，一般情况下都要求有做课题研究的经历，建议做2—3个课题的普通成员以后，再去做课题核心成员。做过核心成员之后，就具备了担任课题研究主持人的资格，当然有的课题主持人对教师职称有要求，这个也需要在实际操作过程中加以关注。

教师做课题的路径一般是：校级课题成员、核心成员、主持人，课题顺序是县（区）级课题、市级课题、省级课题、国家级课题。

五、教师主动学习

教师自费参加与教科研课题研究相关培训活动的情况较少，一是现在专门针对如何做教科研课题的培训课程比较少；二是相对于学科专业培训来说，教科研课题的针对性培训性价比不够高，所以教师自费参加的积极性也不高。

因此阅读相关的书籍就成了一种最为便捷也最有效的方式。现在市面上有不少专门针对一线教师如何做科研课题的专著，有兴趣的教师们可以通过网络查询"课题研究"关键词，然后通过预览和查看评论判断是否值得购买。

当然，最近几年随着自媒体的发展和不断完善，涌现了很多高质量的微信公众号，点击量高以及更新比较快的自媒体都值得我们一线教师重点关注。可以选择自己感兴趣和急需的专题进行针对性阅读，坚持一段时间，比如：

一个学期，或者一年、三年，教科研方面的专业水平就会得到快速提升。

第五节　一线教师做课题研究的具体流程

课题研究的过程包含申请、开题、中期、结题四个阶段。这是从课题研究的整体视角来定义的。做课题的过程：课题管理机构会下发课题申报的文件，一线教师收到通知后就要开始撰写课题申请评审书；申请评审书提交上去一段时间之后，就会有课题立项的通知文件下发，获得立项的教师就会得到课题立项证书；然后课题管理机构就会要求课题组必须在立项之日起3个月内举行课题开题活动，这时候主持人就要开始撰写课题开题报告，一般还要配上课题研究行动方案或者课题研究行动指南。等到了立项后的1年，教科研管理部门（教科室）就会通知要进行课题的中期检查。要特别注意不是中期报告，而是中期检查。从字面就可以知道，这个时候最核心的是检查课题进展情况，是否完成预期的目标，是否按照原来的研究假设和研究计划在进行课题研究。课题研究的过程中，如果研究方向偏了，或者遇到较大的问题导致课题研究停滞，这个时候就是补救的宝贵时机。最后就是立项时间快满2年的时候，课题管理机构会发文件通知准备结题，这个时候需要做的工作就是对2年的研究做一个总结并且撰写报告；召开课题成果公报会，向专家汇报课题研究的成果，在专家的指导下准备结题的相关材料，一般来说是需要将材料装订成"××课题结题材料汇编本"；按照文件要求提交相关的材料，等待课题管理机构评审合格后颁发课题结题证书。在这四个环节中，会有相关的一些细节需要注意和完成，具体情况如下图所示。

从下图可知，一个课题研究经历申报、开题、中检、结题四个环节就顺利结束了，一线教师可以拿着这份材料去参加相关的职称评定。课题研究的四个环节对刚刚入门的研究者来说，确实有一定的指导意义，但是如果从真正的研究视角来说，课题研究的精髓和要义不只是上面的四个环节。

比如，许多一线教师认为课题申报是课题研究的第一步，这个理解严格来说是错误的，因为在申报课题之前，其实还有两步工作需要完成，那就是选择课题和方案设计。只有做好了这两项工作，再去撰写课题申请评审书，

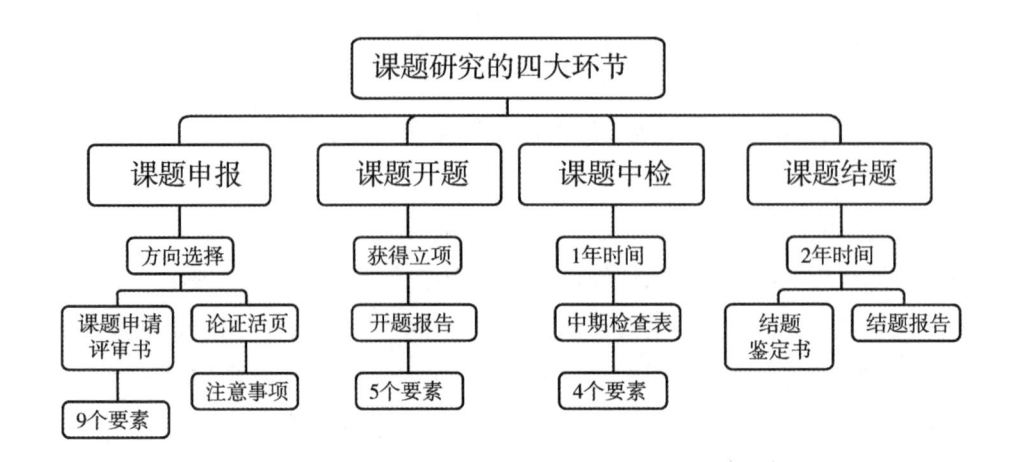

```
                    课题研究的四大环节
        ┌───────────────┬───────────────┬───────────────┐
     课题申报         课题开题         课题中检         课题结题
        │               │               │               │
     方向选择         获得立项         1年时间          2年时间
     ┌───┴───┐          │               │            ┌───┴───┐
  课题申请  论证活页   开题报告       中期检查表    结题      结题报告
  评审书    │                                       鉴定书
            注意事项
     │                   │               │
   9个要素             5个要素          4个要素
```

才能够提高获得课题管理部门批准立项的可能性，同时只有做好了这两项夯实基础的工作，才能保证立项之后的工作能有条理地进行，也只有这样才能让课题在2年后顺利结题。

从课题管理的角度，还有"真做研究，做真研究"的视角来说，课题研究应该包含以下九个方面：选择课题、方案设计、立项申请、开题论证、课题实施、中期检查、撰写报告、课题结项、成果推广。具体操作流程以及每个环节之间的关联如下图所示。

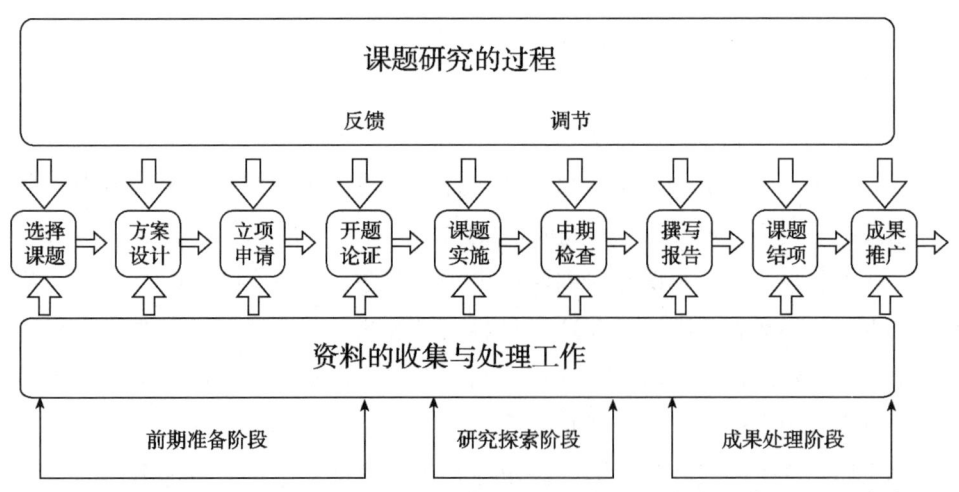

```
┌─────────────────────────────────────────────────────┐
│                   课题研究的过程                      │
│                                                     │
│             反馈            调节                     │
└─────────────────────────────────────────────────────┘
   ↓      ↓      ↓      ↓      ↓      ↓      ↓      ↓      ↓
 选择   方案   立项   开题   课题   中期   撰写   课题   成果
 课题   设计   申请   论证   实施   检查   报告   结项   推广
   ↑      ↑      ↑      ↑      ↑      ↑      ↑      ↑      ↑
┌─────────────────────────────────────────────────────┐
│              资料的收集与处理工作                    │
└─────────────────────────────────────────────────────┘
     前期准备阶段        研究探索阶段         成果处理阶段
```

通过该图可以清晰地看到课题研究的三个阶段：前期准备阶段，中期的研究探索阶段，最后的成果处理阶段。而且这三大阶段所对应的环节，也能够从图中直观地看出来。同时我们可以看到在课题研究的过程中，有两个环节对课题研究有特别的价值和意义，其一是开题论证环节，主要是向专家汇报研究的详细过程和步骤，取得专家的反馈，然后根据专家的建议进行修改和调整；另外一个重要环节就是中期检查。

选择课题环节中，课题基本十几年前就确定了方向，每项课题结题后，新的课题都是在原来确定的领域和方向上选择不同的维度来进行深入的研究。在课题结项之后，还要注重对前面研究成果的推广和辐射引领。只有这样的课题研究，最后才能够走向教学成果奖，才是真做研究。接下来我们对上面九个环节的具体内容作如下解读。

一、选择课题

选题就是确定研究方向和主题，一般主要是以问题为导向，例如：在教育教学工作中遇到什么问题，学校教育或区域教育的发展存在什么困难，教育行政部门颁布的政策如何在日常教育过程落地等。但是并非教学过程中遇到的所有问题都可以成为研究的课题，因为选题是否恰当，是否有研究的价值，是否能够实现研究的目标，是否能够通过研究内容和计划达成研究的目标，课题组成员的研究能力和水平能否保障研究的顺利进行，等等，这些都需要根据实际情况进行考虑。有些人可以研究，但你不一定适合研究，有些看起来具有研究的价值和意义，实际上把时间线拉长来看该研究可有可无，等等。从操作经验来看，以下几个方面是我们在选题时可以关注的点。

（1）了解研究领域：通过阅读文献综述、参加学术研讨会等方式，对研究领域的前沿知识和热点问题进行了解。这有助于把握当前研究的最新动态，避免重复已有研究，并为自己的研究提供理论和实践基础。

（2）确定个人兴趣：结合自己的专业背景和研究经验，确定一个与个人兴趣相关的研究方向。研究是一个长期而艰苦的过程，如果选择一个自己缺乏兴趣的领域，可能会导致研究动力不足、投入度较低，难以取得好的研究成果。

（3）考虑资源条件：综合考虑所需资源（如设备、资金、人员）是否充足，选择一个具体的研究选题，确保能够顺利开展研究工作。

二、方案设计

课题研究方案是课题方向和名称确定之后，课题组对整个课题研究的系统性规划，也叫课题研究计划。它从整体上对课题研究各方面进行预设，比如：具体内容和步骤、具体思路和设想。总体来说，课题研究方案要解决5个问题，即（1）为什么研究？（2）研究什么？（3）怎样研究？（4）研究的结果是什么？（5）怎样保证研究？

课题方案设计其实是课题研究最重要的一个环节，但一线教师在实际操作过程中常常忽略，在课题申报之前没有对其进行严格的设计和论证，就想当然地进行课题申报，最直接的后果就是无法顺利结题。

三、立项申请

课题立项申请主要是指课题组向课题管理机构提交课题申请评审书的过程。所以课题申请评审书显得尤为重要，是前面两个阶段的有形产物。课题申请评审书的撰写是否科学，将直接影响课题组未来是否有机会获得立项。

课题申请评审书应该要包含以下几个方面：（1）能够直接反映课题研究的意义和价值；（2）能够明确研究的目标和内容；（3）清晰表达研究所采用的方法；（4）研究的过程详细且具有可行性；（5）研究假设具有操作性等。可以说，课题申请评审书不但起着一般书面请示的程式作用，而且具有课题论证的功能。

与课题申请评审书配套的是课题论证活页，其内容与申请书基本一致，最大的不同就是隐藏了课题组成员个人信息和单位信息。主要是为了匿名评审，保障评审的公平、公正，因此课题论证活页一般都有提示不得出现课题相关个人或单位信息，否则一票否决。这一点需要一线教师特别是课题研究新手引起高度重视。

四、开题论证

当课题通过评审，获得课题管理单位立项之后，就进入开题阶段。根据课题管理办法，一般情况下是从获得立项时间开始算起，3个月内必须完成开题。开题报告应该包括以下几个部分的内容：

（1）研究背景和意义：简单介绍选题的背景、研究现状、存在的问题以及研究的重要性和意义，特别是课题组建立以来在该领域取得的研究进展和成果。

（2）研究目标和内容：明确课题研究具体需要达成的目标，以及为了顺利达成目标需要做的具体内容，一般以项目的方式来呈现。要求以简洁明了的方式进行罗列，指向性明确，而且目标具有可操作性、可测量性。

（3）研究方法和计划：详细描述研究采用的方法和实施步骤，包括数据收集与分析方法、实验设计等。

（4）预期结果和评估方法：说明研究预期可能得到的结果，以及如何进行评估和验证。

跟开题报告配套的是课题实施行动方案，有的也称为课题研究行动计划、课题研究实施行动指南。

五、课题实施

这里的课题实施是指一个行动过程，与前面的课题实施行动方案紧密相关，是在课题实施行动方案的指引下，按照研究假设和研究计划在日常教育教学过程中去完成相关的研究任务。在课题实施过程中，正常情况下每个学期要有重点目标和任务，可以通过两个维度进行任务的分工和实施：一是按照时间维度，每个月要做哪些具体的项目任务，谁负责这个项目，最后的成果形式是什么，由谁来负责监督和落实。二是按照任务驱动，把课题研究需要完成的任务分解为各个子项目，每个子项目谁负责，最后成果是什么，最后完成任务的期限是什么时候等。在课题开题报告中要非常详细地制订行动计划，开题之后就要执行计划。遇到很多课题组，实际中因为一线的日常教学任务紧，各种教学任务和考核指标常常让教师忽略了课题的相关任务，这也就是我们为什么一直提到要把课题研究的内容和任务，与教师日常的教学紧密结合起来。让教与研完美融合，每天的教学都是在做研究，每天思考的内容都与研究课题相关。这样的模式才能真正避免出现课题与教学"两张皮"现象，这样的研究模式才是一线教师所需要的研究模式，也是我们一直在推动的研究范式，这样的研究才会真正出成果。

根据课题研究管理经验发现，对于有丰富经验的课题组，会在课题开题的时候，就注重各类材料的收集整理工作，常用的方法有：（1）制作课题的横幅，一般按照 5 米长、0.8 米宽的尺寸来做；（2）建立课题过程管理 QQ 群；（3）建立课题相关过程材料的文件包等。

六、中期检查

课题中期检查的主要目的是对已经开展一段时间的研究（一般是 1 年时间）情况进行总结和反思，并对存在的问题进行研讨，同时还对未来研究的方向和内容以及详细的研究计划进行展示。重点是反思、归纳、深化、细化。课题组要按要求撰写课题研究中期报告，并把报告提交给指导专家进行课题中期检查。中期检查的要点包括：研究工作主要进展、阶段性成果、主要创新点、存在问题、重要变更、下一步计划、可预期成果等。写作的重点应放在"研究计划完成情况"和"未能按计划完成的工作"两部分上。

课题中期检查一般由学校教科室或县（区）教科研管理部门组织开展，主要是邀请专家对课题阶段性成果进行阶段检查，以便及时发现课题研究存在的问题，及时调整研究方向与内容。中期检查活动主要包含两个任务：

（1）撰写中期报告：整理研究进展情况，包括已完成的工作、遇到的问题和困难，特别是下一步详细的研究计划和预期取得的研究成果。

（2）中期评审会议：向相关课题指导专家汇报研究进展情况，接受评审和指导，并进行必要的修正和调整。

七、撰写报告

这里的报告指的是课题结题报告，是一种专门用于科研课题结题验收的实用性报告，也叫研究报告。它是我们在课题结题阶段对课题研究的过程和成果的全面、客观、真实的描述，主要呈现课题研究过程中所有的数据和材料，也是科研课题结题验收的主要依据。一份完整的结题报告应该包含以下 4 个问题：（1）为什么要选择该项课题进行研究？（2）该项课题是怎样进行研究的？（3）该项课题研究取得了哪些研究成果？（4）该项课题研究还存在哪些不足以及未来进一步研究的方向是什么？

从课题管理的角度来说，课题结题阶段要撰写的不仅仅是报告，还包括结题鉴定申请书。它是指在结题报告的基础上填写的相关申请表格，为了向课题管理机构和行政部门申请对课题进行结题鉴定和评审。

八、课题结项

课题结项也叫课题结题，更多的是指一个动态的过程。课题的结项主要是指在前面完成撰写课题结题报告和结题鉴定申请书的基础上，课题组在单位教科研管理部门的组织下，为课题结题活动举行成果公报会，类似开题报告和中期检查活动一样，某些比较严格的单位还会要求课题组成员进行答辩，就课题中的一些问题接受专家的提问，而且专家还会指定成员进行回答，课题组最后要结合专家的意见对结题报告和结题鉴定申请书进行修改。修改之后，课题组依据课题管理部门的要求，填写相关表格及其他佐证材料，为结题做最后的准备。总的来说，课题结项环节有两个重要任务需要完成：

（1）准备成果展示材料：整理研究成果，准备口头报告、海报、论文等材料，以便向相关人员展示。

（2）成果发布会或公报会：组织一次会议或活动，邀请学者、专家等相关人员参加，向他们介绍研究成果并进行讨论和交流。

准备好所有的结题材料之后，课题主持人在教科室的指导下向课题行政管理机构或者部门提出结题申请，最后课题管理部门组织专家团队进行课题结题验收和评审工作，通过评审鉴定的予以结题，暂时没有通过结题评审的允许延期1年结题（需要提交课题延期申请表）。

九、成果推广

课题成果推广是"做真研究"必不可少的一个环节。当一线教师做课题研究不仅仅是为了职称评定的时候，就要思考和准备在课题结题（提交结题相关材料）之后，将所取得的科研成果应用到教育实践中去，并加以推广，以指导教育实践，就如我们说的课题研究从实践中来到实践中去，使教育科研能充分发挥作用。

教育科研成果推广主要是指包括传播、学习在内的一切扩大教育科研成果使用范围或起作用范围的活动。活动一般分为三类：

（1）教育科研成果传播交流：它是指有组织、有计划、有步骤地将研究成果在一定范围内进行运用，使之产生更大的效益。常见的推广类型分为操作型、教改型，更多的是课题小组通过持续地撰写相关论文或者专著，在一定范围内进行传播和交流。

（2）教育科研成果有组织地推广及应用：有的课题研究成果具有明显的效果，同时相关教育行政主管部门为了整个地区教育的发展或者是一所或几所集团校整体科研意识的提升，对某一个课题的系列成果进行较大范围的推广和应用。

（3）教育科研成果的自发运用：它是指一个课题研究取得了实质性的成果，没有经过单位和组织的推广，被民间团体、教师借鉴、学习，部分成果还被引进到学校或者班级进行实践和更进一步的探索。从实际操作的效果来看，科研成果的推广和应用的效果更多体现在最后的自发应用上，因为课题研究成果的推广不能反依赖行政主管的号召，而是要参与推广和应用的人员进行"内化"，充分利用前人已经通过研究论证过的成果，大大提升教育实践的效果。

其实，虽然当前很多学校教师的课题研究成果获得优秀成果奖，其也在CN杂志公开发表许多的论文，但是由于缺少整体的推广和应用方面的宣传，有时候即使是本校的教师也不知道研究成果具体是什么，更谈不上应用。所以各个学校的教科室或教务处，应该逐步树立对本校教师课题研究成果的推广和应用的意识，通过行政力量推动及自主自发学习应用，树立科研意识，提升教科研水平，打造"科研兴校"的品牌和名片。

总之，在上面这九个环节中，决定我们课题是否能够获得立项的是撰写课题申请评审书，申请书如何撰写，有哪些撰写技巧，甚至包括写好之后如何修改，都是一件值得我们去思考和研究的事情。在本书中我们会结合案例做详细的解读，手把手教大家如何撰写一份精美的课题申请评审书。

当然，对于一线教师，特别是新手，要顺利进行一项课题的研究，最核心的还是要撰写一份相对完整的课题申请评审书，虽然前面还有两个环节要准备，但那些更多的是课题研究小组要做的内部功课，而能够直观可见的还是课题申请评审书。只有写好了课题申请评审书，才有可能获得课题管理机构或部门的立项，然后才有接下来一系列的具体操作。

　　各章后所附案例呈现了课题研究过程中各种书面报告的详细修改过程。在案例中我们先展示初稿，以批注文字的形式体现修改过程，目的是让读者，特别是课题研究新手知道，如何将一份书面报告通过不断修改，最终能够顺利通过有关部门的审核。具体要如何修改，在修改的过程中要关注哪些具体内容，哪些重要的环节是需要特别留意的，都可以模仿书中案例去做。案例的第二份都是经过多次修改后的最终修改稿，修改次数有的达十多次。为了节省篇幅，我们仅呈现初稿和最终修改稿。

第二章
一线教师课题研究的选题策略

选题是指在开展具体的课题研究筹备阶段，课题组成员需要通过分析课题组已有的研究基础，结合当下国家教育方针政策、最新颁布的文件精神，以一线教学实际中存在的问题，确定一个具体且明确的研究方向。教科研工作本身就是一个不断提出问题和解决问题的过程。在课题研究的过程中，我们首先需要解决的问题就是：选择什么样的课题和如何选择课题。因为只有找到了真正的问题，才有可能找到解决问题的办法和途径。

一线教师的课题研究是为了解决教育教学实践中遇到的具体问题，"问题即课题"是一线教师课题研究的基本理念。基于问题选择课题，从问题走向课题，是一线教师课题研究的现实路径。针对"问题即课题"的说法，我们也需要明白并不是所有的问题都能成为课题，关键在于面对一个问题时，研究者是否能够通过对问题的梳理看到问题背后的根源是否具有普遍性，透过这个常见现象发现问题背后的规律。然后研究者可以根据相关的教育教学理论，通过科学的研究方法，在实际操作过程中改变其中的某些因素，从而改变其他相关因素。这样的问题我们就可以用课题的视角对它进行更进一步的梳理，进而提炼成研究的课题。

第一节 课题研究的选题原则

在基础教育领域中，一线教师课题研究的选题非常广泛，包括教学方法、学生学习成果评估、教师专业发展、教育技术应用、教育政策和管理等方面的研究。具体的选题需要根据研究者的背景和目标来确定，一般来说，一线教师在选择课题的时候，要关注到以下几个方面的原则。

1. 关注教育热点

从一线教学的需求出发，选择与当前社会问题或教育改革相关的选题。例如：让"双减"政策落地的有效途径。"双减"政策作为国务院颁布的关于教育的国家重大政策，需要教师在教学过程中，探索落实这一重要政策的有效措施和方法，对诸如课堂教学模式、教师的教学方法、学生的学法，还有学校层面的管理理念更新、课后服务的有效途径等进行思考和实践。这一系列的活动都是为了让"双减"政策能够有效落地，积极配合上级行政主管部门的工作，让研究来促进政策落地见效。

还可以选择具有代表未来教育发展趋势和前瞻性的选题，例如：如何应用人工智能技术提高学生的学习效果，基于大数据背景下的个性化学习平台开发，基于数据驱动的精准教学与教研，以及如何在"互联网＋"时代开展在线教育等。

《义务教育课程方案（2022年版）》（以下简称新课程方案）、义务教育各个学科课程标准（以下简称新课标）颁布之后，一线教师对新课程方案的理解，对新课标的执行，都需要通过一系列的研究来探索有效的方式。例如：核心素养导向的整体教学、学科大概念视角下的单元整体教学、基于新课标精神的学科结构化教学实践、基于学生学习路径视角的学科教学实践等，都是在新课标背景下，各个学科通过课堂教学实践来研究新课标落地的成果，这些课题都是非常有价值和意义的。

2. 考虑个人兴趣

一线教师课题研究最终的践行者还是教师，所以在选择研究课题的时候，要充分考虑教师的个人兴趣和研究基础。例如：有的教师特别热衷于试题的研究，解中考和高考原题，对难题深入分析，对有价值和具有新意的题目进行改编，以及喜欢原创有意义的试题等，可从这些角度考虑选题。

还有部分教师多年来持续研究对学生动手操作能力的培养，通过研究性学习、主题式学习、项目化学习等方式，持续10年、20年深耕在这个领域研究，既能够培养出人才，也能够在课题研究方面出成果。还有部分教师对 STEAM 教育感兴趣，那么可以持续研究如何提高 STEAM 教育的效果和吸引力。

总之，研究是一件辛苦的事，同时也是一件快乐的事，如果在找选题的时候充分考虑个人兴趣和热情，就可以增加研究动力和研究深度。

3. 注意研究可行性

基础教育（幼儿园、中小学）一线教师做课题研究大部分都是基于教学工作过程中遇到的实际问题，从教学中来最后又回到教学中去，基本上都是实践研究，是基于某一个教学理论或者教学规律的实证研究。因为一线教师提出一个能够影响全国基础教育的理论、建构一个全国通用的教学模式比较难，所以一线教师在研究选题的时候，除了教育的热点、痛点等一些急需解决的重要问题之外，还要充分考虑选题的实施难度和研究所需要的各种资源，如学校已有的配套硬件、需要购买的软件、教师的整体研究水平、获取实验数据的难度大小等。特别是要考虑已有的研究基础，这样才能保证课题研究成果丰富，并保障课题顺利结题。

总之，一线教师在研究选题时，需要综合考虑上述几个因素，并根据课题主持人的研究方向、教学主张，以及学校已有的软硬件条件、研究的各种资源整合能力等因素进行综合权衡。同时，需要注意选题的方向要与国家方针、政策保持一致，可以研究社会热点（痛点）、呼应教育部门颁布的新措施和方案，还可以研究其对一线教学的实际意义、可行性等，以确保选题具有研究意义，对整个教育的发展有一定的贡献。

第二节　课题选题的方向和来源

教师在选择课题方向的时候，建议可从下面这些方向入手，我们尝试对每个维度进行比较详细的介绍，供大家参考。

一、教师的发展

"一所学校的核心竞争力是拥有一批在区域内具有影响力的教师"，教师的发展是教育领域中至关重要的一环，只有教师发展了，才有学校的发展，也才会有教育的发展。所以在研究选题的时候，教师可以选择与个人职业发展相关的主题，有助于帮助教师成长与进步。

1. **教师专业职称晋升**

研究如何提升教师的学科知识和专业能力，促进教师在自己的学科领域中取得最基本的发展。例如：教师对课标的理解，对教材的解读，对信息技术的掌握，对课题研究的参与和实践，对学科论文的撰写等，这些专业技能技巧，是教师参加中级职称、副高级职称评定的基础条件。这类课题的研究有助于提高教师的专业水平和教学能力。

2. **名师专业成长路径**

一线教师的名优骨干教师之路，从县（区）级开始，到市、省级名师，一路成长需要教学成绩突出，参加各种比赛获奖，各级教学公开课、讲座、送教送培、课题研究、论文发表，获得省或市级教育教学成果奖等。研究教师专业发展的支持体系和机制，探索如何建立有效的教师培训和发展框架。例如：青蓝工程、师徒结对子、教师导师制度、跨校教师交流与合作、与高校教师联合培养等。这类课题的研究有助于搭建良好的教师专业发展平台和环境。

3. **教学技能提升**

随着每一轮课程标准的颁布，各种教育理念和新名词层出不穷，随之而来的是在新课标背景下探索有效的教学方法和策略，形成科学有效的教学模式，研究如何提高教师的课堂教学效果和学生学习成绩等，这些也将成为选题的重要方向。例如：学生学习方法的指导、学生从被动学到主动学、充分利用信息技术辅助教学、提升适时反馈与评价效果、建构教—学—评一体化的有效教学模式等。这类课题的研究有助于提高教师的教学效能和教学质量，从而提高课堂45分钟教学的效果。

4. **教育理念更新**

基本上每隔10年就会有一次较大的基础教育教学改革，以颁布新的课程标准为主要标志，教育新名称、新理念、新模式、新评价、新考试、新课堂等接踵而至，所以研究新的教育理念和教育改革趋势，帮助教师更新自身的教育观念和教学理念，是课题研究选题的一个重要方向。例如：探讨学生中心教学、跨学科教学、基于数据驱动的个性化教育等新兴理念与实践。这类课题的研究有助于提升教师的教育思维和教育创新能力，以期让一线教师紧紧跟上时代发展的步伐。

教师选择课题时可以考虑自身职业发展规划、名师成长有效路径，结合自身教学实践经验、教育领域的热点（痛点）问题，以及学校社会影响力、区域教育发展的需求，确定一个具体的研究问题。

二、学生的成长

学生是教师教学的对象，学生的成长是教师最重要的任务，因此选择基于学生特点和需求的课题非常重要。关注学生的成长、学习、发展和问题。例如：学生学习方法和学习习惯、自主学习能力的培养，学生身心健康和情绪管理等。通过这类课题的研究，能够让一线教师在与学生相处的过程中更加有的放矢，让教育更加具有针对性。

1. 学习方法与习惯

"好的学习方法能够让学生既学得轻松，也学得高效"，刚踏入校园的幼儿，主要是习得与人相处的礼仪和养成集体生活的习惯，在后续的幼小衔接、小初衔接、初高衔接等过程中，首要的是培养本阶段的学习方法和习惯。例如：如何让学生由个体走向集体、如何让学生与不同类型的人相处、学生如何处理学习中的各种困难、如何激发学生的学习兴趣和积极性，以及每个阶段的学习特点和方法、学习动机与兴趣培养、阅读理解策略、记忆与复习技巧、问题解决能力提升等。这样的课题研究有助于帮助学生更快适应因学段变化而带来的困扰，更快适应新的环境，快速而高效地掌握各个阶段和学科的学习方法，养成良好的学习习惯，提高学习效果和学业成绩。

2. 社交情绪与心理健康

目前的教育已经从过去唯分数、唯升学转向开始关注学生的心理健康情况以及与人交往能力的培养，研究如何把学生从虚拟的网络空间拉到现实社会中来，探索培养学生形成稳定的人格、情绪的自我管理和心理健康发展的有效路径等。例如：情绪管理课题开发与设计、青少年个人情感调节器、心理幸福感培养、与人正常交流沟通能力培养、异性交往和情感辨识等。这类课题的研究有助于提升学生未来适应社会发展的能力，提升心理健康水平和情感处理能力等。

选择上述选题时，教师可以根据不同年龄阶段学生的特点、学生当下所处的教育环境、学生成长的原生家庭背景，再结合自身教学经验进行具体分析，并通过文献研究、个案研究、专家访谈、问卷调查等方法，收集相关数据并进行处理和分析，以此作为课题研究的起点，以期为学生的成长和发展提供有效的支持和指导。

三、日常班级管理工作

有人说："没有做过班主任是教师职业生涯中的一个遗憾。"这表达的是班主任工作对学生一生的影响很大，做班主任工作是一种幸福，同时也是一项非常有意义的事情。现在从教师职称晋升机制来看，学科教师担任班主任是考核的条件之一，班级管理工作越来越重要，日常班级管理工作如何成为课题研究的内容也是一个值得探讨的话题。我们可以关注班级管理中的特定问题，选择与班级管理、学生行为管理、家校的沟通和协调等相关的课题进行研究。这类课题研究的目的在于提升班级管理水平和促进学生全面发展。教师在选择与日常班级管理工作相关的课题时可以考虑以下几个方面。

1. 班级制度建设

学校教育除了学科知识的学习，对孩子一生影响较大的莫过于集体生活，特别是班级的制度和文化对处于成长阶段孩子的影响，远远超出一般人的认知。所以，可以关注班级管理过程中存在的普遍性问题，选择与班级制度建设、学生日常行为管理、学生之间人际关系的沟通与协调等相关的选题。例如：班级公约制度、班级规范建设、班级一日纪律管理、班干部培养机制、学生交往与合作等。这样的课题研究能够直接应用于班级管理实践，提升班级管理水平和效果。

2. 班级文化建设

我们现在很关注"以文化人"，关注文化对人"润物细无声"的影响，所以班主任工作注重班级文化建设、集体精神和价值观的培养，因此可以选择与班级文化建设和精神价值观引领相关的课题。例如：班级口号和吉祥物的确定、班级文化建构和传播、精神信仰的形成和发展、优良班风的打造和形成等。这些课题的研究能够促进学生在集体中成长、在潜意识中养成良好习惯、在优秀集体中形成优秀品质、在强大班级凝聚力中培养集体观念，为班级管理和学生发展提供有力支持。

3. 家校（社区）协作

2021年10月23日，第十三届全国人民代表大会常务委员会第三十一次会议通过《中华人民共和国家庭教育促进法》，进一步说明国家和社会越来越关注家庭对孩子成长的影响，社区也成为除了家庭和学校之外孩子的一个重要的成长场所。关注家庭和社区对学生发展的影响，选择与家校协作和社区共同体建设相关的课题是一个新的、重要的方向，也相对容易获得立项。例如：家庭教育和学校教育的价值定位、家庭教育和学校教育的有效衔接、家长参与学校活动的有效途径研究等。这些课题的研究能够加强学校与家庭、社区的联系和协作，提高班级管理质量和效果。

如果选择与日常班级管理工作相关的课题，教师可以结合自身的性格特点、学习经历、班主任工作经验和积累的相关班主任资源，进行科学的调研和数据分析，以确保选题的科学性和可行性。

四、日常教学工作

这里主要是指学科教学活动。日常教学工作中经常会遇到各种问题，教师可以做与学科课程标准解读、学科教材分析、学科教学设计、学科教学过程、学科教学方法、学科教学资源建设等相关的课题。这类课题的研究目的在于提高课堂教学的有效性，全面提升教学的质量和效果。接下来对几个重点方向进行解读。

1. 教学设计改革

研究如何有效地进行备课和设计教学活动，包括从课标到教材到学情分析，以此确定教学目标、学生学习任务设计、教学过程的实施和对目标达成的评估策略等。教学设计的改变也会牵动教学模式的改革，影响学生的参与度和学习效果。这类研究可以帮助教师提高课堂教学的效果，促进学科核心素养在一线课堂的落地。

2 作业设计和批改

2021年7月24日中共中央办公厅、国务院办公厅印发《关于进一步减轻义务教育阶段学生作业负担和校外培训负担的意见》，"双减"背景下的作业设计的研究如雨后春笋般不断涌出。分层作业、弹性作业、跨学科作业设计的研究，基于数据分析的作业设计，大数据背景下学科作业设计，如何科学、高效地批改学生的作业，并设计具有挑战性和启发性的作业等成为热点。这类研究可以使教师作业设计的能力大幅度提升，大数据背景下的作业研究可以让教师更好地了解学生的学习情况，给予及时的反馈，从而提升作业的针对性和精准性，提高学生的学习动力和成绩。

3. **学科命题研究**

命题和作业设计都属于评价的部分，随着"双减"的进一步落地，特别是2022年版新课标的出台，其中学业质量标准给出了命题的整体框架和标准，依标命题是可行而且是必行的。越来越多的一线教师开始研究学科命题的原则和方法，设计高质量的试题和评价体系成为一种必然趋势。这类的课题研究对于整体提高教师的命题能力和提升学生核心素养具有重要意义。

4. **基于数据的精准教学**

借助高度发达的互联网工具，利用数据分析方法研究学科的教学质量、学生学习过程的表现和学习效果，采用多维表征的评价机制，为精准教学和教研提供科学依据，支持学科教学的改进和决策。

以上这些选题方向都和教师的日常教学活动和实践紧密联系，通过研究可以更好地帮助教师提升教学质量、提高学生的学习成绩和学科核心素养。一线教师在课题研究时可以选择合适的研究方向，结合实际情况和各自学科特点进行深入研究。这将会对教育实践产生积极的影响。

五、学校（区域）的发展和规划

教师自身发展与学生健康成长都离不开学校的发展，只有学校发展了才能带动前两者以及区域教育的发展。所以可以关注学校（区域）的整体发展和规划，选择与学校特色、办学理念和目标等密切相关的选题。这类课题的研究主要是为学校（区域）的长远发展提供可行性建议和理论支撑。学校的整体发展和规划不仅仅是学校领导的责任，还需要全体教师共同参与。以下是对学校（区域）发展规划的选题的解读。

1. 地区教育资源整合

一所学校优秀不是教育的优秀，一所优质学校带动本地区一片学校发展才是优秀，因此，可以研究如何有效整合地区内的教育资源，如学校、教师、教育设施等，提高资源的利用效率，确保教育资源公平分配，促进地区教育的均衡发展。近几年集团化办学成为各省、地市教育的重头戏，各种教育集团不断涌现，这些集团化办学效果评估、社会影响力变化情况评估、家长满意率评估等都是研究热点。我们可以通过这样的研究促进集团化办学落地，促进区域教育教学质量的整体提升。

2. 教师队伍建设

学校的核心竞争力必然是教师，因此，可以研究如何科学合理地发展和管理学校的教师队伍，包括招聘、培养、评价和激励机制等，提高教师的专业水平。研究如何建立完善的教师专业发展计划，包括培训、职称评定、继续教育等方面，提升教师的专业水平和教学质量，推动地区教育的快速进步。通过这样的研究探索出适合本土教师队伍建设和专业化发展的有效路径，既能充分调动教师积极性，也能够为区域教师质量水平整体提升做好理论建设和实证研究。

3. 校本研修模式建设

教师的专业成长和发展，不能仅仅靠教师自我成长，还应研究如何建立健全的校本研修机制，通过学校组建教师成长共同体，鼓励青年教师组建专业成长小团体；通过名师进校园、骨干教师走出去等名师培养模式，为教师专业发展和学习提供制度保障。通过这样的研究来培养名师，能够带动青年教师快速成长，提升学校（区域）教育教学质量，推动学校（区域）教育长远发展。

4. 教育信息技术应用研究

信息技术的飞速发展是不以人的意志为转移的，"互联网＋"教育已经渗透到了教育的每一个领域，特别是疫情的三年，线上教育如火如荼地发展。

现在，如何进行信息技术与学科教学的深度融合创新，是每位教师无法逃避的课题。选择这个方面的课题研究就是应对这个局面最好的方式，一线教师可以把研究的重心放在学科融合上，研究自己的学科教学如何有效地应用信息技术手段，如借助在线平台、大数据分析，进行基于数据驱动的精准教学、针对性教学、个性化教学。通过这样的课题研究促进教学创新和学生学习效果的提升，整体推动学校的信息化建设。

总之，以上这些方向都与学校的整体发展和规划密切相关，选择合适的研究选题，可以为学校的长远发展提供有价值的建议和指导。同时，这些研究也需要学校管理者、教师和学生等多方的共同努力和参与。

六．国家教育方针政策的方向

"教育兴则国家兴，教育强则国家强。"这是国家领导人对教育的科学论断。"要加强对基础教育的支持力度，办好学前教育，均衡发展九年义务教育，基本普及高中阶段教育。"所以，关注国家教育方针政策，选择与教育方针政策要求相关的选题是不二之选。研究这类的选题有助于国家教育改革更好落地、一线教育教学更加符合国家的教育方针和政策。以下几个是与国家教育方针政策相关的选题方向，可以更深入地进行研究和探索。

1. 新课标改革实施

新课标颁布必然伴随着新一轮课程改革的研究浪潮，研究如何有效推进新课标理念，如教学理念、教学设计、教学实施、教学模式、评价体系等，可以促进教师教育教学观念的改变，促进学科核心素养的落地，从而促进学生核心素养的发展。

2. 大中小学思政一体化的实践

教育首先要解决培养什么样的人、如何培养人以及为谁培养人的问题。现行党和国家的教育方针是"教育必须为社会主义现代化建设服务、为人民服务，必须与生产劳动和社会实践相结合，培养德智体美劳全面发展的社会主义建设者和接班人"。所以研究如何贯彻落实国家德育教育方针，加强德育教育的实践和研究，培养具有良好道德品质的公民等，都是一线教师课题研究选择的重要方向。

3. 教育公平与优质教育资源分配

打造城乡教育一体化的范本，研究如何在教育资源分配中实现公平，缩小城乡、区域之间的教育差距，确保每个孩子都能享有优质的教育资源和机会。研究如何推动教育公平，减少城乡教育差距等现象，促进教育公正和社会和谐发展等也是目前研究的热点和难点。

4. 教育评价体系建设

教育效果如何，最终需要评价来检验，如何建立科学、可行的教育评价体系一直都是研究的重要方向。如研究从定性走向定量、借助信息技术手段辅助教育评价的有效途径；研究如何建立科学、综合、多元的教育评价体系，突破传统以分数为导向的评价方式，更全面地评估学生的核心素养发展；研究如何建立科学合理的教育评价和质量监控机制，提高教育质量和教学效果，促进教育教学创新和发展，这也是当下值得深入研究的方向。

5. 教育国际化与跨文化教育

随着互联网的飞速发展，世界变得越来越小，在"地球村""人类命运共同体"等名词被人们广泛接纳的背景下，我们可以研究如何加强教育国际合作与交流，促进学生的跨文化认知和跨文化交流能力的培养；研究如何培养具有全球视野的创新人才，探索符合现代社会发展需求和学生发展特点的教育模式。而这也成为一种趋势，特别是大城市的一线教师，很早就把研究的视角放在这个领域了。

6. 普职教育融通协调发展

如研究如何推进初等教育的改革，构建科学合理的学科课程体系，提高学生的学习兴趣和学科素养，培养学生的综合能力；研究如何加强职业教育与产业需求的对接，培养适应社会经济发展需要的高素质技能人才，提高职业教育的质量和实效；研究如何贯彻落实国家职业教育改革方针，推动职业教育的创新和发展，培养更多的高素质技能人才。这些研究会使国家人才培养模式更加符合实际需要，并与国际人才培养体系接轨。

这些选题与国家教育方针政策紧密关联，紧扣国家教育改革和发展的目标，对于推动教育改革和提高教育质量、促进人才培养具有重要意义。通过深入研究和探讨这些选题，可以为国家教育规划和决策提供科学依据，促进长远目标的有效实施。

第三节 课题名称的常见模式

课题名称是指用于概括和描述研究内容、目的和范围的短语。课题名称应该精准、直观、明了，阅读者通过题目，或是关键词就可以十分清晰地了解到作者要表达的主要问题和背景、研究主题和内容、研究对象和范围、研究方法和手段。一个好的课题名称可以帮助读者快速了解研究的内容和重要性，也有助于研究者更好地把握研究的方向和目标，在后期研究的时候，有指引才能够更加高效地提出解决问题的策略和措施。在确定课题名称时，需要结合研究的背景、目的、方法和意义等进行考虑，同时也需要注意避免使用过于主观或带有政治色彩的不恰当词汇。

通过精心设计和选择适当的课题名称，可以为研究的开展提供有力支持，并让研究成果得到更广泛的关注和认可。

一、课题名称的基本组成要素

课题名称的基本组成要素一般包括：研究对象、研究范围、研究目的、研究内容、研究方法、研究手段、研究背景和研究的理论依据。下面分别对它们进行解释。

1. 研究对象

研究对象是指在研究中要直接关注、分析和探讨的个体、群体、组织、现象或事物。它回答了"研究什么"和"研究的具体方向和群体"等问题。例如，如果研究"小学生数学学习策略"，那么研究对象就是小学生及他们在数学学习过程中所采用的各种策略。课题研究在界定研究对象时需要具体明确、有针对性和代表性，例如，特定年龄段的小学生（如三年级小学生）、特定地区的学生（如某城市小学生）或者具有某种特点的学生群体（如特殊教育背景下的小学生）。

2. 研究范围

研究范围是对研究内容深度与广度的限定，涵盖了研究对象的不同侧面、属性或维度,以及时间、空间和其他相关变量的界限。它回答了"研究对象有多少,具体包含哪些"和"研究对象的时间和空间上的维度"等问题。例如,在上述"小学生数学学习策略"课题中,研究范围可能包括不同类型的数学问题解决策略、家庭背景对策略选择的影响、学校教学方法与策略形成的关系等各个方面。空间范围上,可能是某个班级、一所学校、一个地区乃至全国范围内的小学生;时间范围上,可以指特定学年或学期,或者长期追踪研究。

3. 研究目的

研究目的通常是指开展某项研究的根本意图和期望达到的最终结果。它是整个课题的导向和灵魂,决定了研究的方向、内容、方法及最终成果的意义。它回答了"为什么要做这项研究"以及"预期通过研究实现什么"的问题。目的通常基于理论构建、实践需求或政策指导,可以包括对某个现象的深入理解、解决实际问题、验证或发展新的理论模型、提供决策依据等。研究目的应当具有科学性、创新性和实用性,并且能够体现研究的价值和意义。

4. 研究内容

研究内容则是为了达成研究目的所涉及的具体事项和活动,它回答了"怎样做才能实现这个目的"以及"研究将具体探究哪些方面"的问题。研究内容包括:选择的研究对象(如特定的人群、地区、事件、现象)、确定的研究变量及关系、采用的研究方法和技术手段、进行的数据收集与分析工作、设计的实验方案或调查策略等。研究内容应该详细到足以支撑研究目标的实现,比如,如果目的是"改进小学数学教学效果",那么研究内容可能包括:调查当前的教学模式、设计并实施新的教学策略、对比新旧教学方法对学生学习成效的影响、分析影响学生数学能力的各种因素等。

5. 研究方法

研究方法是指在科学探索中用来发现、解释、验证现象或规律的一系列理论框架与程序性规则。它回答了"通过什么方式来实现研究目的"和"在研究过程中具体采用哪些方法来达成研究目的"等问题,它体现了研究设计中的逻辑性和系统性,一般来说包括:

(1) 定性研究方法:访谈法、观察法、案例研究法、行动研究等。这些方法主要用于揭示深层意义、理解复杂情境和社会过程。

（2）定量研究方法：实验法、调查法、统计分析、元分析等。侧重于通过数据量化来测试假设、建立模型和预测关系。

（3）混合研究方法：这是一线教师课题研究中经常采用的研究方法，它结合了定性和定量的研究技术，从不同角度全面理解研究问题，如先进行定性研究以发现新问题、构建理论框架，再通过定量研究进行大规模的数据验证和统计推断。

6．研究手段

偏向于实践层面的具体工具和技术，它是实现研究方法的技术支持和物质基础，通过它才能让研究方法得以实现，例如：

（1）数据收集手段：问卷调查表、实验设备、传感器、软件工具（如SPSS）等。

（2）数据处理手段：编码技术（对文本资料进行内容分析）、计算机模拟、实验室实验的操作步骤等。

（3）信息获取手段：文献检索、网络调查平台、实地考察等。

7．研究背景

研究背景是阐述研究问题产生的社会环境、经济情况、教育现状和科技水平等大环境条件，以及该研究在特定领域内所处的位置。它回答了"为什么要进行这个研究"和"这项研究的出发点和落脚点是什么"等问题，它通常包括以下几个方面：

（1）学科发展背景：介绍与课题紧密相关的学科理论进展和学科实践现状。

（2）现实需求背景：描述当前社会环境、国家教育政策导向、信息技术发展等方面存在的问题或挑战，说明为何需要对此进行深入研究。

（3）历史发展背景：追溯课题相关知识的国内外研究现状，指出前人研究成果、存在问题或者尚未解决的关键点。

8．研究的理论依据

指支撑整个研究设计和实施的一系列理论基础和学术出发点。它是从已有的理论框架、模型、原则中寻找支持研究假设、研究目标和方法的合理性和科学性的依据。它回答了"进行研究的科学性"和"保障研究方向和预期目标能够达成的上层条件"等问题，具体包含：

（1）核心理论：指直接指导研究的核心理论或学说，例如，在教育研究中引用皮亚杰的认知发展理论和建构主义学习理论、维果斯基的最近发展区理论、斯金纳的多元智能理论来指导教学策略的研究。

（2）相关理论：与研究主题有关联的其他学科理论，这些理论可以为研究提供间接的支持或启示，例如，群文阅读、大单元教学、单元整体教学设计、基于数据驱动、大数据视域下、"双减"背景下等。

（3）实证研究依据：指以往同类或相关领域的实证研究成果，它们证实了某种趋势、规律或因果关系，从而为当前研究提供了可借鉴的证据和逻辑线索。

基于上面的课题名称基本组成要素，课题名称的基本结构可以表示为：研究范围（对象）＋研究内容（途径、结果、状态）＋研究方法；或者表示为：研究内容（途径、结果、状态）＋研究方法/手段＋研究领域。

二、课题名称的一般模式

1. 研究对象＋研究内容＋研究方法

以"农村地区初中生心理健康教育现状调查及干预策略研究"为例，其中：

（1）研究对象：农村地区初中生。当然具体研究过程中还要对研究对象的范围进行清晰的界定，比如：以某某地区为例。

（2）研究内容：心理健康教育。

（3）研究方法：通过问卷调查与深度访谈相结合的方法探究。

这个课题就是希望通过调查研究（问卷调查和访谈）等方法，对数据进行收集、整理和分析，对某一地区农村初中生这个特定群体的心理健康教育现状进行研究，以期让更多人了解和关注农村地区初中生心理教育现状，最终依据相关专业知识提出干预的策略，并附有策略实施的效果情况统计。

2. 研究手段＋研究对象＋研究目的

以"基于大数据分析的城区中学体育课程实施现状分析及其改进策略研

究"为例，其中：

(1) 研究手段：基于大数据分析。

(2) 研究对象：中学的体育课程教学现状。

(3) 研究目的：优化中学体育课程设置及教学质量提升策略。

这个课题就是以现代信息技术环境下的大数据分析作为研究手段，来研究某城市、某地区的中学体育课程教学现状，最终目的是优化中学体育课程设置及提升教学质量。

3. 理论依据＋研究对象＋研究内容

以"基于认知发展理论的幼儿园游戏活动对其认知能力发展影响的研究"为例，其中：

(1) 理论依据：基于认知发展理论。在报告中需要详细界定这里的认知理论是皮亚杰提出的。

(2) 研究对象：幼儿园。当然还可以在具体研究报告中界定班级是小班、中班还是大班，以及幼儿园所属城市、是否为公立的等，在范围上还可以进行更加详细的界定，让研究对象的范围更加清晰。

(3) 研究内容：游戏活动对儿童认知能力发展的影响。

这个课题旨在以皮亚杰的认知发展理论作为理论依据，针对具体某一个城市公立幼儿园这一特定群体，在其日常游戏活动中探索和分析游戏如何影响幼儿的认知能力发展，并在此基础上提出相应的教学策略优化方案。

4. 研究背景＋研究对象＋研究内容

以"核心素养背景下的初中数学单元整体教学实践"为例，其中：

(1) 研究背景：具体来说数学教育的目标已经从传统的强调计算技能转向培养学生的核心素养，其中包括数学思维、问题解决能力、沟通与合作、应用与创新等方面。

(2) 研究对象：初中数学以及被选择参与研究的一群教师和学生。

(3) 研究内容：基于"核心素养"的单元整体教学设计，实施整体教学活动，通过考察学生的核心素养发展情况，来评估整体教学对学生的影响。收集教师对于整体教学的观点和经验，并分析其对整体教学效果的影响。

这个课题旨在通过在日常教学过程中遵循最新的国家课程标准，基于学科核心素养的培养层面来对初中数学课堂的教学进行研究，并且以初中数学为研究的对象，按照数学学科核心素养的具体内容进行单元整体教学设计的研究，以期通过课题的实践能够总结和提炼出一套行之有效、能够推广的教学模式，从而实现从学科核心素养到课堂实践的转化。

第四节　有效选题的前期准备

课题研究的选题，特别是研究方向的选择，以及课题名称的确定是课题研究起始阶段非常重要的一项工作。对于一线教师而言，课题研究的选题有点类似大型公开课的备课工作。选题从哪里入手？选题的基本思路是什么？所选课题的研究目标和内容是什么？研究的重难点在哪里？这些都是一线教师在选题时需要仔细考虑的问题。只有深入地思考这些问题，才能增加选题的有效性，也只有这样才能保证课题研究工作的顺利进行。在课题研究过程中，有以下几个方面的经验可以参考和借鉴。

一、提前拟定申请评审书

很多一线教师在申报课题的时候，常常都是等课题申报通知发下来后才开始构思今年要申报什么课题、要如何撰写申请书。

课题研究团队组建的时间一般来说要提前1—2年，如果无法做到这么长时间，建议至少也要提前半年，并思考：我要研究什么方向、研究什么样的主题。如果有可能，最好是提前半年写好课题申请评审书，然后找有经验的同行或者专家帮忙指导，并且根据专家的建议进行修改。

当课题管理机构文件下发后，课题组需要做的事情就是按照文件的要求修改申请书，接着就可以提交参加评审。这样可以减少因为课题申请评审书撰写时间紧，资料查询来不及等问题，同时也大大地提高了课题获得立项的概率。

这其实就是常说的"未雨绸缪""问题即课题"。在日常教学工作中，或者是在教育管理过程中遇到一些问题、难题，我们都可以研究的视角来进行系统化的思考，努力去寻找解决问题的办法和途径。由此我们可以发现，对于课题研究而言，我们面对问题的时候是否能采用研究的视角和科研的思维才是最重要的。

从研究的视角来说，我们发现了生活和工作中存在的问题，以教育研究的视角来对其进行思考，并尝试着寻找解决的办法和策略，然后初步进行实施，就能在这个过程中积累问题解决的有效经验。这些经验就是后期申报课题时非常重要的研究基础，同时这个过程中积累的数据、资料，甚至是学生作品都可以在后期课题研究过程中作为研究成果的前期样本。

二、在日常教育教学过程中培养研究意识

课题主题的选择与一线教师日常教育教学工作紧密相关，例如，研究班级管理、年段管理等一些常规工作中的难点、热点问题，在看起来复杂的问题中寻找其中的规律，然后建构一种解决问题的模式，并结合实验研究法，通过改变变量的方法，找到其中的关键因素，最后形成问题解决的一般套路。

同时，在教学过程中，从日常的课堂教学、资优生培养、学习困难生的辅导等方面，分别对教师的教与学生的学，以及教与学之间的实现路径进行深入研究。对日常教育教学过程中遇到的问题是否有研究的视角和意识，是一位教师能否成为研究型教师非常重要的一个关键因素。

在一线研究中，很多教师常常把课题研究和日常教育教学做成"两张皮"，主要表现是课题获得立项之后，就基本不再去关注或者不知道具体要做什么工作，等到中期检查或者是结题的时候，再匆忙补材料。这个现象背后的原因就是把课题研究与日常教育教学工作分开了，将课题研究功利化，没有将研究主题与日常教学融合的意识。这导致研究过程中课题组成员很辛苦，研究成果不清晰，无法写出与课题紧密相关的论文，课题结题非常困难，甚至还影响到职称的评定。

我们倡导的是课题研究与日常的教学紧密融合，备课是在做课题，上课是在做课题，辅导后进生是在做课题，培养资优生是在做课题，批改作业也是在做课题。这个过程中最关键的是教师有课题研究的意识，所以我们在申报课题的时候，注意选择的一定是与我们日常教学联系紧密的主题，真正做到教学即是做课题，做课题即是在教学，也只有这样我们的研究才不会成为

一线教师的负担，也只有这样我们的研究才能真正出成果，才能反过来指导和辅助我们的教学。

三、选择值得长期研究的方向并坚持深入研究

我们所选择的研究方向和主题得是真正值得我们深入研究的，值得我们用 5 年、10 年、20 年，甚至是一辈子去研究和实践的。随着时代的不断发展，国家不断出台新的教育方针和政策，但是教育的出发点，学科教育的本质是不变的，所以我们在每个阶段、每个时间都要紧扣日常教学中的各种问题，抓住学科教学与发展、学生成长、教师发展、学校发展、区域教育均衡发展等关键要素，选择相同或者相近的研究领域长期坚持下去，在这个过程中把课题研究做扎实。这也就是我们日常说的：真做研究，做真研究，把研究做真。

用这样的思维去选择课题的方向和主题，对我们日后进一步申报省级课题、国家级课题，或者申报省级教学成果奖、国家级教学成果奖，还有出版个人专著都有特别的意义和价值。

四、熟悉课题名称确定的流程和步骤

一线教师进行课题研究，重要的是先明确自己感兴趣的研究领域以及想要解决的问题，然后构思如何应用课题研究的方式去实施，课题研究有哪几个常见的环节。

首先，思考你所在的教育领域或特定的教学主题，例如，按照所任教的学段和学科，可以选择幼儿教育、小学英语教学、中学数学教学、职业教育等领域。因为自己最了解该领域目前存在的问题、挑战和研究热点。也只有这样，在研究的过程中才能够真正做到教和研相融合。教育教学做的每一件事情都可以是课题研究的某一个维度，而课题研究的出发点和落脚点最终又回到教育教学中来。这样就能够做到"相互成就"。

其次，为了使研究的问题更具体、更有可操作性，需要对其进行界定和限定。例如，限定研究的对象、范围、参与者、时间等，以便更好地进行研究设计和数据收集。

再次，通过研究相关主题的文献获取国内外研究现状，既可以避开重复研究，又可以让即将开展的研究具有理论基础。

最后，当你对研究问题的背景、研究目标和研究内容有了清晰的了解之后，就可以开始考虑为课题研究确定名称。根据研究的问题背景、对象、目标、内容、手段、方法等因素综合考虑，确定能够概括研究对象、内容和方法的课题名称。在具体确定课题名称时，可以根据前面的四种模型来做合适的选择和搭配。

需要注意的是，在获得课题立项之前的准备阶段，随着对课题的逐步深入理解，特别是经过同行的讨论、专家的指引后，课题组还可以对课题名称进行修改或调整。所以课题名称会随着研究的不断深入而变化，直到最后变得更完善。但是一旦课题获得管理机构或部门的立项，课题立项证书颁发之后，按照规定，课题名称和主持人将不得进行变更。因此在确定课题名称的前期要做好相关的筹备工作，尽可能把最贴切所做研究内容的名称想出来。

第三章
一线教师课题研究的申报评审

课题申报阶段的课题申请评审书有好几种叫法，例如：课题评审申请书、课题立项申请书、课题立项评审书等，都只是不同的课题管理机构或部门对其的不同说法，其核心是一致的，都有申请、申报、评审、立项等几个核心词，本文统称为"课题申请评审书"。

课题申请评审书是一线教师作为课题申报者，向课题管理机构或部门提交的规范性文件，包含课题的详细信息，用于审核、批准或申请资助，以期让评审专家对研究的课题有全面的了解，并根据申请评审书内容做出是否对该课题给予立项的决策。所以课题申请评审书几乎就成了课题是否获得立项的关键要素，也是整个课题研究过程的第一道门槛，因此多花一些心思和精力写好申请书成为了一线教师申报课题的第一重任。

课题申请评审书严格来说是一份表格，它自带各个栏目，在撰写申请书的时候按照表格中的各栏目名称进行填写即可，最终是否获得立项审批主要还是看申请书的质量。课题申请评审书的内容大致包括：课题名称、研究背景和理论依据、研究的意义和价值、核心概念及其界定、国内外同一研究领域现状综述、研究的目标和内容、研究思路和假设、研究方法和过程、研究的主要创新之处、预期研究成果、研究的可行性分析等方面。课题审批机构提供的模板中基本都包含有前面的内容，不同的机构会稍有差别，但总体上不影响申请评审书的价值定位。

申请评审书除了上面这些显性的内容要求，背后还隐含着课题申报者应该明白的问题：该课题研究想做什么？从哪里做起？为什么要做？想要怎么做？能够做出什么？为什么能做？其实课题研究的根本问题也在这里，课题申报者必须先要想清楚上面的 6 个问题，才能明白课题立项之后到底要做什么。从更高维度来说，课题申请评审书无非就是解决 3 个问题：研究什么？为什么要研究？怎么研究？回答了这 3 个问题，课题研究的思路基本上就清楚了。课题申请评审书的栏目标题，栏目背后隐含的问题，对问题的分类，三个维度以及它们所包含的具体内容之间的关系，如下图所示。

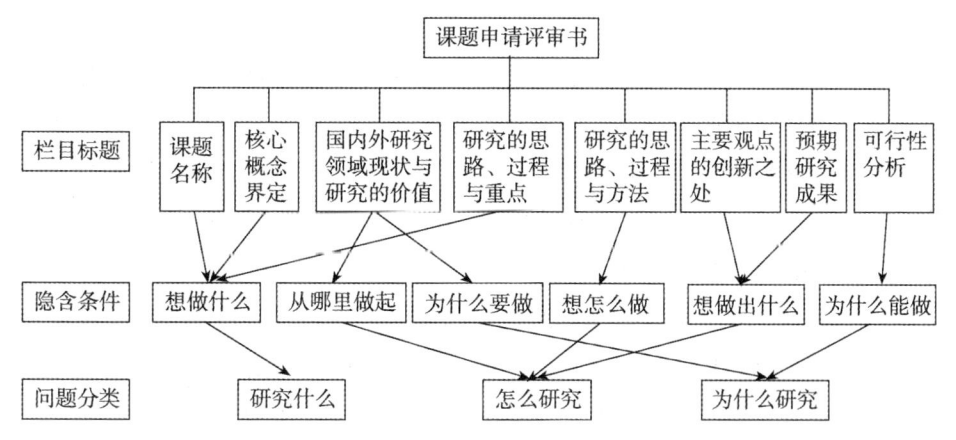

```
                        课题申请评审书
  ┌───────┬───────┬───────┬───────┬───────┬───────┬───────┐
栏目标题 │课题  │核心  │国内外研究│研究的思│研究的思│主要观点│预期  │可行性
         │名称  │概念  │领域现状与│路、过程│路、过程│的创新之│研究  │分析
         │      │界定  │研究的价值│与重点  │与方法  │处      │成果  │
隐含条件  想做什么 从哪里做起 为什么要做 想怎么做  想做出什么 为什么能做
问题分类    研究什么          怎么研究              为什么研究
```

课题评审专家通过课题申请评审书可以全面了解该课题组研究的价值和意义，以及研究在获得立项之后可否顺利进行、最后是否可以取得预期研究成果等。这样挑选出来的课题才能够把研究做真，才能逐渐提升整个区域的教科研水平。

总之，撰写一份高质量的课题申请评审书，需要长期准备，提前对研究的领域和问题进行深入的了解，同时还需要遵循课题管理机构提供的申请指南和要求。每个机构或部门都可能有自己的要求和格式，也就是栏目的标题、数量、顺序都可能有所不同，因此在撰写之前，最好先阅读并理解相关的指南，确保课题申请评审书符合管理机构的具体要求。

第一节 课题申请评审的价值和意义

课题评审申报需要明确以下两个方面的问题，一个方面是通过阐述能够让评审人员认为该研究的方向和主题是有价值的，是值得给予立项机会的，同时按照申请书的研究计划和安排可以在规定的时间内做出预期的研究成果，对一线的教育教学有一定的价值和影响；另外一个方面是该课题组已经有一定的研究基础，在该领域取得了一定的研究成果，课题组成员（特别是主持人和核心成员）有能力完成相关的研究任务，最终能够取得预期的研究成果。

一、课题申请评审书撰写的要点分析

1. 研究的主题和目标

课题申请评审书要有清晰、明确的课题研究主题和目标，其实就是阐明课题研究所针对的问题背景、课题研究的对象、研究内容的范围。这是决定该课题研究是否具有研究价值和意义的关键所在。同时，明确主题和目标可以使评审专家了解研究的方向和价值，从而更好地做出评估和决策。

2. 国内外研究现状述评

这部分内容也叫文献综述，通过查阅文献资料，搜索发现国内、国外该领域内的研究历史和现状，重点阐述三个方面的内容：前人在这个问题上究竟做了哪些研究并得出了什么结论；前人在什么地方还做得不够，留下了哪些研究的空间；前人的研究对于自己的研究有什么借鉴和启发。前面两个要点是为第三点服务的。这样的描述也能够让评审专家更加清晰地了解到你的研究价值和研究的可行性。

3. 研究方法和实施计划

课题申请评审书中需要清晰地描述课题研究中所使用的研究方法，以及足够详细的实施计划，特别是采用什么方法获取研究数据、如何对数据进行分析、如何验证研究假设是科学可行的等，这是评审专家决定该项目是否获得立项的最重要的内容。同时，申请书还需明确地给出研究过程的进度安排，比如：时间表、预期成果和预算等方面的信息，以便评审专家对研究的可行性和有效性进行合理的评估。

4. 学术背景和研究意义

课题申请评审书应对研究团队，特别是课题主持人的学术背景，以及课题研究意义进行充分的论述。即课题是否已经在该领域持续进行了多年的研究，并且已经取得一定的研究成果，本次申报的课题在原有研究基础上的主要创新点和重要性，以及对教育教学实践或理论发展的贡献体现在何处，这能够帮助评审专家了解该课题的学术价值和社会意义，从而更好地评估该课题的学术价值和意义。

5. 研究团队和资源支持

课题申请评审书还需要详细介绍研究团队成员的学术背景，特别是核心成员已经取得的研究成果、发表的学术论文，以体现课题组整体的研究能力。团队其他成员简单介绍即可。在这个环节要把成员任务分配，单位相关软件、硬件（实验设备、数据平台）等资源的支持情况进行说明，以表明单位的资源保障。

总之，课题申请评审书是课题组的一个详细研究计划，也是课题组向课题管理机构或部门提交的纸质研究计划，以期获得评委专家的认可，通过评审并获得立项。在申请书中，需要清晰地描述研究的方向和主题、问题和背景、理论依据、价值和意义、目标和内容、方法和步骤、实施计划、研究可行性等方面的信息，以便评审人员对申请进行科学的评估和决策。

二、课题评审申报工作的价值和意义

课题评审的申报工作一般是由教育行政机构、科研管理机构等来组织开展的。申报评审工作的目的是筛选和资助有价值的研究项目，推动教育教学领域的研究和发展，提高教育教学质量和水平。具体来说，进行课题评审的申报工作有以下几个方面的价值和意义。

1. 提高研究质量和水平

课题评审的申报过程需要经过严格的审查和评估，这能够鼓励和促进课题组成员（特别是主持人和核心成员）努力提高研究质量和水平，从而推动教育教学领域的研究发展。

2. 保证研究的有效性和可行性

课题评审的申报过程需要课题组明确研究的方法和实施的计划，特别是对研究的过程要有详细规划的时间表，对预期取得的研究成果形式等方面信息要有详细说明，从而保证研究的有效性和可行性。

3. 优化研究资源配置

通过对申报的课题进行评审，可以把一部分不具备做课题研究资格的项目筛掉；把一部分有能力做课题研究，但是项目设计不太科学、按照申请书的陈述无法取得研究成果的课题也筛掉；把有能力做研究，项目申请书内容清晰，但是研究的方向和问题他人已经有了最新成果，该项目是重复研究等情况的课题筛掉。通过这样的方式筛选出真正符合研究标准，正在解决本区域教育热点、难点、痛点问题的项目进入立项名单，优化研究资源的配置，避免不必要的浪费和重复投入。

第二节 课题申请评审书包含的具体内容

实际工作中，各个课题管理部门会因为各自研究的侧重点不一样，导致课题申请评审书稍有不同，但总体上差异不大，基本都包含课题申报基本信息，特别是课题主持人资格审查及佐证材料，以及课题设计论证活页。

下面以省、市级课题研究申请评审书为模板，进行详细的分析和解读。

编号	

××市教育科学研究课题
申请评审书

课 题 名 称：＿＿＿＿＿＿＿＿＿＿＿＿＿＿＿＿＿＿＿＿＿＿＿

课 题 类 别：＿＿＿＿＿＿＿＿＿＿＿＿＿＿＿＿＿＿＿＿＿＿＿

课 题 负 责 人：＿＿＿＿＿＿＿＿＿＿＿＿＿＿＿＿＿＿＿＿＿＿＿

所 在 单 位：＿＿＿＿＿＿＿＿＿＿＿＿＿＿＿＿＿＿＿＿＿＿＿

填 表 日 期：＿＿＿＿＿＿＿＿＿＿＿＿＿＿＿＿＿＿＿＿＿＿＿

××教育科学研究规划领导小组办公室

年　月　制

填表说明

1. 封面左上角"编号"栏，所有申报者均无须填写。

2. 部分栏目填写说明：

课题类别　分为规划课题和专项课题，专项课题根据指南进行申报。

课题负责人　系指承担课题研究和负责课题组织、指导的研究者。

所在单位　指课题负责人所在单位（必须与单位公章一致）。

课题组主要成员　指参加本课题研究工作的人员，不含课题负责人，前两位为核心成员。

预期成果　系指预期取得的最终研究成果，至少填报 3 项，其中必须包含研究报告和研究论文。

3. 填表字体统一规定宋体小四号，1 倍行距，各栏均可以自行加行、加页。双面打印，一式二份，左侧装订。

4. 表格内容三必须在同一页纸上，不得跨页。

5. 申请评审书原则上需要配合《论证活页》，活页中不得出现单位和相关课题负责人和相关成员信息，否则直接取消评审资格。

一、基本信息

课题名称			起讫时间	年 月— 年 月	
课题负责人	姓名		性别		行政职务	
	教龄		学科		专业技术职务	
	最后学历		手机		办公电话	
	研究经历	主持并完成的课题名称		批准立项单位	起讫时间

课题组主要成员情况（不含负责人，限填12人）

	姓名	教龄	学科	职称	单位与职务	电话	签名
1							
2							
3							
4							
5							

二、相关证书、证明复印件粘贴处

注：证书复印件可缩放、可扫描粘贴。

三、课题研究设计与论证

（一）选题的背景（理论背景和实践背景）
（二）选题的意义及价值（理论价值或应用价值）
（三）国内外研究现状述评（对现有成果及代表性观点的综述和评价）

续表

（四）关键性概念的界定
（五）研究目标与内容
（六）研究思路与假设
（七）研究方法与过程（包括阶段任务和阶段成果）
（八）研究主要的创新之处
（九）研究的可行性分析（课题组核心成员的研究经历、研究能力、研究成果、课题前期准备工作、完成研究任务的保障条件等）

（十）预期研究成果

成果名称	成果形式	完成时间	负责人

课题设计论证活页

（本论证活页不得出现课题组成员的姓名与单位信息！）

（一）选题的背景（理论背景和实践背景）
（二）选题的意义及价值（理论价值或应用价值）
（三）国内外研究现状述评（对现有成果及代表性观点的综述和评价）

续表

（四）关键性概念的界定
（五）研究目标与内容
（六）研究的思路与假设
（七）研究方法与过程（包括阶段任务和阶段成果）
（八）研究主要的创新之处
（九）研究的可行性分析（课题组核心成员的研究经历、研究能力、研究成果、课题前期准备工作、完成研究任务的保障条件等）

（十）预期研究成果

成果名称	成果形式	完成时间	负责人

备注："负责人"一栏不填具体姓名，根据前面的申请书表格顺序填写主持人，成员1，成员2，成员3……

一般情况下，课题申请评审书封面上的课题名称，要求不加副标题的时候不超过35字（有的要求不超过30字）。封面上的其他内容有：课题负责人（限填一名）、课题负责人所在单位、申报日期，以及课题管理单位，还有制表时间（注意这个时间有的机构每年修改，有的机构几年才修改一次），这个一般情况下是不能擅自修改的。

填写内容包含两个部分：一是课题申报人基本信息、资格审查及佐证材料；二是课题研究设计与论证。下面就几个重要的内容进行介绍和说明。

一、基本信息、资格审查及佐证

基本信息部分包括课题所属的学科领域以及主要研究方向等。包含了课题负责人的研究经历和研究水平的佐证材料,可以是其发表的学术论文、完成过的科研项目等相关证明文件。这些材料主要是展示课题负责人的研究实力,证明其具备完成该课题研究的能力。

(1) 基本信息:包含课题的名称、研究的起始时间、课题负责人的相关信息,以及课题组主要成员的情况。这部分内容会因课题管理机构的不同而略有不同,但是从地市级到省部级、国家级的课题申请评审书,这个环节大体上还是一致的。

(2) 相关证书、证明复印件粘贴处:这里需要提供课题主持人从事过的相关研究的佐证材料(一般采用扫描、复印粘贴的方式),目的是保证课题主持人有相关经历,符合课题管理单位对课题主持人提出的申报条件要求。从另外一个意义上来说,到了省级以上,特别是国家级课题申报,要求展示课题主持人或者研究团队最近5年内在该领域已经进行过的比较深入的研究,取得的具有一定影响力的研究成果,包括发表过的论文,出版过的专著,以及在同领域和方向上已经结题的省(市)级以上的课题等可以佐证的材料的原件或者复印件。

二、课题研究设计与论证

课题研究设计论证是指在申报过程中,对所要进行的研究进行科学的设计,包括概念界定、确定目标和内容、研究假设和思路、研究方法和过程、研究预期成果等,以及对可否达成研究目标和完成预期研究成果进行的论证。通过课题设计论证可以进一步明确研究目标和方向,提高研究的科学性和可行性。研究设计与论证的具体内容将在下一节进行详细阐述。

三、课题设计论证活页

课题设计论证活页内容与申请书第三部分的内容是一致的,不同点就是隐去课题负责人和单位的相关信息。在盲审阶段,专家需要根据这个部分的内容来对各个项目进行评分，最后根据评委打分决定课题是否获得立项资格。

活页中不得出现单位和相关课题负责人，以及相关成员信息，更不可以在活页的最前面盖上单位的公章，否则会直接导致该课题在评审过程中被一票否决，课题负责人在申报课题的过程中要特别留意这个环节的自我审查。

第三节　课题申请评审书撰写的具体环节

根据前面的介绍，我们知道设计论证才是课题申报阶段最重要、最核心的部分，下面我们对课题研究设计与论证的十一个维度进行详细介绍，并且结合案例进行解读，以期让一线教师在后期撰写课题申请评审书的时候有一个清晰的认知，懂得每个维度要如何突出重点，思路清晰，描述到位，使我们申报的课题能够顺利通过评审，获得立项。

一、选题的背景

选题背景最核心的就是分析研究的理由，说明为什么要选择这个问题，为什么要研究、解决这个问题。主要内容包括两个方面：一个方面是分析研究的有关背景，如理论背景、实践背景或政策背景，阐述相关的理论依据，即根据什么、受什么启发而进行这项研究的；二是从教育教学实际出发，分析为什么要研究该课题，针对什么问题而开展这项研究。

在课题研究背景的阐述中，应该注意尽可能充分说明本课题的研究意义和社会价值，并通过足够的资料或实例佐证。说明该课题研究的来源和背景，解释为什么选择这个课题进行研究，阐述该课题在一线教育工作中的重要性和紧迫性，增加评审专家的认可度。课题研究背景部分，可以根据以下步骤进行撰写。

1. 课题研究的来源和背景

首先介绍该课题的来源和研究背景，可以从自己所在学校或教育机构的实际需求出发，说明为什么选择这个课题进行研究。

2. 解释选择该课题的原因

详细阐述选择这个课题进行研究的理由，更为详细的可以从以下 3 个角度进行说明。

（1）个人兴趣与经验：解释个人对该课题的兴趣和研究动机，并说明自己在相关领域的工作经验和研究专长，突出该研究是与自己的日常工作和生活紧密相连的，相关研究来自日常实践。这样的研究主题可以长期持续，而且可以直接指导教育教学工作，具有实践价值。

（2）教育领域需求：指出该课题与当前教育领域的紧迫需求和热点问题相关，例如，"双减"政策背景下，如何让"双减"精神得以落地的有效途径；在新课标背景下，如何让学科核心素养能够在课堂上得以落地，把素养转化为目标，把目标转化为任务，把任务转化为活动。要解释为什么需要通过研究来解决或改善该问题。

（3）学科发展趋势：说明该课题与学科自身发展趋势相契合，通过该课题研究能够对学科的发展和教学实践产生积极影响。

3. 阐述该课题在教育领域的重要性和紧迫性

详细说明该课题在教育领域的重要性和紧迫性，可以从以下 3 个方面进行阐述。

（1）学生学习效果：说明该课题对学生学习效果的影响。例如，提高学生的学习兴趣，促进学生的自主学习能力、团队合作能力等。

（2）教师专业发展：说明该课题对教师专业发展的价值。例如，提升教师的教学能力，提高教师的教育教学水平，探索教师专业发展的有效路径等。

（3）教育改革需求：指出该课题在当前教育改革中的重要作用。例如，适应新课标精神的教育理念，推动适应新课标精神的教学模式创新等。

示例 1："新时代背景下小学劳动教育学科融合实践研究"的选题背景部分

1. 时代背景

2018 年，习近平总书记在全国教育大会上强调：坚持中国特色社会主义教育发展道路……培养德智体美劳全面发展的社会主义建设者和接班人。……要在学生中弘扬劳动精神，教育引导学生崇尚劳动、尊重劳动，懂得劳动最光荣、劳动最崇高、劳动最伟大、劳动最美丽的道理，长大后能够辛勤劳动、诚实劳动、创造性劳动。

2020年，中共中央、国务院发布《关于全面加强新时代大中小学劳动教育的意见》（以下简称《意见》），强调把劳动教育纳入人才培养全过程，贯通大中小学各学段和家庭、学校、社会各方面。与德育、智育、体育、美育相融合，对新时代劳动教育做了顶层设计和全面部署，劳动教育受到学校和社会的广泛关注。为落实《意见》精神，加快构建德智体美劳全面培养的教育体系，教育部制定《大中小学劳动教育指导纲要（试行）》（以下简称《纲要》）对学校劳动教育的开展提出纲要性指导。

2022年3月，教育部发布《义务教育课程方案（2022年版）》，劳动从综合实践活动课程中独立出来，作为国家课程而独立设置。教育部同时发布《义务教育劳动课程标准（2022年版）》（以下简称《劳动新课标》）。

从《意见》到《纲要》，再到《劳动新课标》，学校开展劳动教育也有了基本的依据。

近年来，随着国家一系列政策的出台，各地各校结合自身实际也进行了一些独具特色的劳动教育课程设计和实施。各地劳动教育实验区的建设实践都已初见成效，有的经验已经在更大的范围内推广，也为我们的研究提供了宝贵的经验。根据了解，目前国内一些大中型城市，已经将家庭劳动教育和社会劳动教育纳入了学生综合素质评价里，将劳动教育基地建设、课程建设、教育团队建设、研学机制建设、宣教平台建设等作为构建劳动教育体系的基本框架，进行深入细致的实施，取得了较好的效果。

2. 实践背景

但从学校、家庭、社会等诸多方面看，存在的问题也比较突出。劳动教育在政策中有体现，在实践中却往往被忽视，在学校中被弱化、在家庭中被软化、在社会中被淡化的现象不同程度存在着。由于学校、家庭、社会对劳动教育在思想上的不重视或偏见，很多中小学生不重视、忽视甚至鄙视劳动。在课程设置上体系不健全，劳动教育内容指向不明，专业师资短缺，在教育形式上片面单一等问题，制约了以劳树德，以劳增智，以劳强体，以劳育美，以劳创新的育人实效发挥。

二、选题的意义及价值

一线教师在做课题申报时，需要考虑到课题的理论价值和实践价值，而这两个层面是相互关联、相辅相成的。

1. 理论价值

选题的理论价值指的是该研究对于学术领域的贡献和推动作用。它反映了研究在知识拓展、理论验证或发展上的重要性。例如，研究可以揭示新的理论观点、验证现有理论的适用性、挑战或扩展现有理论框架等。这种理论价值对于学术界的进步和学科发展具有重要意义。但是对于一线教师，特别是基础教育领域的教师，想通过研究提出对于学术界有重大影响力的理论或者是有挑战地揭示某个新观点是比较难的，这一点需要对自身有清晰认知，然后在研究过程中不会盲目拔高对理论研究的要求。而是要把关注点放在对于某些学术观点的补充、修正上，特别是对某些已经经过验证有效的理论进行实践研究，佐证其效果，或者是揭示该理论在一线教育教学过程中实施的有效路径或者实施策略等。

（1）验证现有理论的适用性：强调研究是否能够验证、支持或扩展现有理论框架。通过实证研究，可以从实践角度检验理论的有效性和适用性，为学术界提供更为可靠的理论基础。

（2）推动学科发展：说明该研究对学科领域的进展和发展具有重要推动作用。通过拓宽研究范围、引入新的方法或概念，可以为学科的理论积累和方法创新做出贡献。

（3）丰富某些理论在实践中的指导意义：特别是国家教育行政主管部门颁布的一些新政策，会提出一些对教育教学有指导意义的理论或者精神。但是基于教育的特殊性和一线教师教科研水平的差异性，会导致这些理论指导难以落地或者在实施的过程中出现偏差，所以需要有一个将国家政策方针与一线教育工作者理念进行衔接的理论解读，类似翻译工具的研究，通过研究将国家政策转化为在一线教学过程中可操作、可测量的指导意见或教学模式。

2. 实践价值

指的是研究课题针对实际问题的解决方案和应用价值，在实践中有哪些创新点和改进之处，采用这种教学方法会带来哪些实际的效益和影响，对社会的发展、教育的实践、国家政策的实施具有哪些指导或者引领作用。这样可以帮助评审专家更好地认识该研究成果的应用前景和实际价值，增强对该选题的认同和兴趣。例如，在某项研究中，设计了一套针对特殊群体学生的心理教育课，通过实践验证该心理教育课在提高学生学习成绩和人际交往能力等方面的有效性，在研究过程中通过相关实验数据佐证实施前后数据的变化，可以佐证设计的课程针对该群体有较为明显的价值。

（1）为教育政策的制定提供依据：指出该研究最终的成果能否为各级教育行政部门政策的制定提供决策依据和建议。通过研究成果的应用，教育行政部门能否制定更为合理和科学的政策，以促进整个区域教育事业的发展和进步。

（2）为教育理念推广提供实践：教育行政部门在每个重要阶段都会提出新的教育方针或者政策，例如，"双减""新课标""义务教育评价改革""城乡教育公平"等，每个项目都有新的理念，如：减负提质增效，从知识传授的课堂教学模式转向素养导向的课堂教学模式研究；通过实践可以找到某一理念下的实施途径，形成的某种教学模式是否可以推广与转化，将其应用于更为广泛的实践领域中等，都需要一线教师进行深入研究和探索。

（3）为教学实践提供经验：不管多先进的教育理念最终都需要在一线教学中得到呈现，从理论到实践有很长一段路要走。新教学理念出台，需要具有一定理论素养的优秀教师先行实践，并在接纳和解读的基础上进行实践研究。而课题就是研究最好的载体，通过实践研究得到数据佐证说明该理论以什么样的形式为一线学科的教学提供指导。在研究过程中实践总结出成果，特别是课堂教学实施的具体策略或操作模式。通过研究结果的应用，可以为实际问题提供解决的方法和途径，促进教学实践的改进和优化。

在做课题申报时，一线教师需要将理论价值和实践价值进行整合，阐述该研究课题在学科理论研究和实际教学应用方面的重要意义。只有在这两个方面都进行充分的阐述，才能更加全面地说明课题的意义和影响，并且增加课题申报的成功率。

示例2："基于大观念的初中数学单元教学设计研究"的意义和价值部分

1. 理论价值

（1）基于核心素养的教学成为当下和未来中学课堂教学的主要方向

随着《普通高中数学课程标准（2017年版2020年修订）》和《义务教育数学课程标准（2022年版）》的相继颁布，以及"双减"政策的到来，整个中学课堂教学改革的形势已经逐渐明朗，即一切指向核心素养。从"双基"到"三维"，再到如今的"核心素养"，教学目标的转变要求教学设计的变革。事实上，近些年世界各国的课程改革都以核心素养的培育为目标，进入了素养时代。随着课程目标由知识本位转向素养本位，传统的基于"课时""知识点"的教学设计难以匹配素养目标。国际上已有教学专家在研究与课程匹配的教学系统的迭代发展问题。其中，单元设计就是公认比较成熟的做法，国际上主要实行教育技术、建构主义以及将两者相整合的三种单元设计思路。强调构成不同学科的高级内容知识，提供高阶思维和加工，围绕主要话题、主题及观点组织学习活动，这些主题和观点要符合对某个学科的理解，并能建立学科之间的联系。

（2）单元教学成为落实中学数学学科核心素养的重要途径

单元设计的国际经验，为我们建构指向核心素养的单元设计提供了诸多启示。指向核心素养，基于大观念的单元整体教学设计将会成为学科教育落实立德树人、发展素质教育、深化课程改革的必然路径。与传统课时教学相比，单元整体教学不仅关注本课时的内容分析，更是通过大主题、大概念、大问题、大任务或大项目的组织方式来完成，它的视野站得更高，放得更大。实现由零散走向关联，由以往的只见树木不见森林、零碎不成体系的零散教学走向眼中有树木，心中装森林的整体建构，系统教学。

（3）基于大观念的单元整体教学设计和模式研究成为必然

基于大观念的单元整体教学设计是在立足核心素养，分解课标，驾驭教材，读懂学情的基础上，按学习逻辑以大主题或大概念统领、大任务驱动、大情景创设、大问题聚焦、思维大迁移、评价反馈、作业设计等要素形成的一个结构化的统筹规划和科学设计。

2. 实践价值

（1）基于大观念的单元整体教学设计成为"双减"政策落地的重要支点

在传统以课时设计展开的课堂教学中，往往注重对本课时学习内容知识与技能的训练，学生只见树木不见森林，没能理解知识蕴含的逻辑形式与思想方法，做不到知识的迁移。为提高学生解题技能，常常进行题海战术，导致学生学习负担加重，对所学内容的理解也仅停留在表层。2021年7月24日，中共中央办公厅、国务院办公厅印发《关于进一步减轻义务教育阶段学生作业负担和校外培训负担的意见》，要求提升课堂教学质量、优化教学方式、提升学生在校学习效率。基于大观念的单元整体教学设计便是优化教学方式、提升教学质量的一个支点。

（2）基于大观念的单元整体教学成为引发学生深度学习的最好方式

引发深度学习有4个重要的环节，即"联系的观点""问题引领""充分的交流与互动"及"努力帮助学生学会学习"，所有这些学习要求，都需要在单元整体教学平台上才能达到。基于大观念整体的视角，将单元整体目标、教学内容、问题任务设置、情景创设、作业设计、效果评价等进行系统思考。以发展学生核心素养为出发点，立足于学科，高度挖掘学科知识背后最本质、最核心的知识内容或思想方法，重视知识的比较和应用，形成全局观念，搭建单元教学的逻辑主线，把碎片化的知识整合成有机整体。单元整体教学的重点不是老师讲，而是学生由基于大观念的全局性问题引领，开展的一种自主驱动学习。在学习的过程中把学生的学习思维呈现出来，引导学生基于整体、多元、联系的深度思考后进行表达和交流，使其可视化。学习的本质不是听，不是灌，不是练，学习的本质是链接，是经历与体验。在经历与体验中学生建立起知识体系，体会思想方法，能够在知识内容和研究思路等方面进行迁移，帮助学生学会学习。大单元教学改变运用题海锻炼学生解题技能的方法，而是让学生学会站在知识结构和思想方法的角度理解一类问题，思考一类问题，减轻学生的学习负担，实现深度学习。

三、国内外研究现状述评

主要是对课题研究同领域中国内外现有的成果及代表性的观点进行综述，以及课题组对这些成果进行综合评价，并明确提出课题组的观点。当我们在评述本课题的国内外研究现状时，可以按照以下步骤逐步展开。

1. 确定搜索范围

明确要评述的课题领域，并确定相关的关键词和搜索范围。可以通过学术数据库、期刊论文、学术搜索引擎等途径进行检索。现在互联网发达，搜索文献越来越方便，只需要有平台账户就可以轻松获得相关文献。但传统的纸质文献仍然具有不可忽视的作用，特别是对于年代久远的资源，在本学科领域中有统领性的文献都要留意纸质资料的收集。

2. 搜集和筛选文献

根据确定的搜索范围，搜集与本课题相关的国内外研究文献。初步筛选出与本课题最相关、最有代表性的文献进行详细阅读和分析。筛选文献的过程就是获取本课题领域相关资讯的重要方式，特别留意不能因为个人主观判断而遗漏了重要的文献资料。

3. 国内外研究现状评述

可以采用时间线的方法来呈现国内外研究的成果，也可以按照学术流派来梳理和总结，还可以采用领域内有影响力的专家的研究成果或者观点来作为文献梳理和分类的标准。

通过前面三种方式，对国内外研究现状进行总结和分类，分析目前国内研究在哪些方面与国际前沿存在差距，或者在哪些方面有较强的创新性和独特性。对国外学者在该领域的研究重点、研究方法和理论框架等进行客观的描述。同时可以比较国内外研究在该领域的异同之处，并指出国外研究在哪些方面对国内研究有启示和借鉴意义。

4. 对比分析和综合评述

将国内外研究现状进行对比分析，着重指出各自的优势和不足之处，探讨国内外研究在理论、方法、实践等方面的差异。综合评述国内外研究现状，提炼出共性和差异性，从中寻找本课题研究的切入点和优势，并提出可能的研究方向和改进建议。明确提出研究趋势和发展方向，指出本课题在国内外研究现状基础上的创新点和价值。

需要注意的是，在评述国内外研究现状时，要始终保持客观、中立的立场，引用的文献要准确可靠，且评述内容要紧密联系本课题，以便为后续的研究提供理论和实践参考。

示例3："基于大观念的初中数学单元教学设计研究"的研究现状部分

1. 国外研究现状述评

国外对于单元设计的研究，相对于国内而言起步较早，发展速度也比较快。单元设计的思想可以追溯到19世纪赫尔巴特学派威勒倡导的五阶段教授法——分析、综合、联合、系统和方法，并以采用这种方法的教学过程中所处置的一个模块的教材作为单位，谓之方法论单元。

20世纪初，杜威提出了设计教学法，也称为单元教学法。具体指的是学习内容由学生自己选择，由学生的兴趣爱好决定。教师将学生选择的内容构建成以学生的生活问题为中心的综合性学习单元来指导学生进行学习。但其传授的知识过于零散未能形成知识结构框架，不利于学生系统地掌握知识。

1931年美国莫里逊在《中学教学实践》一书提出莫里逊单元教学法，依据教材的特点和教材中知识之间的内在联系划分成若干个教学单元，再引导学生通过探究—提示—理解—推理—表述的过程，掌握单元内容。这种单元教学模式既保证了知识系统的结构，又能提高学生的学习兴趣。

20世纪80年代，苏联教育家沙塔洛夫提出"刚要信号"图式教学法，主张将教材中的多节或一章的内容按照内容的内在联系组织起来构建大单元，形成一定的知识结构或框架，以单元为一个单位，并以图表的形式表现出来。

20世纪90年代，弗雷齐和鲁德尼茨基在单元教学法的基础上提出了整体教学法，整体教学法是单元教学法的改进和发展，他们更强调教育过程中的整体性，以学生为教育教学的中心，更关注学生人性的培养。

2. 国内研究现状述评

我国最早提出单元教学概念的是梁启超，在杜威访华后，梁启超受到杜威思想的影响，提出对教学内容进行分组归类构思。此后单元教学设计的思想成为教材编排与教学的重要组成。从2011年到2014年，我国有关数学单元教学的研究整体较为平缓，没有太大的起伏。2014年颁布的《教育部关于全面深化课程改革落实立德树人根本任务的意见》，明确提出核心素养的概念，单元教学整体有了比较重要的地位和作用，因此，从2015年到2017年，单元教学的研究开始呈现出缓慢上升的态势。《普通高中数学课程标准（2017

年版)》虽未给出"单元教学设计"的明确定义,但是在附录中却有相应的案例供教师借鉴学习,同时崔允漷教授发出学科核心素养呼唤大单元教学设计的倡议。在此背景之下,数学单元教学也就获得更多学者的研究与关注,呈现出明显的上升趋势。对数学单元教学的研究,主要分为理论价值、特征策略以及教学设计三个层面。

(1) 在理论价值层面。张丹、于国文认为数学大观念是内容、过程和价值的融合,"观念统领"的单元教学是发展学生数学素养的重要途径。刘延革、冯琳认为围绕"大观念"进行单元教学设计,能让教师从课时教学中跳出来,提升教学设计的站位;能够为学生获取新知识提供组织架构,为将来更高层次的学习提供理解基础。

(2) 在特征策略层面。吕世虎、杨婷、吴振英认为数学单元教学设计应具有整体关联性、动态发展性、团队合作性,归纳为以下五个步骤:确定单元内容,分析教学要素,编制单元教学目标,设计教学流程以及评价,反思与修改。刘权华认为教师必须认真领会单元教学目标设计的内涵、意蕴以及在教学中的作用,基于课程标准和学情,学会从课程目标到单元教学目标的分解。

(3) 在教学设计方面。章建跃从教材内容的类比出发强调学习的整体性,通过问题及追问的形式对四边形进行单元教学设计。曾荣基于钟启泉的"核心素养—课程标准—单元设计—课时计划"这一基本环节,在单元教学的整体设计下展开有关圆锥曲线的具体课时教学实践。

3. 综合评价

综合国内外关于单元教学的研究,可以发现将教育教学理论与单元教学相结合是单元教学发展过程中不变的需要。核心素养作为近年的热点,如何通过单元教学将核心素养落到课堂,实现学生的深度学习,是如今值得探讨的话题,许多教学部门、专家学者、一线教师都对此进行过探索。福州市数学会与福州教育研究院数学科联合推出大单元专题下数学中考复习教学系列微课,福州教育研究院李霞老师开设"基于深度学习理论的《圆》大单元教学实践与思考"专题讲座,福州教育研究院段振富老师开设"基于单元视角的初中数学章起始课的思考"专题讲座等。从众多的探索中可以发现,单元教学目标的实现，内容的开展，以单元教学设计的形式呈现。

　　截止到 2021 年 12 月 30 日，在中国知网以主题模式输入"单元教学设计"，搜索出 3259 条相关结果，以"数学单元教学设计"为关键词进行搜索，出现 643 条相关结果，如图 1，说明我们对单元教学设计已有的研究较为丰富，有理论方面的探索，也有针对具体的教学内容进行的实践。但聚焦到数学单元教学设计方面的研究并不是十分全面，放在数学核心素养视域下进行研究及实践的会更少一些，许多研究尚处于摸索阶段。

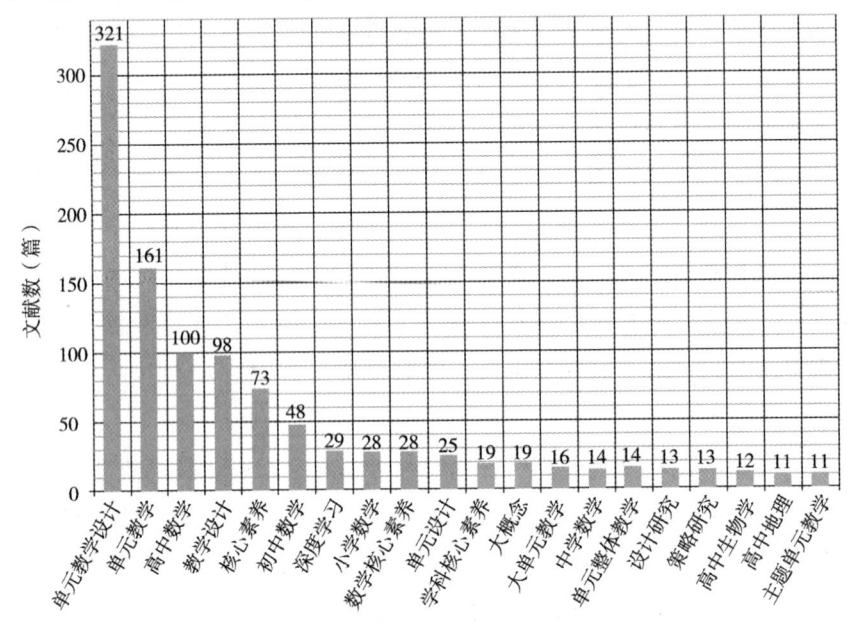

图 1

　　输入"初中数学单元教学设计"，搜索结果只有 85 条，如图 2，说明针对初中数学模块的这个领域的研究相关文献并不多，高中的研究成果较多，所以我们课题组的研究相对较前沿，研究的内容和最后落地的成果有一定价值和生命力。

图 2

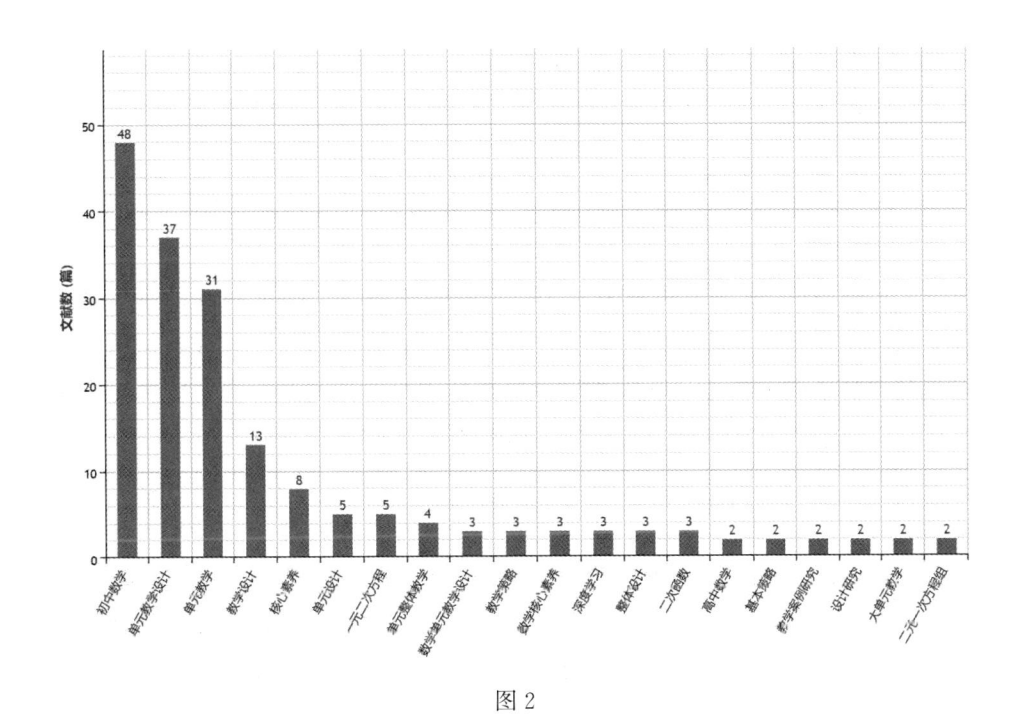

按照论文发表的时间来看，如图 3，1990—2017 年，每年平均 1 篇文章

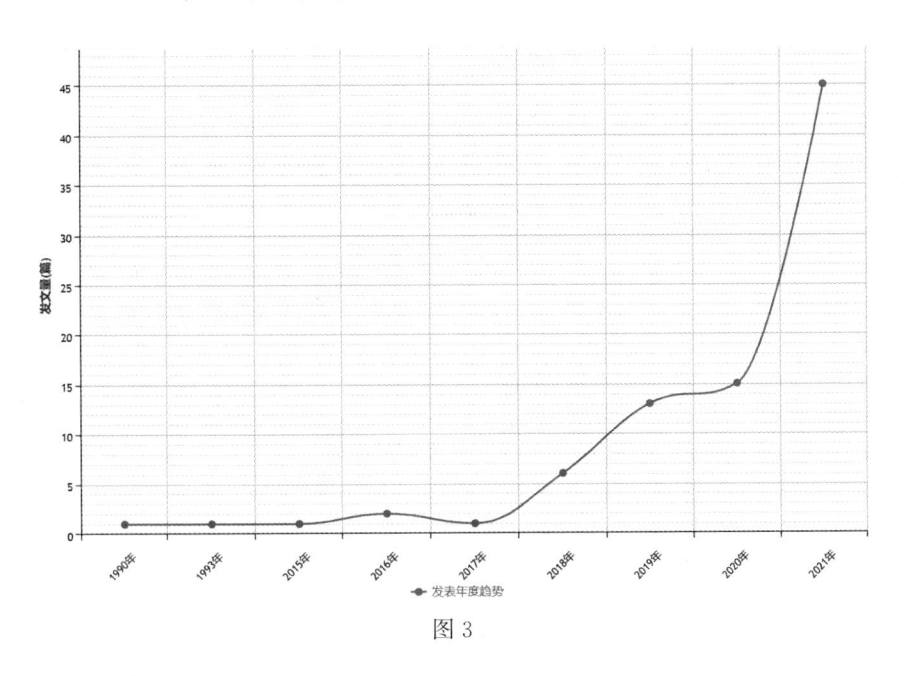

图 3

61

（仅 2016 年 2 篇），基本处于无人研究状态；2018 年 6 篇，这是基于《普通高中数学课程标准（2017 年版）》的颁布，高中新课标的理念影响到初中数学的学科教学；从 2020—2021 年，相关文献呈现井喷状态，说明最近几年这个领域的研究逐渐成为热门，关注的人越来越多，本课题研究方向具有生命力。

4. 课题组的观点

本课题小组计划在前人的研究基础上，探索基于大单元视角的中学数学教学设计，并在日常教学中展开单元教学设计的实践活动，重点在课堂教学中推动章起始课和章复习课的应用，旨在转变教师的教学观念，建立基于单元视角的数学课堂教学模式新理念。侧重在教学的过程中将章节第一节课与章前图和章前言结合，通过新型教学模式，带领学生创建章节知识结构图，更重要的是学习本章知识学习过程中的路径、对象和内容等，让学生在章节学习起始阶段就对本章的研究路径有初步认识，特别是在七、八年级学习时，结合前面所学知识，采用类比的方法学习新的内容。比如：一次函数、二次函数、反比例函数的学习，都有相同的路径：实际问题情境，抽象得出相关的概念包括解析式，根据解析式画出函数图像（列表、描点、连线），根据图像归纳总结得到函数性质，根据函数性质解决实际问题。还有七年级也有类似的研究路径，类比小学，或者前面所学，例如：二元一次方程组学习结束后，在学习一元一次不等式（组）的过程中，相关的概念、相关的性质、解（解的几个步骤）、应用相关知识解决实际问题等。这些都是在原有教学模式基础上，结合大单元教学理念，以章起始课和章复习课为抓手而实现的。

课题组拟对初中数学 29 章内容进行研究、摸索，在实践中最终形成每个章节的章起始课教学设计、教学课件、课堂实录等成果。并努力尝试，探索章复习课的教学设计、教学课件、课堂实录等。最后形成完整的章节起始课、章节复习课的模式、流程和经典案例，在此基础上尝试向各级学校推广，条件成熟的时候，在市级教学开放周活动过程中推动一线教师开设章起始课、章复习课。通过磨课、研讨、评课、反思等环节进行总结，经过一年的实践之后，逐步向一线教师进行复制和推广。

四、关键性概念的界定

关键性概念是指在某一学科或领域中具有重要地位、具有高度内在联系和影响力的核心概念。这些概念是研究的起点，在实际操作过程中除了通过文献研究发现这些概念的一般意义之外，课题组还需要结合自己研究的对象、内容、目标、方法，以及最后的预期研究成果等，提出对这些概念的界定，这是课题研究的灵魂。在一线教师课题研究中，我们常常会发现部分课题组没有重视，也没有理解课题核心概念界定的价值和意义，研究没有自己的主张，直接导致研究缺乏灵魂。

在一线教师课题研究中，对关键性概念的准确定义可以帮助教师理清研究的整个体系，深入把握本课题研究的核心内容，进而指导课题研究过程的实践操作。基础教育领域的课题研究大部分都是关注日常的课堂教学模式探究、学科教学设计的实践，以及基于新课标的新型教学和考试、信息技术平台背景下辅助日常的教育教学工作实践研究等，基本上都是在学科教学、学生发展和成长、教师专业发展途径等领域的研究，在界定关键性概念时要注意以下几个要点。

1. 研究学科课程标准

认真研读教育部颁发的新课标要求，了解这些上位文献中所提出的核心概念。特别是学科课程标准中对学生学业质量的要求，以及学生应该具备的知识结构和思维方式，确保一线教师对学科基本要求和学业质量标准能够准确理解。

2. 查阅学科专业类文献

通过查找和阅读学科不同版本的教材、期刊（特别是核心期刊）论文、有影响力的著作等，从而掌握学科领域内专家和学者对于关键性概念的定义和理解。通过阅读学科专业类的文献，就能够更加准确地确定关键性概念的范围和内涵，从而对课题研究中关键性概念的界定提出自己的见解。

3. 分析学生学习困难点

认真观察学生在学习中容易出现的错误和困惑，分析这些困难点是否与特定的概念有关，其中可能暗示了关键性概念的存在。可以通过观察学生的学习表现、听取学生的问答和讨论，进一步了解学生对概念理解的难点。

4. 总结教学实践与经验

回顾自己多年的教学实践，思考在教学过程中哪些概念是关键的、必不可少的。通过总结学生的学习效果和反馈，分析哪些概念对学生的学习有着重要影响，能广泛运用于课堂教学。

5. 关注学科发展的前沿议题

关注当前学科领域中的最新研究成果、学术讨论和教育改革方向。了解学科领域内正在兴起或受到关注的新概念、新模式、新名词等，结合自己的教学实践思考其是否具备关键性，并与已有的关键性概念进行比较和界定。

综合上述步骤，一线教师可以逐步掌握界定关键性概念的流程。在这个过程中，关键是要保持与学科课程标准要求的一致性，同时结合学科专业性文献、学生学习困难点、教学实践经验和学科发展前沿，提出课题组对关键性概念的界定。课题申请评审书中的概念界定最好不要全部都是他人的观点、不见自己的主张。

示例4："基于大观念的初中数学单元教学设计研究"的概念界定部分

1. 大观念

大观念的英文 Big Idea（Big Ideas，Big Concept），也有学者将其译为大概念。在教育领域，有关大概念的研究至少可以追溯到布鲁纳对于教育过程的研究。布鲁纳强调，无论教师教授哪类学科，一定要使学生理解该学科的基本结构，帮助学生解决课堂内外所遇到的各类问题。掌握事物的基本结构，就是以允许许多别的东西与它有意义地联系起来的方式去理解它，学习这种基本结构就是学习事物之间是怎样相互关联起来的。大观念是一种新兴的教育理念，是学科课程设计和教学设计的重要依据之一。从学科本质看，大观念反映了学科本质的核心知识、思想和价值。从课程内容看，大观念是联结教学内容的核心概念架构。从过程与方法看，大观念是"统摄教与学过程的原则和方法"。

课题组认为大观念具有概括、抽象和作用持久的特性，它指向学科核心内容和教学核心任务，反映学科本质，同时能够联系学科关键思想和相关内容，具有促进学生对知识、技能、经验的理解、联结、迁移的功能。

2. 单元

单元，一般是指同一主题下相对独立并且自成体系的学习内容。目前对于单元的理解主要有两种：一是现成教材中已有的章节，这是从教材编排的角度考虑；二是根据教学内容在结构上的联系等重新组合的"大单元"，这是基于教学需求层面的考虑。因此既可以教材原先设计的自然章节作为一个单元，也可以某个专题或学科关键能力重组单元。在教学过程中，特别是2022年版新课标明确提出，要从整体性、系统性角度对教材进行处理。

课题组认为在新课阶段应基本按照教材编排的自然单元，即现成教材中已有的章节进行单元教学。但是在中考复习阶段，常常对初中知识按照四大模块（数与代数、图形与几何、统计与概率、综合与实践）以大单元形式进行教学。

3. 整体教学

2022版新课标明确提出，教学过程中，包括编写教材都要注重知识的系统性、整体性、结构化的建立。整体教学是指从提升学生核心素养的角度出发，用一种整体思维对相关教材内容进行重新组织和优化，整合成一个新的教学单元，目的是突出数学内容的主线索及不同知识间的关联性，让学生比较完整地经历问题研究过程、规划研究框架、积累研究经验。基于大观念的理念设计的单元整体教学有助于提升学生的学习兴趣，使学生真正理解学科概念本质，发展学生的整体观、结构观，同时还能帮助教师拓宽教学思路，从而更加有效地开展整体性教学。

课题组认为基于大概念的单元整体教学，其实对于学生而言就是深度学习，是学生对核心课程知识的深度理解以及在真实的问题和情境中应用这种理解的能力。深度学习是基于学生对学习主题的理解，以解决挑战性问题和发展高阶思维为目标的学习，即通过对核心内容的分析和教材的整合以及学生高阶认知的参与，获得知识、过程、方法、价值的深度感悟，完善和发展认知结构，形成学习能力，并能将这种能力迁移到新的情境，有效解决挑战性问题的学习。

五、研究目标与内容

课题的研究目标和研究内容是否清晰，直接决定了未来的研究是否能够顺利完成，因为它们为研究提供了明确的方向和范围。总体来说，课题研究的目标要具有可操作性、可检测性，换句话说就是要能够落地，可以对其进行评估，能达成相关目标的指标。下面是对研究目标和研究内容撰写的一些建议。

1. 研究目标

（1）确定性：研究目标应该是明确的、具体的，并能够直接回答研究问题或解决研究难题。目标的表述要尽量避免模棱两可或出现不可落地、无法落地实施等类似的描述，以便评委可以准确理解研究的意图。

（2）可测性：研究目标应该能够进行量化或评估，以便在研究进程中可以进行目标的达成度检测和监督。在后期研究过程中可以通过设定明确的指标或标准，以便更容易地评估研究的成果和效果。

（3）学术和实践价值：研究目标要具有学术上的重要性和实践应用的价值。它们应该与当前的学术前沿、实际问题或社会需求密切相关，并具备对学科发展或教育进步有所贡献的潜力。

2. 研究内容

（1）逻辑性：主要是指研究的内容要跟研究目标保持一致，能够相互关联，基本上要做到一一对应。研究目标的实现是通过研究内容来达成的，而研究内容和任务的完成就指向研究目标，两者之间有着严密的逻辑和关联。切忌研究目标和内容"两张皮"，研究完全脱节，最后无法完成预期成果。

（2）具体性：研究内容必须具体而清晰，在课题实施过程中，研究内容能够细分为不同的项目，或者子任务。参与研究的成员只需要按照计划去执行相关任务，得到相关的数据或结果，然后再按照研究步骤进入到下一个任务，一环扣一环，数据的分析和处理以及相关结论的正确性评估由课题指定的负责人完成。

（3）可行性：确定研究内容的时候还需要考虑实践性和可行性，符合一线教师研究能力水平。同时需要与一线日常教学工作紧密相连，能够做到教学与研究的深度融合，教学就是在做研究，做研究就是教学的一部分。这样既不会增加一线教师的工作压力，也容易取得研究成果。

总之，在撰写申请书的时候，最好是用一行文字，简单而明确地提出研究目标，如果有3个目标就用3行，也就是3句话来呈现，不拖沓，直接，评审专家可以一眼明确你的研究目标是什么。同样的，研究内容根据研究目标形式，能用1行或者1句话可以阐述清楚，就绝不用过多话来表达。至多在研究内容的具体细节方面多一些语言进行描述，以期让人进一步明白课题组将要进行的研究实践主要是通过完成什么任务来实现研究目标的。

示例5："基于大观念的初中数学单元教学设计研究"的目标与内容部分

（一）研究目标

1. 探究基于大观念的初中数学单元整体教学设计的基本原理；
2. 形成基于大观念的初中数学单元整体教学设计的典型案例；
3. 构建基于大观念的初中数学单元整体教学设计的评价标准；
4. 总结基于大观念的初中数学单元整体教学设计的基本模式。

（二）研究内容

1. 搜集整理国内外现阶段中学数学单元整体教学的基本情况，对比与传统课时设计的异同点，结合《义务教育数学课程标准（2022年版）》中数学核心素养的培养要求，总结单元整体教学的基本原理与基本要求。

2. 分别在数与代数、图形与几何、统计与概率三大领域对初中数学教学单元进行整合规划，并以单元起始课、单元复习课为主要研究对象，选定典型的初中数学教学内容，基于大观念进行单元整体教学设计。包括对单元教学的内容和目标的分析，厘清教学单元的逻辑关联性、素养要求及育人价值，对学生情况的分析以及具体分课时的教学设计。建立基于大观念的单元教学情境与活动任务，以及分解的课时教学情境及活动任务，形成基于大观念的单元整体教学设计的典型案例。

3. 建立多元维度的数学单元教学设计的评价机制，并利用单元整体教学设计典型案例进行教学实践。根据所建立的评价标准，对典型教学设计进行评价。基于大观念的单元整体教学设计的评价标准不仅要关注学生知识技能的掌握，还要关注学生对基本思想的把握、基本活动经验的积累；不仅要关注学生分析问题、解决问题的能力，还要关注学生发现问题、提出问题的能力。全面评价教学过程中学生核心素养的形成和发展，同时关注对教师专业素养发展的影响。

4. 基于单元整体教学设计的实践及评价，改进教学设计，归纳总结基于大观念的单元整体教学设计的基本模式。

六、研究思路与假设

课题研究思路是对一个研究课题的整体思考和构想。课题组在进行课题实施之前，针对需要解决的问题进行深入思考、资料搜集、综合分析，最后形成明确的研究思路和方向。课题研究假设可以直接理解为是对所要研究问题的初步猜测或预测，但是，这个猜测或预设是基于已有理论或观察到的现象，对问题的可能答案或解释进行初步猜测或预测的表述。用来指导或限定研究方向和范围，同时也是对科学研究或课题研究进行验证或推翻的基础。这个环节最考验课题研究者（特别是主持人）的研究水平，因为研究的思路和假设是否科学，将直接影响到未来课题研究实施过程中的有效性，如果实验得到的数据与研究假设不相符（这在研究中是经常会遇到的情况），课题负责人需要有能力尽快找到原因，然后提出修正的办法和措施。

通过课题研究思路与假设的架构，课题组成员就能够对整个课题研究有一个清晰的结构性认知，同时对未来研究过程中每一个环节出现的问题都有应对的策略。

总之，课题研究的假设是课题研究中的关键环节，它基于相关理论或已知现象，具有推断性、可验证性、拓展性和创新性，并且具备操作性和可行性。给出研究者的初步猜测，明确研究的方向、框架和范围，指导实证研究和验证，加强研究问题的理解和可重复性，有助于为问题的解决提供有效的方向和策略。

示例6："小学数学单元整体教学设计实践研究"的研究思路与假设部分

（一）课题研究的思路

1. 研究背景和综述：对数学教育研究的相关背景和前沿成果进行综述，对研究领域进行界定和梳理。

2. 确定研究目标与问题：明确研究的目标和问题，例如，改进数学单元教学效果、提升学生数学思维能力等。

3. 设计研究方法：选择合适的研究方法和手段，如实地观察、问卷调查、实验设计等，并制订详细的研究方案。

4. 数据采集与分析：根据研究方案进行数据采集，包括教学活动记录、学生问卷、学习成绩等，并运用统计分析等方法对数据进行处理和分析。

5. 效果评估与讨论：根据数据分析结果，评估整体教学设计的效果，并讨论与解释教学策略、资源应用等因素对结果的影响。

6. 总结与建议：总结研究结果，提出对于小学数学单元整体教学设计的改进建议，为教师和决策者提供参考。

(二) 课题研究的假设

1. 整体教学设计能够提高学生对数学概念和原理的理解程度。
2. 个性化教学策略在整体教学设计中有助于满足不同学生的学习需求。
3. 整体教学设计可以提升学生的数学思维能力和解决问题的能力。
4. 教师的教学能力和教学创新能力对整体教学设计的实施效果具有重要影响。

这些假设可以通过实地观察、数据收集和分析等手段来验证，从而得出关于小学数学单元整体教学设计的结论。

在申请评审书中，课题组通常会用流程图来表示研究思路和假设，让研究的思路和假设更具针对性，操作过程中会根据具体的课题研究目标和内容以及流程将图中的内容具体化，常用的图形如图所示。

下图描述了通性通法的课题研究思路、流程及其各个阶段的特征，直观而形象，对于初学者有很大的指导作用。在实际操作中，教师可以在这个流程图的基础上，根据自己课题的研究内容和研究过程进行具体化，也可以进行调整。下面用示例 7 的研究思路图来进行举例说明。

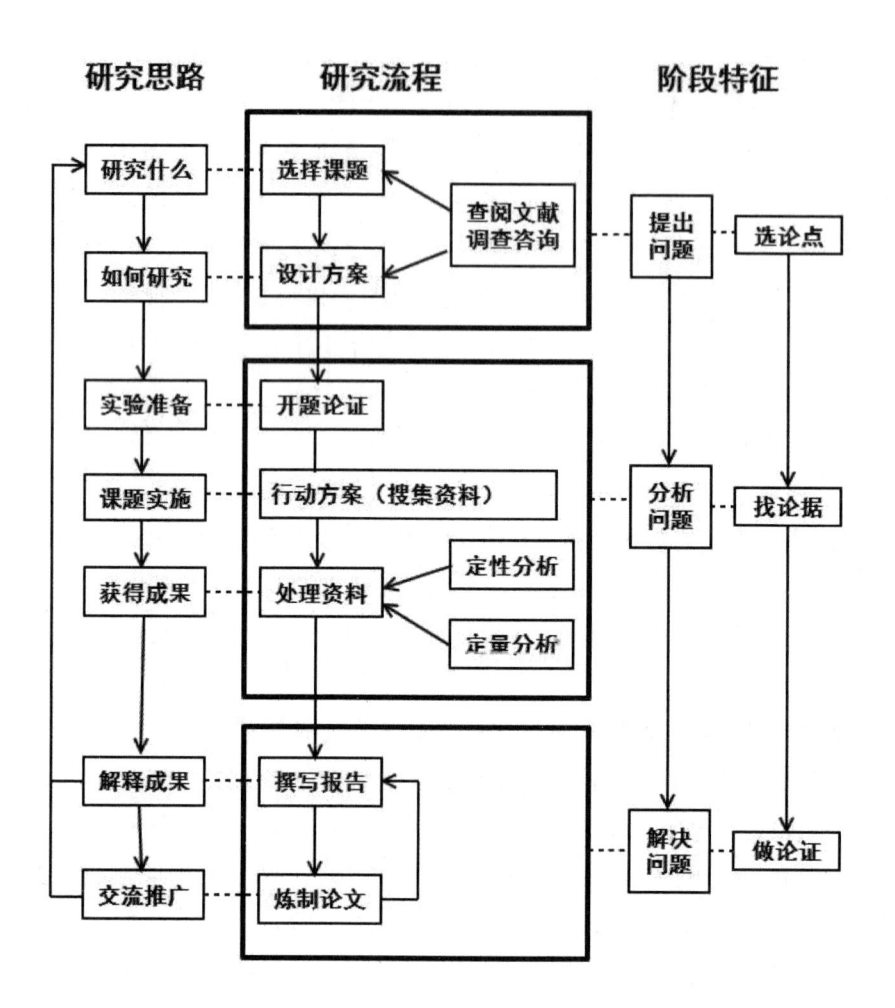

研究思路	研究流程	阶段特征
研究什么	选择课题 ← 查阅文献调查咨询	提出问题 — 选论点
如何研究	设计方案	
实验准备	开题论证	
课题实施	行动方案（搜集资料）	分析问题 — 找论据
获得成果	处理资料 ← 定性分析 / 定量分析	
解释成果	撰写报告	解决问题 — 做论证
交流推广	炼制论文	

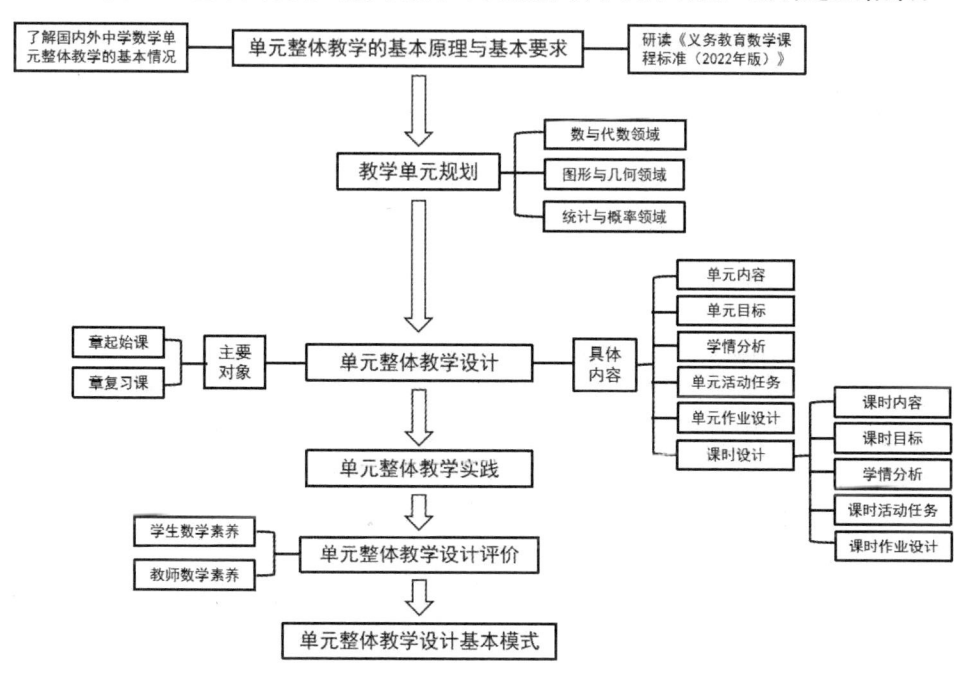

示例7:"基于大观念的初中数学单元整体教学设计研究"的研究思路部分

```
[了解国内外中学数学单元整体教学的基本情况] → [单元整体教学的基本原理与基本要求] ← [研读《义务教育数学课程标准(2022年版)》]
                                                    ↓
                                            [教学单元规划] — [数与代数领域]
                                                           [图形与几何领域]
                                                           [统计与概率领域]
                                                    ↓
[章起始课]                                                                    [单元内容]
[章复习课] — [主要对象] → [单元整体教学设计] — [具体内容] — [单元目标]
                                                           [学情分析]
                                                           [单元活动任务]     [课时内容]
                                                           [单元作业设计]     [课时目标]
                                                           [课时设计]    — [学情分析]
                                                                          [课时活动任务]
                                                    ↓                      [课时作业设计]
                                            [单元整体教学实践]
                                                    ↓
[学生数学素养]
[教师数学素养] — [单元整体教学设计评价]
                                                    ↓
                                            [单元整体教学设计基本模式]
```

七、研究方法与过程

1. 研究方法

一线教师在课题研究过程中可以使用的研究方法有很多,最常见的有:文献研究法、调查研究法(分为问卷调查法和访谈法)、行动研究法、个案研究法、实验研究法、观察研究法、实证研究法、案例研究法等多种方法。在实际研究过程中可以结合自己的课题方向选择其中几种方法,没有限制说某一个阶段只能使用某一个方法。

但是在申请书研究方法的撰写部分,需要提醒一线教师注意的是,对于研究方法的论述不能只是简单描述这个方法的定义,否则你的描述放到任何课题中都可以用,缺少与本课题的关联。换句话说就是在撰写研究方法的时候,要将研究方法的理论与你研究的实际情况,特别是研究内容进行融合,比如可以这样描述:"在研究的某一个阶段,为了完成某一项任务,课题组采用某某方法，通过这个方法，我们期望获得某某结果，目的是什么。"

下面先对几种常见研究方法进行简单的介绍，大家对常见的研究方法有了一个初步认识之后，可结合案例进行详细的解读。

研究方法	方法的具体内容界定
文献研究法	文献研究法是指在搜集与整理研究领域相关文献的基础上，对文献进行研究之后形成新认识的一种研究方法，在使用过程中要求研究者做到全面且客观。具体操作是根据一定的研究目的，通过在线搜索信息、查阅书籍、期刊文章、报纸材料等相关文献资料，充分、正确地理解和掌握研究问题的方法。
调查研究法	调查法是一种有目的、有计划和系统地搜集有关研究对象的实际或历史条件的材料的方法，又分为问卷调查法和访谈法，主要方式是设计问卷、面谈、访谈等。调查法应该关注问题的解决方法、问题的形成原因以及各种社会现象中存在的主要问题。
行动研究法	行动研究是在真实、自然的教育实践情景中，由实际工作者和专家共同合作，按照一定的操作程序，综合运用多种研究方法与技术，针对实际问题提出改进计划，通过在实践中实施、验证、修正而得到研究结果的一种研究方法。也称为教学实验研究法。重点在于通过反复实践、观察和分析，来优化自己的教学过程、改进学生的学习效果，以解决教育实际问题为首要目标的一种研究模式。
个案研究法	个案研究法是对单一的研究对象进行深入而具体研究的方法，对象可以是个人，也可以是个别团体或机构，通常采用实地观察、深入访谈、文献分析等方式，重点关注个体或特定情境中的教育问题。个案研究法可以帮助研究者深入了解某个复杂问题，并从中提取出有用的信息和经验，开展更深入的理论探究。
实验研究法	实验研究法是根据研究目的，将研究对象随机分组，在控制变量的条件下，观测不同处理的效果的方法，重点在于得到实验的相关数据，通过数据来佐证研究假设的方法。实验法可以用于研究某种因素对结果产生的影响，还可以探究处理过程中可能发生的交互作用，但是实验法在操作上较为困难，需要考虑实验条件、样本大小和有效性等问题。

续表

研究方法	方法的具体内容界定
观察研究法	观察研究法是指研究者（或观察者）带着明确的目的，凭借自身感官以及有关辅助工具，直接观察被研究对象的行为或活动，并记录和分析有关数据，依据资料做相应研究的一种教育科学研究方法。观察法重视把握客观事实，把受试者的行为、态度、交流和其他细节作为实证依据。需要注意的是，观察法的结果容易受到观察者主观感受和方法的选择等问题的影响。
实证研究法	实证研究法是以理论模型为基础，基于观察和试验取得的大量事实、数据，利用统计推断的理论和技术，经过严格的经验检验，对教育现象进行数量分析的一种方法，其目的在于揭示各种教育现象的本质联系。相比规范研究方法，实证研究方法主要进行定量分析，依据数据说话，使其对教育问题的研究更精确、更科学。实证研究离不开三方面的要素：科学理论、数据、方法。
案例研究法	案例研究法是一种探究特定实践案例并由此发现一般规律得出一般性结论的一种研究方法。通过案例研究，人们可以对某些现象、事物进行描述和探索。它是一种实证研究，也是找到对现存问题解决方法的一个重要途径。案例研究法根据研究的目的可分为三种类型：验证性模式、探索性模式、描述性模式。

在撰写申请书研究方法部分的时候，把所采用的方法进行概念界定之后，一定要结合自己的研究内容，进行具体说明。例如，文献研究法是一线教师常用的方法，最好是能够把研究课题的关键概念在文献查询中是如何界定的，在网络数据平台的具体情况如何说明清楚。例如，通过知网查询相关文献。首先，报告中最好是能够介绍知网搜索栏的关键词，这个关键词就是课题研究中的核心概念，或者是课题研究题目中的重要词汇；其次，说明输入这个关键词得到的结果是什么，有多少数据，最好是对这些数据有一个进一步的分析和说明，解释这个结果对课题研究的影响是什么，是否能够支撑起你研究的价值和意义、目标和内容等。

示例8："基于大观念的初中数学单元整体教学设计研究"的研究方法

1. 文献研究法：利用中国 CNKI 学术文献总库、万方数据库及其他获取学术参考文献的平台，搜集与研究主题"大观念""整体教学""单元教学设计"等关键词相关的文献，对文献资料进行梳理与分析。了解中学数学单元教学设计现状，分析已取得的成果和存在的问题，为研究奠定基础。从理论上，通过相关文献研究来探索基于大单元视角的中学数学教学设计的基本框架，并分析要素、特点等。

2. 案例研究法：选定相应的中学数学教学内容，基于大单元视角来研究和探索新的教学模式，改变参与课题研究的教师观念，根据单元整体教学的理念和模式进行教学设计，特别是将章起始课和章复习课作为实践过程中的案例。包括对单元教学内容和目标的分析，对学生情况的分析以及对具体分课时的教学设计。

3. 行动研究法：利用对初中数学单元整体教学设计典型案例进行教学实践，在实践过程中不断摸索适合学校学情、班级情况的教学模式，在这个过程中不断调整和完善章起始课和章复习课的基本结构和模型，以期更加科学，同时结合单元教学的理念和模式，实施教学行动，并根据建立的数学单元教学设计的评价机制，对典型教学设计进行评价。

2. 研究过程

一线教师做课题研究，从申报、立项、开题，到中期报告（中期检查一般是在立项后的 1 年进行），以及最后的成果公报和结题验收等几个阶段都在 2 年时间内完成。

下面我们以 2 年时间为例，总体上对课题研究所需要完成的各个阶段任务做一个纲领性的整体规划，后面再结合具体案例进行详细说明。

（1）按照每 3 个月作为一个时间点安排：下表是以 3 个月为一个阶段来划分研究过程的，是大致的时间安排表，具体执行过程中的时间节点和任务分配，还需要根据具体课题的复杂程度和实际情况来做相应的调整。

月份安排	任务
第1—3个月	确定研究方向和选题，进行文献综述，明确研究目标和问题。
第4—6个月	制订研究计划和方法，并进行初步数据搜集和分析。
第7—9个月	根据研究计划，深入开展实证研究或实施教育实践项目。
第10—12个月	整理和分析研究数据，撰写中期研究报告。
第13—15个月	根据中期检查中专家的反馈和建议，进一步完善研究方法和数据分析，开展深入研究。
第16—18个月	对研究结果进行归纳总结，撰写研究论文或者研究报告。
第19—20个月	准备结题报告材料，进行结题答辩和成果展示，完成课题研究的结题验收。与相关专家和同行进行交流与讨论，修改和完善研究成果。
第21—24个月	提交课题研究总报告和结题汇编材料给课题主管部门，并准备结题验收。

（2）按照每 2 个月作为一个时间点安排：当然，根据各个课题的具体情况，还有课题组成员构成的特点，实际研究过程中，也有以 2 个月为一个阶段来划分研究过程的，大致的时间节点和研究需要完成的内容如下表所示。

月份安排	任务
第1—2个月	组建课题小组，明确研究方向和选题，进行背景资料搜集与文献综述。阅读相关文献，了解该领域中的前沿进展和热点问题。
第3—4个月	确定研究目标、问题和假设，制订详细的研究计划，并确定研究方法和数据搜集方式。明确研究目标和问题，并根据研究目标选择适用的研究方法。
第5—8个月	根据研究方法，开始进行数据采集、实验设计或实地调研，并对初步采集到的数据进行分析。
第9个月	根据初步数据分析结果，评估研究方法的有效性并进行调整，进一步搜集所需的数据，并开始准备撰写中期研究报告。
第10—12个月	继续数据搜集和分析工作，根据搜集到的数据进一步探索研究问题，并完成中期研究报告。安排中期答辩，根据与指导专家交流、讨论的结果和前一阶段的成果准备撰写论文，修改后寻找合适的刊物进行投稿。

续表

月份安排	任务
第 13—14 个月	根据中期答辩的反馈意见，对研究方法进行进一步调整和完善。继续深入进行数据搜集和实验设计，以获取更全面的数据。
第 15—18 个月	对搜集到的数据进行深入分析和统计处理，提取研究结果，并进行结果讨论和实证分析。在此基础上，撰写课题研究相关的论文。
第 19—20 个月	结合课题研究论文的核心内容与指导专家和同行分享研究成果，接受他们的意见和建议，并根据反馈意见修改论文，准备投稿至相关学术期刊。
第 21—22 个月	准备结题报告材料，进行结题答辩和成果展示，准备课题研究的结题验收。
第 23—24 个月	整理研究过程中的数据、实验记录等资料，根据课题管理部门文件规定要求和时间，提交课题结题报告汇编材料。

这是一个基本的研究规划框架，具体执行过程中需要根据研究领域和课题特点来调整时间节点和任务安排。可以发现，上面表格中的安排也不完全是按照 2 个月来进行，有 1 个月的，也有 2 个月的。这里需要特别说明的是，随着政策的变动，课题论文的发表需要等待的时间越来越长，从投稿到采用，中间要经历三审三校，到最后见刊，有的刊物需要 1 年时间，最少也需要半年时间，所以我们把课题论文的撰写特意安排到了中期阶段。对于有的课题，特别是省级课题，很多时候 2 年内不止发表一篇与课题相关的论文，关键要看课题研究与日常研究结合的紧密程度以及课题组成员科研水平的高低。我们前面所罗列的主要针对新手，特别是第一次做省市级课题的主持人，建议在中期左右就要开始撰写论文，以免影响最后课题的顺利结题。此外，还需注意下面几点。

（1）合理安排时间：根据课题的难度和工作量，合理安排每个阶段的时间，并确保能够按计划完成各项任务，同时鉴于课题论文的发表需要的时间较长，不能等到快要结题才开始撰写，如果条件允许，在中期阶段就可以考虑将阶段性成果撰写成论文进行投稿刊发，以免影响最后课题的正常结题。

（2）提前储备文献资料：在课题研究开始前，尽量提前收集和整理相关的文献资料，同时对已经在一线教学过程中进行的尝试和实践的相关数据进行整理，得出的经验可以成为课题研究假设最好的依据和佐证材料，以便后期更好地进行研究。

（3）与指导专家的合作和交流：现在基础教育领域的一线研究，常常需要跟高校，特别是跟当地的师范类大学进行紧密的沟通和合作，在研究过程中尽量在开题报告、中期检查、结题汇报等阶段都邀请高校教授进行指导，及时向指导专家和同行汇报工作进展，接受他们的指导和建议，及时改进研究方向和方法，这会让课题研究成果更科学丰富。

示例9："基于学科大概念的初中数学整体教学设计实践研究"的研究过程

一、研究准备阶段（2022.7—2022.9）

1. 进行综述和文献调研，了解学科大概念在初中数学教学中的相关研究成果和实践经验，搜集具体的基于学科大概念的单元教学设计的经典案例，以及课时教学设计。

2. 制订研究目标和问题，明确研究的重点和方向，通过培训让教师先建立从课时走向单元的教学设计理念。

3. 确定研究设计和方法，例如，教学实验、问卷调查等，为后续开展实践做好铺垫。

二、教学设计方案编制阶段（2022.10—2022.11）

1. 根据初中数学课程要求和学科大概念的理论基础，设计一个完整的数学单元教学方案的范式和结构。

2. 完善设计方案的范式和结构，以及实施的流程。一般包括教学目标、教学内容、教学方法、评价方式等，以确保教学设计的系统性和整体性。

3. 根据研究假设的初中数学单元教学方案的范式，结合初中数学29个单元知识体系内容，依照课题组教师所执教的年级进度开发教学设计，例如：七年级第一章有理数单元教学设计，八年级第十一章三角形单元教学设计，由主持人或者核心成员先开发出经典案例，供后续其他成员模仿和借鉴。

三、教学实施阶段（2022.12—2023.6）

1. 在初中数学课堂上，根据教学设计方案，实施该数学单元的教学活动。例如，前面开发的七年级上学期第一单元有理数，八年级上学期第十一单元三角形等。然后结合教材内容和教学进度，每个单元都采用课题组开发的教学设计模型进行设计，根据课题组设计的教学流程进行授课。

2. 在日常授课过程中观察学生的学习情况、教师的教学反馈，并进行记录和观察。

3. 结合学生的日常听课情况、课内和课外作业情况，以及周测和单元考试等情况反馈，特别是结合信息技术平台的数据分析，得到第一手的研究数据记录，为后续研究提供资源。

四、数据收集和分析阶段（2023.7—2023.9）

1. 收集与研究相关的数据，包括学生学习过程中的作业正确率、每周小测、每单元考试等成绩、日常课内外学习动态、教学反馈等信息。

2. 对数据进行统计分析，比较实验组和对照组的学习成绩和学习动态差异，探索基于学科大概念的单元整体教学设计在初中数学教学中的效果。

3. 根据前期数据分析的结果，初步得到实验相关的结论，结合这些数据和结论准备撰写中期检查表。

4. 邀请课题指导专家进行课题中期检查活动，与指导专家汇报交流，听从专家反馈和指导意见，修改中期检查报告。

五、修订研究假设再实践阶段（2023.10—2024.3）

1. 根据专家意见、调整后的策略以及研究假设，对前期的初中数学单元教学方案的范式以及实施流程进行调整。

2. 结合调整后的教学设计方式，根据实际教学进度选择相关的教学内容进行单元教学设计，课题组每位成员再次进行一线教学实践，并按照研究方法进行实验数据的收集和整理。

六、结果解释和讨论阶段（2024.4—2024.5）

1. 根据数据分析的结果，结合学科特点，解释学科大概念在初中数学教学中的影响和效果。

2. 进行结果讨论，对研究目标和问题进行回答，探索学科大概念的优势和局限性，并提出相关建议和改进建议。

七、研究总结和报告撰写阶段（2024.6—2024.7）

1. 总结研究过程中的发现和经验，撰写研究报告。报告包括研究目的和方法、实施过程、数据分析结果、结果解释和讨论等内容，以及未来进一步研究的展望。

2. 邀请专家进行指导，先由课题组对成果进行汇报，然后请专家指导和提出修改建议，特别在提炼课题研究成果方面应该是专家指导的重点。

3. 结合专家指导意见，再次修改课题研究总报告和结题鉴定申请书。准备向课题管理机构提交结题汇编材料。

以上是"基于学科大概念的初中数学整体教学设计实践研究"的研究过程，时间跨度为 2022 年 7 月至 2024 年 7 月。在每个阶段，研究人员将根据研究目标和问题进行相应的工作，通过教学设计、教学实施、数据收集与分析等步骤，探索学科大概念在初中数学教学中的应用效果。最终，研究结论将被整理成报告，以分享研究成果和接受改进建议。

有时为了让研究的过程更加清晰和直观，课题组也采用表格的形式来呈现研究的过程。

八、研究主要的创新之处

一线教师在课题研究实践过程中，一般来说想要通过区（县）级、市级课题提出该学科领域内全新的某理论，或者是填补该学科领域内的某个空白是有难度的。一线教师课题研究的创新之处，我们界定为可以提出新的问题或新的问题解决方法，同时在解决问题的实际应用价值方面也有新意即可。总体来说，创新的研究是基于已有知识和经验，从新视角、新思路、新方法等方面，针对当前或未来的实际问题提出的具有创造意义的研究方案。

我们可以从以下几个方面来考虑课题研究的创新点，对一线教师来说还是相对比较容易实现的。

1. 教学模式的创新

一线教师最主要的阵地在课堂，所以进行的课题研究也可以关注教学模式的创新。例如：引入新的教学技术和方法的教学模式，如数据驱动视域下的学科课堂教学模式、智慧教室背景下的学科教学模式、基于数据分析的学科精准教学教研模式探究等。也可以是新的教学理念指导下的教学模式，如先学后导合作探究理念下的课堂教学模式、基于"读思达"理念下的学科教学模式实践、基于大观念的学科教学设计实践、核心素养导向的单元整体教学、新课标理念下的学科大单元教学模式等。

2. 课程设计和教材开发的创新

一线教师的课题研究离不开课堂教学，课堂教学最本质的其实还是学科课程设计，以及对教材的深入解读和二次开发等，所以一线教师课题研究可以关注课程设计和教材开发的创新。例如：基于学生学习路径研究的课堂教学实践、基于大观念视域下的学科章起始课和章复习课研究等，还可以是新课标要求下综合与实践课程研发，如基于项目化学习视域下的跨学科主题学习实践、基于新课标理念的综合与实践教学设计等。

3. 学生评价和考核方式的创新

一线教师的课题研究需要关注新课标提出的注重对学生评价和考核方式的创新。例如：基于教学评一致性的学科教学实践、基于新课标理念的学科过程性评价实践、基于学生表现性评价的课堂教学模式研究、多元化评价视域下的学科课堂教学模式研究、基于学生核心素养培养的综合素质评价实践等，通过这样的研究实现课题研究的创新尝试，同时促进学生的个性化发展。

4. 跨学科或跨领域的创新

课题研究可能在不同学科或领域之间建立了联系，形成了跨学科或跨领域的研究模式。特别是在新课标背景下通过整合多学科的理论和方法，解决了复杂的问题，推动了学科交叉和知识融合，具有较高的创新性和前瞻性。

5. 数据采集和分析方法的创新

课题研究可以使用新的数据采集方法或开发新的工具和技术进行数据分析。最近几年国家开展了全体教师信息技术 2.0 培训，一线教师掌握了很多信息技术工具，可以熟练使用功能丰富的技术平台。这些工具在教学中的使用可以提高数据的可靠性、精确性和有效性，对数据的分析更具有科学性。

6. 参与利益相关者的创新

随着社会分工更加精细，越来越多的课题研究需要校外相关机构和团体进行配合，特别是在信息技术、网络平台与教育教学不断融合的背景下，一线教师的课题研究可以将他们的需求和意见纳入研究过程中。与实际应用场景中的相关企业、网络平台运营者、大数据收集和处理平台、移动终端小程序开发者，甚至是社区组织等，在课题研究的过程中进行密切合作，可以将课题研究相关数据和研究成果与生活实践相结合，满足企业、平台、网络等社会组织的正当需求。

一线教师在做课题研究时，需要注意创新不一定总是要打破原来的什么规则、提出新的一个高深理论、创建一个能够推广到全国范围的教学模式，它可以是在现有基础上的渐进改进。创新的程度可以根据具体的研究领域和研究目标进行评估，不一定必须要有多大的影响力才算创新，只要在原有的基础上有了更加科学的方式、更加符合学生发展的规律、更加适应现代社会发展的需求也算是创新。

最后需要提醒的是，在介绍课题研究的创新之处时，不宜罗列太多的创新点，一线教师的课题研究有点就很不错，写太多会让评审专家觉得课题组在夸大其词。同时，应该明确指出研究的具体创新点，并提供相应的理论依据和实证支持，切记不可泛泛而谈，给评审专家留下假大空的印象，从而影响课题获得立项的机会。

示例 10：" 基于大观念的初中数学单元整体教学设计研究 " 的创新点部分

1. 截至目前，本地区系统地进行初中数学大单元教学研究的不多，以章起始课、章复习课为抓手进行的研究落地的更少，随着《普通高中数学课程标准（2017 年版 2020 年修订）》和《义务教育数学课程标准（2022 年版）》的相继颁布，尤其是"双减"政策的到来，基于大观念的单元整体教学设计是实现核心素养的最佳途径，其根源在于深度学习，让学生从整体上对知识框架有一个体系上的认知，也是实现学生减负增效的需要。国内初中数学领域基于大单元视角的教学设计现正处在探索实验阶段，很具挑战性。

2. 在目前教育大环境下，我们的研究对象落在初中数学，以理论研究为前提，以课例研究为载体，以章起始课和章复习课为主要研究对象，探索基于数学学科核心素养的大单元主题，展开教学设计及教学实践，形成一定的设计模式及评价机制，具有生命力和前瞻性。

3. 课题组成员组成多样化，有来自市属学校和区属学校的，有来自公立学校和私立学校的，而且其中有优质学校，也有目前生源相对较弱的学校，课题研究小组的成员组成多样化，能够让实验过程中的数据更加丰富。

九、研究的可行性分析

课题研究的可行性分析是检验课题能否按照研究假设，在规定的时间内完成研究任务，达成预期研究成果的分析，在评审的环节占有比较重要的地位，它需要考虑到课题组成员的研究能力、课题的前期准备工作以及完成研究任务的硬件和软件保障。当撰写课题研究的可行性分析时，可以从以下几个具体方面来考虑。

1. 课题组成员的研究能力

从每个成员的学历、专业背景和研究经历，了解他们在相关领域的专业知识和技能。分析每个成员的科研成果和发表的论文，评估其在学术方面的影响力和研究能力。考虑到团队成员之间的合作能力和曾经是否有协作的记录，确保他们能够有效地共同开展研究工作。

2. 课题的前期准备工作

进行文献综述，整理和分析已有的文献资料，找出问题所在和需要进一步探索的研究方向。进行相关领域的调研，了解该领域已有的研究成果和进展，确定课题研究的创新点和突破口。进行初步的问题分析，确定研究目标、研究问题和研究方法，为后续的研究工作提供指导和依据。还有一个特别重要的方面就是列举课题组在该领域已有的研究基础或研究成果，例如，已经做过几年的实践研究，积累了哪些方面的经验，是否已经进行过下一级课题研究并且已经结题（这个在申报省级和国家级课题过程中显得尤为重要），或者展示已经在该领域发表过的与本课题研究内容有关的 CN 论文更有说服力。

3. 完成研究任务的条件保障

确定研究过程中所需的实验设备和技术支持，特别是基于数据分析的实践研究，评估其可用性和可行性，必要时考虑与其他有条件的学校或者相关互联网企业进行合作。分析需要的数据资源和数据采集方法，了解数据的可获得性和数据采集的难度，制订相应的数据管理和分析计划。

总之，这个环节主要是为了指明课题组有能力、有实力、有经验，可以完成该课题研究中的各项任务。

在实际操作过程中建议采用表格的形式来呈现上面的内容。比如主持人、核心1、核心2，以及重要成员的相关信息均可采用表格来呈现，表格的主要维度如下。

（1）论文的维度分为：序号、作者、论文标题、发表的杂志、CN刊号、发表时间（页码）、第几作者、是否核刊、引用情况、下载情况，可以提炼出文章的主要观点并在备注中进行简单的介绍。

（2）课题的维度分为：序号、课题名称、立项编号、立项单位、级别、研究时间、第几位、研究主要结论介绍、所做贡献、备注。

（3）讲座的维度分为：序号、讲座题目、讲座地点、听众对象、参加人数、组织单位、级别、时间，讲座的主要内容或者大纲可写在备注。

（4）荣誉的维度分为：序号、获奖者、荣誉名称、颁发单位、级别、时间、获奖原因。

按照以上维度，把课题组每个人的相关信息填入表格，看起来更加得直观，每个人的科研成果一目了然，也更加规范。这里需要特别说明的是，不管是发表的论文，还是讲座、公开课或者获得荣誉，希望通过备注栏把论文的主题、文章的几个维度、讲座的主要内容和框架，以及公开课表达的思想和体现的模式，还有获得的荣誉是否与该课题研究有相关性，进行一个关联性阐述。

还有一点要特别说明，不管成果是否与本课题研究有关联，主题和方向是否相吻合，都堆积在一起，其实是一个普遍的误区。如果课题组提供的成果对该课题研究的贡献不大，有的完全没有相关性，甚至主题相差甚远，这样的成果不应该归结为该课题研究的成果，这一点需要一线教师引起重视。

示例 11："基于大观念的初中数学单元整体教学设计研究"的可行性分析部分

课题主持人情况：教育硕士，高级教师，市骨干教师，市学科带头人，市数学科中心组成员，中考指导专家组成员，教研室主任。省、市电视台《名师有约》专栏讲师。

近年来发表的 CN 论文有：

1. 《初高中数学衔接教学存在的问题与对策》发表在《福建基础教育研究》，CN：35-1298/G4，2019 年 4 月。

2. 《核心素养背景下初中统计与概率教学的思考——从一道中考试题谈统计与概率教学》发表在《数学教学通讯》，CN：CN50-1064/G4，2019 年 5 月。

3. 《培养逆向思维，探寻解题新途径——初中数学教学中逆向思维培养的思考》发表在《数学教学通讯》，CN 刊号：CN50-1064/G4，2022 年 2 月。

4. 《基于大概念的初中函数教学设计探析》发表在《福建基础教育研究》，CN：35-1298/G4，2022 年 4 月。

课题研究方面有：

1. 主持市教育科学研究"十三五"规划 2019 年度课题"新高考形势下的初高中衔接教学策略研究"，编号：FZ2019GH012，研究时间：2019.7—2021.7。

2. 主持省教育科学"十四五"规划 2021 年度课题"大数据背景下的初中数学教学评价研究"，编号：FJJKZX21-111，研究时间：2021.7—2023.7。

3. 主持教育部福建师范大学基础教育课程研究中心 2022 年度开放课题"基于'读思达'的初中数学课堂教学模式实践研究"，编号：KCA2022041，研究时间：2022.5—2024.5。

核心成员 1：中学二级教师，一线教学 7 年，市级教师教学技能大赛一等奖，市级教学能手。

课题：作为成员（非核心）参加市教育信息技术"十三五"研究课题"互联网＋背景下培养学生批判性思维的实践研究"，编号：FZDJ2019A17，研究时间：2019.11—2021.11。

论文：《立足数学本质，关注应用实践——例谈〈数据的收集、整理与描述〉单元作业的命制与思考》发表于《福州教育研究》，准印证号：(闽) 内资准字 A，第 016 号，2022 年第 2 期。

核心成员 2：中学一级教师，一线教学 17 年，具有丰富的教学经验、理论水平和研究经验。

课题：作为成员（非核心）参加市教育科学研究"十三五"规划 2017 年度课题"信息技术环境下初中生数学学习力培养的策略研究"，编号：FZ2017GH013，研究时间：2017.7—2019.7。

论文：《浅谈生成性数学课堂教学的有效性》参加福州市 2010 年基础教育教学（初中数学）论文汇编，2010 年 11 月。

课题前期准备工作：

前期课题组已经进行了一年多的实践研究，市级公开周在 2021—2022 年第一学期开设了 9 节关于章起始课的市级公开课，第二学期开设了 7 节章起始课或者章复习课的市级公开课，主持人多次参与磨课和研讨，对单元教学的理解更进一步。同时课题主持人 2022 年 1 月在全市教师培训班上做了"基于单元视角的初中数学章起始课的思考"专题讲座等。引起了一大批对该话题有兴趣的一线教师对此进行探索。市数学会与研究院数学科联合推出大单元专题下数学中考复习教学系列微课，教研员开设"基于深度学习理论的《圆》大单元教学实践与思考"专题讲座，引起很多一线教师对大单元教学的探索和思考，效果都十分明显。目前除了课题组成员之外，还有部分一线教师参与到单元教学的实践过程中，积极开设示范课，例如：2022 年 5 月课题组青年教师在市级公开周活动中开设"第九章 一元一次不等式（组）章复习课"示范课，得到市数学研训中心组成员的好评。另外主持人本学期撰写的关于单元教学的论文《基于大概念的初中函数教学设计探析》于 2022 年 4 月发表在《福建基础教育研究》，CN 刊号：35-1298/G4。

完成研究任务的保障条件：

学校制订了课题管理、学习、研讨、激励制度，定期组织现场观摩交流活动，开展公开课、论文、说课等活动，展示先进经验和优秀成果，从而保证课题研究的顺利进行并完成预期的阶段性成果。

学校提供科研经费，给予资金支持。我校重视课题研究，设有市级课题研究奖 3000 元，主要用于前期调研、开题报告、成果收集、印刷、结题报告等，确保研究计划顺利完成。

十、预期研究成果

课题研究的预期成果分为几种：公开发表 CN 论文，撰写的课题结题总报告，研究过程中成员的论文或者是案例集，以及学生在该研究过程中完成的作品集。具体内容如何撰写，接下来进行详细的阐述。

1. 公开发表 CN 论文

当课题研究进行到中期之后，就可以尝试将研究成果整理并撰写成相关论文。课题研究成果相关的论文发表，能够向同行教师和课题管理机构传递研究成果，并在身边的学术圈子中产生一定的影响。要知道一线教师研究最大的优势就是研究过程中会产生各种数据，往往都是根据研究假设，通过对变量的控制和改变，得出相关结果的各种真实数据，这些都是非常有价值的实证资料，利用这些一手数据撰写出来的文章，比较容易被人复印、全文转载，这样就可以更进一步提升在同行和学术圈中的影响力。

2. 课题结题总报告

结题总报告是专门用于科研课题结题验收的实用性报告类文体，也叫研究总报告。它是在课题研究结束后对科研课题研究过程和研究成果进行客观、全面、实事求是的描述，是课题研究成果中最主要的材料，也是科研课题结题验收的主要依据。主要总结研究项目的背景、目标、方法、结果和结论等内容。一篇规范、合格的结题总报告，需要包含以下几个方面的内容：为什么要选择这项课题进行研究？这项课题是怎样进行研究的？课题研究取得哪些研究成果？研究还存在哪些不足？后续研究计划是什么？

3. 研究过程中成员的论文或案例集

在研究过程中，参与课题研究的团队成员会撰写与研究相关的论文，这些文章有一部分没有公开发表，或者在研究过程中开发和设计了一批教学设计的案例。最后结题阶段要把这些论文和教学设计的案例进行汇编，作为研究的最终成果之一。

4. 学生在该研究过程中完成的作品集

一线教师所进行的课题研究大部分都会有学生的参与，学生在参与过程中可以完成一定的作品，如调研报告、实验结果、论文或设计方案，以及其他制作出来的与课题研究相关的作品等。这些学生作品可以反映课题研究对学生学习和发展的影响，并可作为预期成果之一进行展示。

以上几种形式的预期成果已经能够比较全面地呈现课题研究成果。当然在具体实践过程中可以根据具体情况灵活运用不同的成果呈现方式，目的都是为了展示研究已经取得的预期成果，并能够借这些成果与同行教师、课题管理机构进行交流和分享。

同时，确保成果的质量和可靠性，在实际操作过程中，还需要注意以下几个问题。

第一，每个项目都要有完成时间，还要有具体的负责人。实际课题管理过程中，会经常见到一些课题组在每个预期成果负责人位置写上很多人，甚至有少部分课题组提交的申请书中该栏目写全体成员。一般情况下，如果一个项目安排好几个人负责，根据经验，到最后就没有人负责这个项目了，所以最好是一个人负责一个具体的项目，这样比较科学。除了行政性任务的项目，还要有结合该课题研究具体内容的任务（一般是与课堂教学或者教材内容衔接的教学设计或者案例有关，在安排项目任务的时候，结合学科的教材内容非常清晰、明确地进行任务分配，有利于后期课题顺利结题）。

第二，论文汇编就是课题组成员在研究过程中撰写的跟课题研究成果紧密相关的论文，中期检查时汇编一本，结题汇报时再汇编一本，等到最后向课题管理机构提交材料的时候一起作为附件送上去。

第三，预期成果中特别重要的是撰写并发表 CN 论文，在开题报告中就根据研究假设把论文的题目、主要观点、文章框架结构搭建起来；在中期检查的时候根据 1 年来研究的数据和构建起来的模式，结合研究过程中的经典案例和相关数据，开始撰写论文。论文经过修改和打磨后，要尽早向专业期刊投稿，才不会耽误后期的结题工作。

第四，课题结题最终需要有一个研究总报告，它也可以作为课题的最终研究成果。其实，在研究过程中还有几个报告需要写：课题开题报告、课题中期检查报告等，属于课题的过程性研究材料，一般不拿来作为预期的研究成果，这一点很多初次做课题的一线教师不清楚，应该引起注意。

示例12："基于大观念的初中数学单元整体教学设计研究"的预期研究成果部分

（八）预期研究成果			
成果名称	成果形式	完成时间	负责人
基于大观念的初中数学单元整体教学设计研究案例（课件）集	汇编	2023.12	成员2
基于大观念的初中数学单元整体教学设计研究相关论文汇编	汇编	2024.2	成员2、成员4
基于大观念的初中数学单元整体教学设计研究（课题组初定论文标题，具体以实际发表为准）	论文	2023.11	成员1、成员3
基于大观念的初中数学单元整体教学设计研究总结	总结报告	2024.4	成员1、成员2

十一、参考文献

课题申请评审书中的参考文献也很重要，一般情况下数量不超过20篇（项），具体要求课题管理单位会有明确的规定。实际操作过程中要把最具代表性的文献进行罗列，文献的顺序最好按照其在课题申请评审书中出现的顺序来罗列。参考文献的格式和要求可参考如下。

1. **相关性和时效性**

尽量选择与研究课题关联度高、最新的研究文献。优先引用在该领域具有较高影响力和权威性的文献，下载数量和引用数量是一个比较直接的参考数据。具体操作过程中，还要重视杂志是否是核心刊物，其在行业内的公开影响力等因素。例如，可以引用被广泛引用的经典文献、在高水平学术期刊上发表的论文以及受到同行认可的专著。

2. **数量和广度**

根据实际情况和研究需求，合理罗列参考文献。一般来说，参考文献的数量应适中,但覆盖面要足够广泛,以显示阅读的广度和深度。

3. 文献类型

根据 GB/T 7714—2015 标准,参考文献的类型(即引文出处)以单字母方式标识在文献名后并以方括号括起,常见参考文献著录中的文献类型标识代码和电子文献载体类型标识代码如下表所示。

文献/载体类型	标识代码	文献/载体类型	标识代码
普通图书	M	计算机程序	CP
论文集	C	电子公告	EB
汇编	G	档案	A
报纸	N	舆图	CM
期刊	J	数据集	DS
学位论文	D	其他	Z
报告	R	磁带	MT
标准	S	磁盘	DK
专利	P	光盘	CD
数据库	DB	联机网络	OL

4. 参考文献的格式

(1)专著:[序号]作者. 题名[M]. 出版地:出版者,出版年:引用页码.

例:

[1]蒋蓉,李金国. 小学语文教学设计[M]. 北京:高等教育出版社,2019.

(2)期刊:[序号]作者. 题名[J]. 刊名,年(期):引用页码.

例:

[1]王真东,杨贤科,尧逢品. 中小学教育科研课题成果的不足与展望[J]. 上海教育科研,2021(02):23-28.

(3)学位论文:[序号]作者. 题名[D]. 保存地点:保存单位,年份:引用页码.

例:

［1］梁亚宁．北京市小学生家庭体育作业实施现状调查与对策研究［D］．首都体育学院，2018：111-112．

（4）标准：［序号］标准编号，标准名称［S］．出版地：出版年份：起始页码．

例：

［1］教育部．义务教育数学课程标准（2022年版）［S］．北京：北京师范大学出版社，2022：68．

（5）报纸：［序号］作者．题名［N］．报纸名，出版日期（第几版）．

例：

［1］新华社．中共中央关于全面推进依法治国若干重大问题的决定［N］．人民日报，2014-10-29（1）．

（6）电子文献、网络文档：［序号］作者．题名［EB/OL］．［引用日期］．访问路径．

例：

［1］萧钰．坚持理性思维导向［EB/OL］．［2002-04-15］．http://www.crr.com/news/2001.html．

（7）专利文献：［序号］专利申请者或所有者．专利题名：专利号［P］．公告日期或公开日期．

例：

［1］邓一刚．全智能节电器：200610171314.3［P］．2006-12-13．

案　例

"基于数据分析的初中数学弹性作业设计实践研究"
课题申请评审书修改过程

（本案例由福州第二十五中学何叶丹提供）

❋初稿❋

```
                                              编号 ┌─────────┐
                                                   └─────────┘

                    ××市教育信息技术研究
                       课题申请·评审书


  课 题 名 称  基于智学网数据分析的初中数学校本作业实践研究…  批注 1
  课 题 负 责 人  _____
  负责人所在单位  _____
  填 表 日 期    _____


                         ××市电化教育馆
                         2022 年 9 月　制
```

批注 1

1. 研读课题源文件，缩小选题范围，确定大致方向。

2. 根据《××市教育信息技术研究 2022 年度课题选题指南》，锁定目标，将课题初定为"基于智学网数据分析的初中数学校本作业实践研究"。

修改建议：

1. 选择时代背景下的热点作为研究对象，题目的命名需要体现课题研究的主旨，要具有新颖性、创新性。

2. 选题需要考虑到课题获得立项之后，通过 2 年的研究是否能取得预期

91

的成果，是否能够如期结题等。对于一个成熟的课题研究主持人来说这些都是需要提前考虑的。

为了研究出真正的成果，建议选题范围不可太大，要考虑实践的可操作性，课题研究的抓手是什么，如何让课题落地等，这些是最核心的问题。

3. 做课题研究，需要对整个研究过程提前假设，必须有框架、有流程、有成果、有价值。

一、数据表… 批注2

课题名称		基于智学网数据分析的初中数学校本作业实践研究						
关键词		智学网、数据分析、初中数学、校本作业… 批注3						
课题负责人	姓名				性别			
	行政职务				专业技术职务			
	最后学位				教龄			
	最后学历				学科		初中数学	
	工作单位							
	通讯地址							
	联系方式							
主要参加者(不超过10人)…批注4	姓名	出生年月	专业职务	学科	学历	学位	工作单位及联系电话	
		1983年11月	一级教师	数学	本科	学士		
联系人	姓名		专业技术职务		行政职务		学科	初中数学
	联系电话		电子邮箱		微信		邮政编码	
预期最终成果	1	论文	2	研究报告	起讫时间	2022年11月—2024年11月		

92

批注 2

1. 数据表的信息遵循数据的真实性。
2. 数据表中的内容字体一致，居中处理，美观。
3. 填写时需要注意，尽量不添加页数，可作适当的微调，但切不可大幅度改变。

批注 3

关键词提炼能体现课题研究的中心词。

批注 4

组建课题研究小组，需要考虑小组成员的结构搭配，比如：老、中、青的合理搭配，这样搭配有一个好处，就是老教师有经验，甚至很多有课题研究的经验，知道并熟悉课题研究具体的操作流程和阶段任务，后期研究过程就会相对轻松。同时还需要有中年教师，因为他们有较为丰富的教育教学经验，在后期的研究过程中他们基本上是骨干力量，很多实践研究、数据的搜集、方案的设计和调整都是由中年教师去完成的。青年教师有激情、精力和时间，特别是在文献查阅、新技术的使用和信息技术的操作方面有优势，同时我们也要通过一些机会带领青年教师在专业和研究方面不断成长，把青年教师带好是我们共同的责任。最后，课题管理机构欢迎和支持跨单位、跨学科组建课题研究团队。这样更有利于后期研究成果的推广和应用，以及提升课题研究的影响力。

二、负责人和课题组成员近年来的研究成果… **批注 5**					
成果名称	著作者	成果形式	发表刊物或出版单位	发表出版时间
《几何画板在压轴题教学中的应用》		论文	市基础教育教学（初中数学）	2014 年
《基于新高考改革背景下的高中职业生涯规划教育探究》		论文	时代教育	2021 年
《构建学习团队，打造"五步三查"高效数学课堂模式》		论文	市基础教育教学（初中数学）	2017 年 12 月

续表

成果名称	著作者	成果形式	发表刊物或出版单位	发表出版时间
《让探究性学习成为课堂的主导元素》		论文	市基础教育教学（初中数学）	2020年11月
《浅谈疫情下初中数学探究性学习》		论文	《考试周刊》	2021年1月
《立足学生，善循诱思——统计与概率的再认识》		论文	市基础教育教学（初中数学）	2022年5月

批注 5

在发表刊物或者出版单位模块中，如果是 CN 刊物，需要把 CN 刊号、发表时间、第几期、第几页写出来。

三、课题设计论证（限 6000 字内）
- 本课题核心概念界定、本课题研究方向
- 本课题国内外研究现状述评、选题意义和研究价值
- 本课题的研究目标、研究内容、研究重难点、研究对象、研究范围
- 本课题主要观点和创新之处
- 本课题的研究思路、研究方法、技术路线和实施步骤（过程细化到月）

（一）本课题核心概念界定、本课题研究方向

1. 核心概念的界定… **批注 6**

1.1.1 智学网：智学网是通过为学校提供海量题库、智学网阅卷、在线评测等功能收集数据，为学生提供智学网查分、考试报告、试题解析、个性化学习，为家长提供成绩分析、学习周报、教师通知等服务的在线教育平台与应用工具。本课题研究充分利用智学网上的测验报告功能深度挖掘数据，命制校本作业。 **批注 7**…

1.1.2 数据分析：数据分析是指用适当的统计分析方法对收集来的数据进行分析，提取有用信息和形成结论，而对数据加以详细研究和概括总结的过程。这一过程也是质量管理体系的支持过程。在实用中，数据分析可帮助人们做出判断，以便采取适当行动。本课题数据分析的流程图如下：⋯ 批注 8

数据分析流程图

明确数据分析的目的及思路 〉 收集数据 〉 处理数据 〉 数据分析 〉 数据展现 〉 描述数据 〉 撰写数据

1.1.3 作业校本化：利用智学网测验报告中呈现的数据反馈，在数据分析的基础上，参照新课程目标、教学目标、学情目标预测学情，预判教学存在问题，解构教学目标与重难点。基于数据分析命制符合本校学生的"前测练习校本作业"和"后测练习校本作业"，指向"知识整合，深度学习"，实现"基础夯实，疑惑破解，难点突破，提升教学"。本课题基于数据分析的校本作业命制流程图如下：⋯ 批注 9

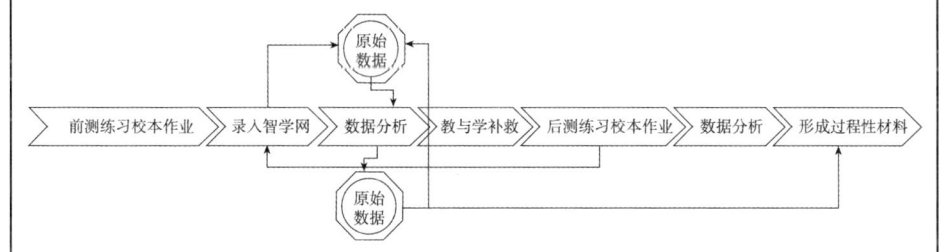

原始数据

前测练习校本作业 〉 录入智学网 〉 数据分析 〉 教与学补救 〉 后测练习校本作业 〉 数据分析 〉 形成过程性材料

原始数据

校本作业以数据流为主线相互串联，挖掘数据的深度与广度，学习分析数据的精准度与有效度，直接影响了作业系统的科学性和针对性。

2. 研究方向

1.2.1 现阶段数据技术对初中数学前测练习校本作业的应用，并对其进行客观梳理，形成原始数据。

批注 6

1. 书写概念界定的时候，需要考虑顺序，比如电教馆的课题，需要突出数据分析（信息技术）。建议将"智学网、数据分析、作业校本化"三个核心概念的顺序改成"数据分析、智学网、弹性作业设计"。

2. 三个核心概念的界定若借助流程图，尽量做到统一，界定的内容表述清晰、直观。

批注 7

为图而截图，设置此图想要表达什么？根据这些数据分析，我们的教学策略是什么？

批注 8

1. 要提及所使用的数据从哪里来，是如何操作、分析的。

2. 两次测评之后，要如何分析，目前有哪些数据？

3. 没有体现研究的操作过程，落地的地方，如何落实，以及基于数据分析学生学习成绩能够得到提升靠的是什么。数据分析是手段，然后根据分析的结果，教师可以进行教学设计、作业设计，分析精准教学如何落实。

批注 9

修改建议：

1. 从知识、思想方法、能力水平三个层面设置前测弹性校本作业与后测弹性校本作业。

2. 从单元、阶段、分层、专项、个案、应对中考真题等方面设计弹性作业，让课题研究落地。

1.2.2 基于数据分析，进行精准教学，包括教师弥补性教学与学生补救性学习。

1.2.3 基于数据分析重制后测练习校本作业，检测学生通过精准教学后的学习情况，并对其形成二次数据。

1.2.4 基于两次数据的分析，制订校本作业评价、反思、总结，形成过程性材料之一。

1.2.5 总结数据分析下的初中数学作业校本化的实践模式。

（二）本课题国内外研究现状述评、选题意义和研究价值

1. 研究现状… **批注 10**

2.1.1 大数据时代下教育信息化：随着新技术的蓬勃发展，"互联网＋"技术和大数据技术已经渗入了国家经济和人民生活的各个方面，并进一步地深化并改进着现有的发展模式，为所有行业带来了新的挑战。对教育行业而言，大数据时代提供了全新模式的同时，也给教师们提出了全新的学习要求。

根据教育部在 2016 年发布的《教育信息化"十三五"规划》有关规定，学校应为教师开展以深度融合现代信息技术为特色的新课例与教学方式的针对性培训，培养中学教师运用现代信息技术进行学生学情分析和个性化教育教学的综合能力，提升教师在现代信息化技术条件下进行创新性教育教学的综合能力，让现代信息化教学实实在在地变成教学活动的新常态。教育信息化能够提升整个教育行业的整体质量，丰富教育手段，提高教学效率。因此教师在教学过程中应该敢于探索，勇于学习，提高将信息化技术应

用到实际教学的能力，及时适应新的教学要求，补齐课堂教学的短板，将信息化教学与课堂教学进行有机结合，形成新时代下的信息化教学模式。"互联网＋"与教育教学的融合，使任何人（Anyone）在任何时间（Anytime）、任何地点（Anywhere）可以学习任何信息（Anything），实现学习自主。这使得传统的数学教学模式受到了很大的冲击，本课题就是研究基于智学网数据分析下如何对初中数学校本作业进行设计，使得更加适应当今社会的快速发展。

2.1.2 智学网数据的优势：智学网是一个移动在线的教育智能分析平台，其具备了针对性教学与学习服务的功能，利用大数据全面分析挖掘考试的数据价值，为使用者带来了更为简单易用的学习系统和使用环境，提供了更为完整的学习资源服务，并运用云端服务的 PC 教学和移动终端学习教育综合方案，给每一个教师提供针对性教育，同时也为每位学习者带来了个性化学习的信息化环境和服务，从而实现了使任何人（Anyone）在任何时间（Anytime）、任何地点（Anywhere）可以学习任何信息（Anything）的泛在学习，实现学习自主。

智学网大数据作为近几年发展十分迅速的辅助教学软件，其在一定程度上解放了教师端的"教"，丰富了学生端的"学"，使得整个教学过程更加高效融洽。智学网能够通过对作业和试卷的全过程动态化数据采集与智能分析，协助教师准确掌握学生在学习过程中呈现出来的薄弱环节和重难点，针对不同层次的学生进行个性化教学，能够有效地实现大数据信息化的精准教学。通过智学网大数据系统收集学生每一次考试的数据，能够辅助教师从更精确的角度对教学质量进行评价和分析，以此改善教学。

批注 10

修改建议：

1. 可通过查找相关文献，了解其他人已经做了什么研究，已经做到什么程度。可以从国内外学术期刊、学术会议、学位论文等渠道获取国内外研究现状的信息，了解国内外学者在该领域的研究动态。

2. 综合评述国内外研究现状，提炼出共性和差异性，从中寻找本课题研究的切入点和优势，并提出可能的研究方向和改进建议。

3. 国内外综述最好分开阐述，语言精炼，概况精简，对于文献综述的现状可以借助统计图加以说明。

2. 选题意义

校本作业是指在校本理念下的作业教学方案，具有针对性强、有特色等有别于一般作业的特征，目的是增强作业教学的有效性，提升教育教学质量。教育部《教育信息化2.0行动计划》指出，"教育信息化是教育现代化的基本内涵和显著特征，是'教育现代化2035'的重点内容和重要标志"。随着教育信息化2.0时代的到来，推进教育大数据与包括校本作业实施在内的教育教学实践的深度融合，是形成智能环境下教育模式新生态的具体举措，也是指导校本作业方案设计，增强校本作业的针对性和有效性的重要途径。

随着教育信息化的进一步发展，在大数据技术支持下，教育评价和学习分析正从传统的经验性向客观性发展。从模糊经验转化为科学实证，从有限理解上升到全面考虑，是校本作业科学性、有针对性的需要。因此，校本作业的设计须"证据为本、全面考虑"。"证据为本"指的是大到作业系统的设计，小到试题的甄选，均需数据、实证支撑；而"全面考虑"指的是作业系统的决策与设计需从知识、能力、素养等多个维度综合论证。"证据为本、全面考虑"，在大数据技术的支持下正由不可能成为可能，由理想转变为现实。

数据分析与校本作业的深度融合所面临的挑战不仅源于技术层面，更来自思维层面。基于传统的模糊经验产生的所谓学习分析最大的优势是"高效"，在很多情况下似乎又是合理的，这强化了对模糊经验的认同。因此，大数据的应用需从技术上解决所谓高效的问题，从实践中回答"有效"的问题，还需从行动上明确"如何"的问题，使大数据的利用从"要求"转化为"需求"。围绕着技术高效、实践有效及如何行动等制约大数据与校本作业开发融合的重要因素，可设计一个管理框架。该框架应明确数据来源、准备路径及分析维度，提出教学团队分工协作的要求，指向具体问题的发现与对策，从而提高教师在校本作业开发过程中利用大数据的效能感。

3. 研究价值···**批注11**

在中国知网，搜索智学网、数据分析、初中数学、大数据、校本作业、作业设计等关键词，数据参见下表，以"基于数据分析精准教学"为关键词展开检索，共计搜索到相关学术论文99篇，以"基于智学网数据分析"为关键词展开检索，共计搜索到相关学术论文11篇，以"校本作业"为关键词展开检索，共计搜索到相关学术论文748篇，以"基于智学网数据分析的校本作业"为关键词展开了检索，2022年9月以前发文总量接近为0，可知在大数据背景下多数研究者更多的是从课堂资源的获取方面来进行研究，而校本作业脱离数据分析的研究大有文章，但二者融合的研究少之又少，因此本课题打算从校本作业设计来研究基于智学网数据分析下初中数学教学的改革，改变学生"高耗低效"现象，让其成为学校"减负增效"的重要载体。

论文主题词	数量
智学网	44
数据分析	262849
初中数学	110743
大数据	64893
校本作业	748
作业设计	30122

批注 11

修改建议：

1. 研究价值的表述可以更加清晰。建议从理论价值和实践价值两方面来写。

2. 按"双减"与"课程标准"两个时间节点来写。

（三）本课题的研究目标、研究内容、研究重难点、研究对象、研究范围

批注 12

1. 研究目标

本课题的研究目标是基于智学网数据分析，对初中数学校本作业实践进行研究，着眼于培养学生学习的主动性和自主性，构建和谐、高效的数学课堂。而且也能促进教师自身专业的发展，因为编写校本作业有利于教师把握重难点和教材的整体结构，也有利于教师了解学生学情。以"数学的本源"为追求，以有效数学活动为载体，以学生和谐发展为核心的目标，探寻一条有效地促进学生爱学数学、动手学数学的活动组织模式。

2. 研究内容

研究的主要内容有以下几个方面：

3.2.1 现阶段数据技术对初中数学前测练习校本作业的应用，并对其进行客观梳理，形成原始数据。

3.2.2 基于数据分析，进行精准教学，包括教师弥补性教学与学生补救性学习。

3.2.3 基于数据分析，重制后测练习校本作业，检测学生通过精准教学后的学习情况，并对其形成二次数据。

3.2.4 基于两次的数据分析，制订校本作业评价、反思、总结，形成过程性材料。

3.2.5 总结数据分析下的初中数学作业校本化的实践模式。

3. 研究重难点

3.3.1 重点

如何利用智学网数据分析做好校本作业的命制工作，从而达到精准教学。

3.3.2 难点

（1）收集处理资料。

（2）当前测练习在智学网进行数据分析后，思考应对所出现的问题进行怎样的处理，反思教师的教和学生的学需要进行怎样的调整。

（3）总结基于智学网数据分析下的初中数学校本作业的实践模式。

4. 研究对象

福州教院二附中、福州第二十五中学等初中校初一、初二、初三学生。

5. 研究范围

3.5.1 教师的教学：基于智学网数据分析，研究教师的教学效果，命制校本作业。

3.5.2 学生的学习：基于智学网数据分析，研究学生的学习情况，命制校本作业。

3.5.3 师生教学相长：基于智学网数据分析，通过校本作业的训练，促进教师弥补性教学、学生补救性学习的研究，命制校本作业。

（四）本课题主要观点和创新之处

1. 主要观点

4.1.1 现阶段数据技术对初中数学前测练习校本作业的应用，并对其进行客观梳理，形成原始数据。

4.1.2 基于智学网数据分析，进行精准教学，包括教师弥补性教学与学生补救性学习。

4.1.3 基于智学网数据分析，重制后测练习校本作业，检测学生通过精准教学后的学习情况，并对其形成二次数据。

4.1.4 基于两次数据的分析，制订校本作业评价、反思、总结，形成过程性材料。

2. 创新之处

利用智学网中测验报告功能采集学生作业完成情况的原始数据，对生成的数据进行数据分析。基于数据分析，进行精准教学，编写符合校情、学情的校本作业，以监测教师的教学效果，提高学生的学习水平。

批注 12

修改建议：

1. 研究目标与研究内容的叙述上有逻辑顺承关系，研究目标的 1、2、3

要对应研究内容的1、2、3。

2. 研究目标与研究内容还要考虑到课题研究的实践可操作性，不可太难，不然难以落地，亦不可太易，失去研究的意义，课题研究必须有其价值。

3. 在概念界定中明确定义研究目标和研究内容，能够为研究提供清晰的方向和范围。

（五）本课题的研究思路、研究方法、技术路线和实施步骤（过程细化到月）

1. 研究思路… 批注 13

基于智学网数据分析的初中数学校本作业实践研究

- 查阅国内外基于数据分析的初中数学校本作业的相关文献
- 基于数据分析的初中数学作业校本化的研究依据及要求
  - 研读《义务教育数学课程标准（2022年版）》
  - 贯彻《关于进一步减轻义务教育阶段学生作业负担和校外培训负担的意见》的政策
- 数据分析素养
  - 数据意识
    - 关注数据的来源平台
    - 智学网
    - 理解数据的意义
    - 监测教师教学情况
    - 跟踪学生学习情况
    - 主动应用数据
  - 数据处理
    - 收集数据
    - 采集学生的校本作业
    - 选择收集方法
    - 整理数据
    - 剔除无效数据
    - 整理有效数据
    - 描述数据
    - 题型分析
    - 知识点分析
    - 作答详情分析
    - 分析数据
    - 根据统计量做出合理的判断
    - 挖掘数据中隐含的信息
  - 运用数据
    - 利用数据进行精准教学
    - 根据数据进行制定校本作业
- 基于数据分析的初中数学作业校本化实践
  - 前测练习校本作业
    - 导入智学网
    - 校本作业——前测考查练习
    - 核心素养要求
    - 数学知识
    - 数学思想方法
  - 形成原始数据
  - 精准教学
    - 基于数据对照课程（教学）目标
    - 数据反馈教与学
    - 教师的教——弥补性教学
    - 学生的学——补救性学习
  - 重制后测练习校本作业
    - 基于数据命制学生薄弱知识作业
    - 基于数据命制高频错题
    - 基于数据命制易错题
    - 对学生推送专项作业个案
  - 校本作业评价
    - 前后测校本作业的数据对照评价
    - 实验班与普通班数据对比评价
    - 校本作业推广性评价

2. 研究方法

研究方法以文献研究法、统计分析法、行动研究法为主要研究方法，具体如下：

5.2.1 文献研究法：利用中国CNKI学术文献总库、万方数据库等获取学术参考文献的平台，搜集与课题研究主题数据分析、智学网、初中数学校本作业等关键词相关的文献资料，筛选整理与本课题有关的理论材料，了解基于数据分析初中数学校本作业化研究的现状，梳理已取得的成果，分析存在的问题，形成文献综述，为探索课题奠定研究基础。

101

批注 13

1. 电教馆的课题重心在信息技术的使用及如何创新使用智学网上。

2. 校本作业怎么跟数据分析结合起来的，整体看不出来用了什么数据和平台，怎么收集数据的，怎么分析，怎么反馈，最后怎么反作用于这个校本作业实践的。

3. 智学网功能如何使用。（申报阶段不用太详细）

4. 核心概念从框架图上如何体现。

> 5.2.2 统计分析法：利用智学网上的测验报告功能收集数据、整理数据、描述数据、分析数据。参照《义务教务数学课程标准（2022 年版）》及"双减"政策，对数据反馈的问题进行深度剖析，精准教学后，编写符合校情、学情的校本作业。
>
> 5.2.3 行动研究法：利用智学网将"前测练习校本作业"形成初始化数据，基于数据分析反馈的师生教学问题，重制"后测练习校本作业"，摸索提升教师教学、促进学生学习的校本作业化实践探究。
>
> 3. 技术路线… 批注 14
>
> [流程图：基于智学网数据分析的初中数学校本作业实践研究 → 文献研究（研读《义务教育数学课程标准（2022年版）》、领会《关于进一步减轻义务教育阶段学生作业负担和校外培训负担的意见》的精神、查阅关于数据分析的初中数学作业研究的相关文献）→ 调查研究（调查样本师生对基于数据分析初中数学校本作业化的理解及存在问题）→ 基于数据分析行动研究（收集学生前测练习校本作业的完成情况，形成初始数据 → 数据处理研究；基于数据精准教学 → 对师生教与学研究；重制后测练习校本作业研究 → 二次数据处理研究；数据对比；校本作业化实践评价）→ 经验总结（整理过程性材料、撰写论文、研究报告）]

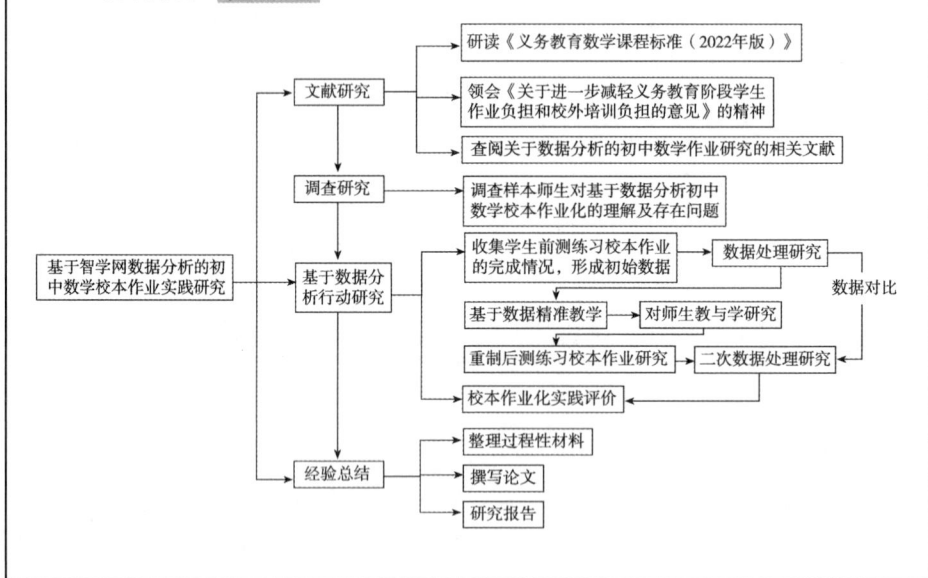

批注 14

1. 技术路线采用流程图撰写。

2. 第一列是课题名称，第二列为研究方法，第三列主要概述不同研究方法的具体内容。

4. 实施步骤

5.4.1 研究进度… 批注 15

时间	研究内容
2022年9月20日	组建研究团队，学习"基于智学网数据分析的初中数学校本作业实践研究"的相关研究文献，研读《义务教育数学课程标准（2022年版）》及《关于进一步减轻义务教育阶段学生作业负担和校外培训负担的意见》文件。
2022年10月—2022年11月	对研究对象开展问卷调查，了解"基于智学网数据分析的初中数学校本作业实践研究"的现实水平及实践情况。
2022年10月—2022年11月	探索"基于智学网数据分析的初中数学校本作业实践研究"的校本作业模式，提出可实施意见，形成作业校本化实践成果。
2022年10月—2022年11月	整理中期研究成果，总结并撰写研究论文。
2022年10月—2022年11月	不断调整研究的具体措施，完善"基于智学网数据分析的初中数学校本作业实践研究"的作业校本化。
2024年9月	汇总研究过程性材料，完成结题。

5.4.2 组织分工… 批注 16

主持人：×××

核心成员：×××、×××

课题成员：×××，×××

序号	项目分工	负责人
1	参考文献搜集整理、组织理论学习	
2	课题评审表的撰写	
3	课题开题报告	
4	过程性研究资料及相关资料管理	
5	课题中期报告	

续表

序号	项目分工	负责人
6	对智学网的数据进行收集、整理、描述、分析等，形成书面报告	
7	"基于智学网数据分析的初中数学校本作业实践研究"作业的收集、整理、汇编	
8	典型课例的收集、整理和汇编	
9	课题结题研究报告	
10	结题管理一级材料收集整理、打印、报送	

批注 15

1. 此处的研究进度太简单了，建议按照研究的几个阶段进行撰写。一般为四个阶段：准备阶段、实践研究阶段、中期总结阶段、结题阶段，若课题研究期限为 2 年的话，一般以半年为一个阶段。

2. 研究进度可以用表格的形式撰写，简洁直观。

3. 研究进度需要进行精细化设计，以月为单位，细化到每个月的研究任务。

批注 16

1. 组织分工根据研究进度进行规划安排。

2. 具体项目需要考虑可操作性，一般需要满足课题结题的基本条件，体现课题的独特研究成果。

3. 人员的分配尽可能细致到课题组的每一个成员，让每个成员都参与课题，让人人有事可做。

4. 除了有行政类的项目分工，建议结合研究的具体内容，增加研究内容维度的分工。

四、完成课题的可行性分析

· 已取得的相关研究成果和主要参考文献（限填 20 项）

· 主要参加者的学术背景和研究经验、组成结构（如职务、专业、年龄等）

· 完成课题的保障条件（如研究资料、实验仪器设备、研究经费、研究时间及所在单位条件等）

（一）已取得的相关研究成果和主要参考文献（限填 20 项） **… 批注 17**

[1] 陆清. 基于智学网学习平台大数据的初中物理实践研究——以南师附中江宁分校初中物理教研组为例[J]. 试题与研究, 2019, 000(036): 1-2.

[2] 赵维坤. 初中数学"数据分析"素养测评的实践探索——基于 2020 年江苏省义务教育数学学业质量监测[J]. 教育研究与评论, 2022(4): 6.

[3] 黄自强. 初中数学作业校本化资源开发研究初探[J]. 试题与研究: 教学论坛, 2019(15): 1.

[4] 袁本雄, 张琴. 初中物理作业校本化实施策略研究[J]. 中学物理, 2020, 38(8): 2.

[5] 王晓玲. 大数据分析下的初中数学课堂教学策略[J]. 课程教育研究: 外语学法教法研究, 2018, 000(015): 198-199.

[6] 李张红. 基于大数据的试卷讲评课的实践与反思——以初一数学期末试卷讲评课为例[J]. 新一代, 2020, 25(20): 173.

[7] 苏瑜. 基于 SOLO 分类理论的学生逻辑推理素养水平研究——对 2020 年江苏省小学数学学业质量监测数据的分析[J]. 教育研究与评论, 2022(2): 7.

[8] 汤向明. 基于大数据支持的校本作业实施研究[J]. 成才之路, 2020(7): 2.

[9] 邹军. 基于数据分析的初中数学精准教学策略[J]. 中国信息技术教育, 2022(2): 62-64.

[10] 徐昌云. 依托大数据分析技术，促进初中数学精准教学[J]. 安徽教育科研, 2022(12): 2.

[11] 张洛仪. 基于大数据下的初中数学智慧教学策略分析[J]. 科学咨询, 2022(2): 3.

（二）主要参加者的学术背景和研究经验、组成结构（如职务、专业、年龄等）

… 批注 18

参与本课题研究的均为一线教师，教学经验丰富，教科研能力强，精通信息技术，具有较强的学习能力，创新能力强，具体情况如下表：

序号	姓名	学历	专业	学科	教龄	职称	学校	研究经验
1	××	本科	数学与应用数学	初中数学	16年	一级教师		课题： 1. 福州教育科学"十三五"规划2019年度的市级课题"学生职业生涯规划的研究"，核心成员，排名第2，已结题。 2. 福建省电教馆课题"信息技术环境下有效教学策略和方法的研究"，课题成员，已结题。 论文： 1. 2014年5月发表论文《几何画板在压轴题教学中的应用》，收录于《福州市2014年基础教育教学》（初中数学）。 2. 2021年2月在《时代教育》发表CN论文《基于新高考改革背景下的高中职业生涯规划教育探究》。
2	××	研究生	计算数学	初中数学	8年	一级教师		课题： 1. 福州教育科学"十三五"规划2019年度的市级课题"探究性学习对学生数学思维的研究"，核心成员，排名第3，已结题。 2. 福州教育科学"十四五"规划2021年度的市级课题"后疫情期福州市区生源一般初中校生命教研现状及对策"，课题成员，已结题。 论文： 1. 2017年12月发表题为《构建学习团队，打造"五步三查"高效数学课堂模式》的论文，收录于《福州市2017年

续表

序号	姓名	学历	专业	学科	教龄	职称	学校	研究经验
								基础教育教学》（初中数学）。 2. 2020 年 11 月发表题为《让探究性学习成为课堂的主导元素》的论文，收录于《福州市 2020 年基础教育教学》（初中数学）。 3. 2021 年 1 月发表 CN 论文《浅谈疫情下初中数学探究性学习》，收录于《考试周刊》。 4. 2022 年 5 月发表题为《立足学生，善循诱思——统计与概率的再认识》的论文，收录于《福州市 2022 年基础教育教学（初中数学）》。 获奖： 1. 2021 年 5 月论文《让探究性学习成为课堂的主导元素》，在福州市初中数学教育教学论文评选活动中荣获三等奖。 2. 2021 年 6 月作品《统计与概率再认识》荣获第十七届福建省"三优联评"活动（福州赛区）三等奖。

批注 17

修改建议：

阐述关于该研究，课题组做了什么工作，取得了什么成就。比如，发论文、做课题、办讲座、上公开课、做分享。

批注 18

修改建议：

1. 应弱化个人信息，强化科研能力。
2. 课题格式：题目名称＋立项编号＋立项单位、级别＋立项时间＋结题时间＋排名。

3. 论文格式：题目名称＋发表杂志名称＋哪一年第几期＋杂志的 CN 刊号（第几页到第几页＋第几作者）。

4. 获奖格式：获奖时间＋获奖内容＋获奖名次。

（三）完成课题的保障条件（如研究资料、实验仪器设备、研究经费、研究时间及所在单位条件等）

1. 研究资料

3.1.1 利用中国 CNKI 学术文献总库、万方数据库及学术参考等获取文献的平台，搜集与课题研究主题数据分析、智学网、初中数学校本作业等关键词相关的文献资料。

3.1.2《义务教育数学课程标准（2022 年版）》。

3.1.3 人教版初中数学书及相关的教辅材料。

3.1.4 各大信息技术平台，如智学网、学科网、箐优网等。

2. 实验仪器设备：初中教材、手机、电脑等电子设备。

3. 研究经费：课题组成员自筹经费，以供课题研究工作如期进行。

4. 研究时间：2022 年 9 月—2024 年 9 月。

5. 所在单位条件：已有支持课题的智学网平台。

五、预期研究成果… 批注 19

主要阶段性成果（限报 10 项）			
序号	研究阶段（起止时间）	阶段成果名称	成果形式	负责人
1	2023 年 09 月 2024 年 06 月	典型课例的收集、整理和汇编	公开课	
2	2022 年 11 月 2024 年 07 月	基于数据分析的初中数学校本化作业的收集、整理、汇编	校本作业集	
3	2023 年 06 月 2024 年 09 月	课题组初定论文标题为"基于智学网数据分析的初中数学校本作业实践研究"，具体以实际发表为准	CN 论文	
4	2024 年 06 月 2024 年 09 月	题为《基于智学网数据分析的初中数学校本作业实践研究》的研究报告	课题研究报告	

续表

最终研究成果（限报 3 项，其中必含研究报告）				
序号	起止时间	最终成果名称	成果形式	负责人
1	2022 年 10 月 2024 年 07 月	校本作业汇编集《基于智学网数据分析的初中数学校本作业实践研究》	校本作业汇编集	
2	2023 年 06 月 2023 年 09 月	"基于智学网数据分析的初中数学校本作业实践研究"的相关 CN 论文	论文	
3	2024 年 06 月 2024 年 09 月	题为《基于智学网数据分析的初中数学校本作业实践研究》的研究报告	课题研究报告	

批注 19

1. 遵循展示课题结题主要成果的原则。最终预期成果至少包含三项：CN 论文、研究总报告、相关的汇编材料。

2. 最终预期此处不宜写太多，后期课题结题，需要看预期成果的完成情况，写多了后期无法全部完成，会给顺利结题带来困难。但是如果这里写得少，最后提交的成果超过了，反而完成了超出预期成果的目标。

❋**修改稿**❋

编号	

××市教育信息技术研究
课题申请·评审书

课　题　名　称　<u>基于数据分析的初中数学弹性作业设计实践研究</u>
课　题　负　责　人　<u>　　　　　　　　　　　　　　　　　</u>
负责人所在单位　<u>　　　　　　　　　　　　　　　　　</u>
填　表　日　期　<u>　　　　　　　　　　　　　　　　　</u>

××市电化教育馆
2022 年 9 月制

++

申请者的承诺与成果使用授权

一、本人自愿申报××市电化教育馆教育信息技术研究课题。本人认可所填写的××市教育信息技术研究课题申请·审批书为有约束力的协议，并承诺对所填写的课题申请·审批书所涉及各项内容的真实性负责，保证没有知识产权争议。同意××市电化教育馆有权使用课题申请·审批书所有数据和资料。课题申请如获准立项，在研究工作中，接受××市电化教育馆的管理，并对以下约定信守承诺：

1. 遵守相关法律法规。遵守我国《著作权法》和《专利法》等相关法律法规。遵守我国政府签署加入的相关国际知识产权规定。遵守《全国教育技术研究规划课题管理办法（修订）》及相关实施细则的规定。

2. 遵循学术研究的基本规范。科学设计研究方案，采用适当的研究方法，如期完成研究任务，取得预期研究成果。

3. 尊重他人的知识贡献。客观、公正、准确地介绍和评论已有学术成果。

凡引用他人的观点、方案、资料、数据等，无论曾否发表，无论是纸质或电子版，均加以注释。凡转引文献资料，均如实说明。

4. 恪守学术道德。在研究过程中，不以任何方式抄袭、剽窃或侵吞他人学术成果，杜绝伪注、伪造、篡改文献和数据等学术不端行为。在成果发表时，不重复发表研究成果。在成果分享时，对课题主持人和参与者的各自贡献均在成果中以明确方式标明。在成果署名时，不侵占他人研究成果，不在未参与研究的成果中挂名，不为未参与研究工作的人员挂名。

5. 维护学术尊严。保持学者尊严，增强公共服务，维护社会公共利益。维护福州市电化教育馆教育信息技术课题声誉，不以课题名义牟取不当利益。

6. 遵循科研规范。课题研究名称、课题研究组织、研究主体内容、研究成果形式与课题申请书和立项通知书相一致。若有重要变更，向福州市电化教育馆提出书面申请并征得同意。

7. 明确课题研究的性质。遵守研究成果先鉴定后发表的要求。发表时在成果文本封面显著位置标明"××市电化教育馆教育信息技术研究课题"字样，课题名称与课题通知书相一致。涉及政治、宗教、军事、民族等问题的研究成果，经××市电化教育馆同意后方可公开发表。

8. 标明课题研究的支持者。以明确方式标明为课题研究做出重要贡献的非课题组个人和集体。

9. 正确表达科研成果。按照《国家通用语言文字法》规定，规范使用中国语言文字、标点符号、数字及外国语言文字。

二、作为课题研究者或主要承担者，本人完全了解××市电化教育馆教育信息技术研究工作的有关管理规定，完全意识到本声明的法律后果由本人承担。特授权××市电化教育馆有权保留或向有关部门或机构报送课题成果的原件、复印件、摘要和电子版；有权公布课题研究成果的全部或部分内容，同意以影印、缩印、扫描、出版等形式复制、保存、汇编课题研究成果，允许课题研究成果被他人查阅和借阅；有权推广科研成果，允许将课题研究成果通过内部报告、学术会议、专业报刊、大众媒体、专门网站、评奖等形式进行宣传、试验和培训。

申请人（签章）：_____

年　　月　　日

填表需知

1. 封面左上角"编号"栏，所有申报者均无须填写，待课题评审结束后由市电教馆填写。

2. 部分栏目填写说明：

课题负责人 系指真正承担课题研究和负责课题组织、指导的研究者。不能承担实质性研究工作的，不得申请。

所在单位 系指课题负责人所在的单位。

课题组主要成员 必须真正参加本课题研究工作，不含课题负责人。

预期成果 系指预期取得的最终研究成果，至少填报 3 项，其中必须包含研究报告和研究论文。

3. 填表字体统一规定宋体 5 号，单倍行距。

4. 《申请·评审书》原则上要求统一用 A4 纸双面印制、左侧中缝装订。《申请·评审书》一式 3 份。凡递交的申请书和汇总表一律不退还，请申报者自行复印留底。

5. 本《申请·评审书》为**固定格式文本**：第一页为封面；第二页为承诺书；第三页为填表说明；第四页为数据表；第五页为负责人和课题组成员近年来的研究成果；第六至第 N 页为**课题设计论证页，内容可拓展**；第 N+1 页至 N+2 页为**完成课题的可行性分析，内容可拓展**；倒数第二页为预期研究成果；最后一页为课题单位及管理部门审核意见。

格式混乱的《申请·评审书》视为无效申报，不予立项。

一、数据表

课题名称	基于数据分析的初中数学弹性作业设计实践研究			
关键词	智学网、数据分析、初中数学、弹性作业			
课题负责人	姓名		性别	
	行政职务		专业技术职务	
	最后学位		教龄	
	最后学历		学科	初中数学
	工作单位			

续表

		通讯地址						
		联系方式						
主要参加者（不超过10人）		姓名	出生年月	专业职务	学科	学历	学位	工作单位及联系电话
		××	1983.11	一级教师	数学	本科	学士	
		××	1987.10	一级教师	数学	本科	学士	
		××	1990.04	二级教师	数学	本科	学士	
		××	2002.01	见习教师	数学	本科	学士	
		××	1990.06	二级教师	数学	研究生	硕士	
		××	1995.10	二级教师	数学	研究生	硕士	
		××	1994.02	二级教师	数学	研究生	硕士	
		××	1987.09	二级教师	数学	本科	学士	
		××	1996.09	见习教师	数学	研究生	硕士	
联系人		姓名		专业技术职务		行政职务	学科	初中数学
		联系电话		电子邮箱		微信	邮政编码	
预期最终成果	1	论文	2	研究报告	起讫时间	2022年11月—2024年11月		

二、负责人和课题组成员近年来的研究成果

成果名称	著作者	成果形式	发表刊物或出版单位	发表出版时间
《构建学习团队，打造"五步三查"高效数学课堂模式》	主持人	论文	福州教育研究市级汇编	2017年12月
《让探究性学习成为课堂的主导元素》	主持人	论文	福州教育研究市级汇编	2020年11月
《浅谈疫情下初中数学探究性学习》	主持人	论文	《考试周刊》CN22-1381/G4	2021年1月

续表

成果名称	著作者	成果形式	发表刊物或出版单位	发表出版时间
《立足学生，善循诱思——统计与概率的再认识》	主持人	论文	福州教育研究市级汇编	2022年5月
《几何画板在压轴题教学中的应用》	核心1	论文	福州教育研究市级汇编	2014年12月
《基于新高考改革背景下的高中职业生涯规划教育探究》	核心1	论文	《时代教育》CN51-1677/G4	2022年2月
《关于初中几何入门教学策略的思考》	核心2	论文	福州教育研究市级汇编	2020年11月
《函数思想在几何最值问题中的运用探究》	核心2	论文	福州教育研究市级汇编	2022年8月
《一花一世界，一题一境界——从一道概率统计考题说起》	成员5	论文	福建省初级数学省级汇编	2022年8月
《核心素养下中考数学的复习课例研究》	成员5	论文	福州教育研究市级汇编	2022年5月

三、课题设计论证（限6000字内）

- 本课题核心概念界定、本课题研究方向
- 本课题国内外研究现状述评、选题意义和研究价值
- 本课题的研究目标、研究内容、研究重难点、研究对象、研究范围
- 本课题主要观点和创新之处
- 本课题的研究思路、研究方法、技术路线和实施步骤（过程细化到月）

（一）本课题核心概念界定、本课题研究方向

1. 核心概念的界定

（1）数据分析

数据分析是指用适当的统计分析方法对收集来的数据进行分析研究，提取有用信息和形成结论的过程。本课题的数据主要来源于学生前测弹性作业，利

用智学网平台生成原始数据，通过对原始数据进行分析，做到精准教学，指导实践，命制后测弹性作业，再利用智学网平台生成第二次数据，最后对两次的数据进行对比，反馈教学效果，这一过程也是教育质量管理体系的支持过程。在实用中，数据分析可帮助人们作出判断，以便采取适当行动。本课题数据分析的流程图如下：

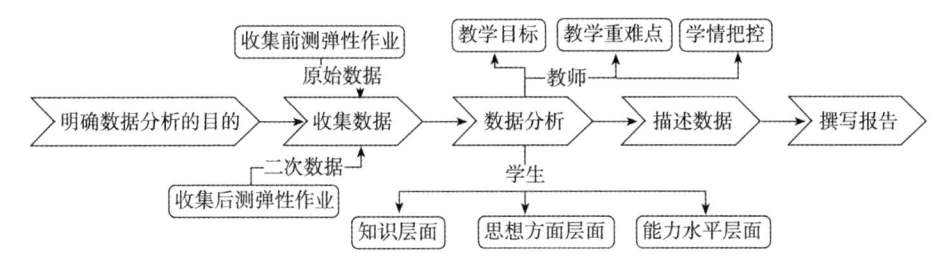

（2）智学网

智学网是通过为学校提供海量题库、阅卷、在线评测等功能收集数据，为学生提供智学网查分、考试报告、试题解析、个性化学习，为家长提供成绩分析、学习周报、教师通知等服务的在线教育平台与应用工具。本课题研究充分利用智学网平台深度挖掘数据，精准分析考情、学情，精准教学，课堂上利用数据反馈的问题突破重难点和精准点评错题，课后及时归纳反思总结，命制符合校情、学情的弹性作业。

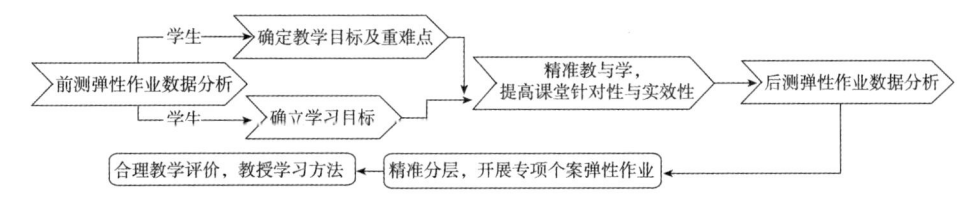

（3）弹性作业设计

利用智学网平台呈现的数据反馈，在数据分析的基础上，参照新课程目标、教学目标、学情目标预测学情，预判教学存在问题，解构教学目标与重难点。基于数据分析立足学生，从知识层面、思想方法层面、能力水平层面等维度命制符合本校学生的"前测弹性作业"和"后测弹性作业"，指向"知识整合、单元过关、阶段巩固、专项达标、个案突破、应对中考"，实现"基础夯实，疑惑破解，难点突破，提高学生素质，提升教育教学水平，培养学生的核心素养"。本课题基于数据分析的弹性作业命制流程图如下：

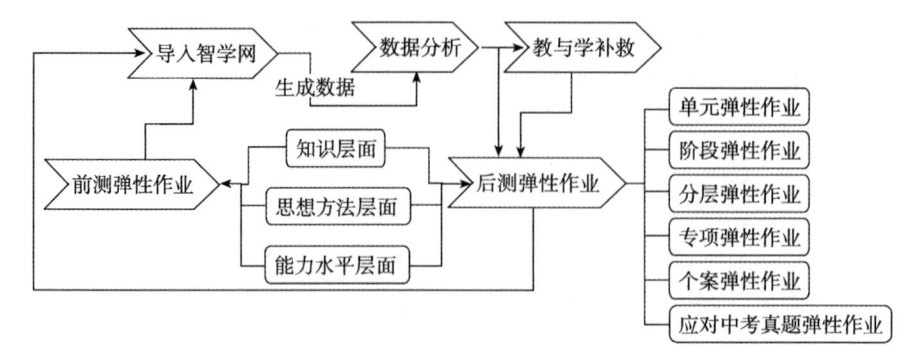

```
导入智学网 → 数据分析 → 教与学补救
     ↑    生成数据      ↓
                   ┌─ 知识层面 ─┐        ┌→ 单元弹性作业
前测弹性作业 ←─────┤ 思想方法层面 ├→ 后测弹性作业 ─┼→ 阶段弹性作业
                   └─ 能力水平层面 ┘        ├→ 分层弹性作业
                                              ├→ 专项弹性作业
                                              ├→ 个案弹性作业
                                              └→ 应对中考真题弹性作业
```

弹性作业以数据流为主线相互串联，挖掘数据的深度与广度，学习分析数据的精准度与有效度，直接影响了作业系统的科学性和针对性。

2. 研究方向

（1）根据课标要求、教材分析、学情分析、知识目标、思想方法目标、能力水平目标等多维度探索前测弹性作业的模式，检测学生对学习的掌握情况，利用智学网的测验报告、精准教学、作业中心等功能形成原始数据，数据分析后指导师生的教与学。

（2）基于数据分析，摸索富有针对性、科学性和切实可行性的精准教学模式，其中包括教师弥补性教学与学生补救性学习。

（3）基于数据分析，寻找教学过程中的盲区，对未及时突破的疑点、难点，以及针对学生掌握的薄弱知识，重制后测弹性作业，检测学生通过精准教学后的学习情况，并对其形成二次数据分析。

（二）本课题国内外研究现状述评、选题意义和研究价值

1. 国内外研究现状

（1）数据分析的相关研究

国外方面：美国联邦政府教育部技术办公室于2012年10月发布了《通过教育数据挖掘和学习分析提高教与学：问题简介》，该文件指出在教育中有两个特定的领域会用到大数据：教育数据挖掘和学习分析。教育数据挖掘是指应用数据挖掘技术处理和分析教育领域中产生的大量数据，以发现学习过程、学习环境、教育资源、学生行为等方面的模式和关系，从而为改进教学方法、个性化学习、教育管理等提供决策支持。学习分析指的是对学生学习过程中产生的大量数据进行解释，目的是评估学业进步、预测未来表现、发现潜在问题。学习分析主要涉及学业分析、行为分析和预测分析的研究和应用。国外多所大学已经开始开展学习分析的实践，他们对于学习分析的应用研究主要集中在适应

性测试、跟踪和报告与早期预警、干预两个层次，主要工作包括开发学习分析系统和工具，收集学习者数据，分析学习行为模式，对学习进行干预和预测等。总之，教育数据挖掘是学习分析所依赖的一种技术手段，而学习分析则是应用教育数据挖掘技术来解读和分析学习过程、学习结果的实践活动。两者相辅相成，共同促进教育领域的发展和优化。

国内方面：根据教育部在2016年发布的《教育信息化"十三五"规划》的有关规定，学校应为教师开展以深度融合现代信息技术为特色的新课例与教学方式的针对性培训，培养中学教师运用现代信息技术进行学生学情分析和个性化教育教学的综合能力，提升教师在现代信息化技术条件下进行创新性教育教学的综合能力，让现代信息化教学实实在在地变成教学活动的新常态。梁文鑫从教师以及学生的角度分析了大数据时代给教学带来的变革，"在教师角度：教学决策将跨越人类的有限理性，从依赖存于教师头脑中的教学经验转向依赖于对海量教学案例的数据分析"；"在学生的角度：每位学生发展的依据从依赖于教师的有限的理性判断转向对自身学习过程的数据分析"。陈霜叶等提出，在大数据时代，传统的政策调研和观点式决策将向以多元丰富政策证据为支撑、大数据为助力的现代教育治理模式转变。杨现民认为，物联网、云计算、移动通信、大数据等新一代信息技术的发展，为教育评价从"经验主义"走向"数据主义"提供了技术条件，教育评价变革方面，将从"经验主义"、单一维度走向"数据主义"、多元维度。

（2）弹性作业的相关研究

国外方面：美国杜克大学教育专家哈里斯·库帕博十认为作业能使学生的知识和技能得以提高，学生在完成作业的过程中独立性和责任心也得到了培养；但课外作业占用了学生大量的周末、假期及集体活动的时间，引起学生对学习的厌烦心理，容易养成学生抄袭等不良品行。法国的教育提倡要尊重个体需求、追求个性的自由发展。作业形式有合作探究性学习、口头报告、写作等，坚持"使人成为他自己"的理念，注重学生个性的发展和培养，注重学生思维能力和创造能力的培养。国外学者的教育理念和对于作业的相关研究，对本课题弹性作业设计理念的提出和建立有很大的启迪和帮助作用。

国内方面：弹性作业是一种以人为本的作业模式，它力图处理面向全体学生与兼顾个别学生的矛盾，充分体现了因材施教的教育理念，有利于不同层次的学生充分发展自己的才能。苗华强在《小学数学弹性作业设计的理论与实践》

中定义：弹性作业是学生在完成少量的、必要的、硬性的训练任务基础上，根据学生的学习能力及条件来设计作业内容、完成形式、评价标准，改变以往学生被动接受的角色，让学生处于作业的"主人地位"，让"作业回归学生自我"。薛晓农在《试行弹性作业制，让不同能力的学生都得到发展》中定义：弹性作业就是教师在教学中因人而异，对学生的课堂练习和作业在内容、时间、批改和评价等方面的要求并不划一，而是有所弹性，即在教学上既有知识上的统一要求，又有能力方面、要求方面的不同要求，目的是让不同能力的学生都能得到不同程度上的提高，从而减轻学生的课业负担，提高必修课的质量。桓坤在《数学教学中实施弹性作业的探讨》中定义弹性作业：弹性作业就是教师充分考虑到学生中存在的差异，有区别地设计和布置作业，有针对性地加强对不同层次学生的学习调控，要求学生根据自己的学习能力和水平自行选题做作业。

（3）相关文献数据统计

在中国知网，搜索智学网、数据分析、初中数学、大数据、弹性作业、作业设计等关键词，数据参见下表，以"基于数据分析的初中数学精准教学"为关键词展开检索，共计搜索到相关学术论文 95 篇，以"基于智学网数据分析"为关键词展开检索，共计搜索到相关学术论文 13 篇，以"弹性作业"为关键词展开检索，共计搜索到相关学术论文 432 篇，以"基于数据分析的弹性作业"为关键词展开了检索，2022 年 9 月以前发文总量接近于 0，可知在大数据背景下多数研究者更多的是从课堂资源、精准教学等方面来进行研究，而弹性作业脱离数据分析的研究大有文章，但二者融合的研究少之又少，因此本课题打算从弹性作业设计角度来研究基于智学网数据分析下初中数学教学的改革，改变学生"高耗低效"现象，成为为学校"减负增效"的重要载体。

论文主题词	数量
弹性作业设计	848
弹性作业	432
数学弹性作业	180
初中数学弹性作业	33
基于数据分析的初中数学作业	2642
基于数学分析的初中数学精确教学	95

2. 选题意义

（1）数据分析方面

随着教育信息化的进一步发展，在大数据技术支持下，教育评价和学习分析正从传统的经验性向客观性发展。从模糊经验转化为科学实证，从有限理解上升到全面考虑，是弹性作业科学性、有针对性的需要。因此，弹性作业的设计需证据为本、全面考虑。证据为本指的是大到作业系统的设计，小到试题的甄选，均需数据、实证支撑；而全面考虑指的是作业系统的决策与设计需从知识、能力、素养等多个维度综合论证。证据为本、全面考虑，在大数据技术的支持下正由不可能成为可能，由理想转变为现实。

（2）弹性作业方面

弹性作业是在学生完成适量的、必要的作业的基础上再照顾差异对学生进行科学化的作业设置，让学生根据自身能力，自主地选择适合自己的作业类型，并自觉地去完成。弹性作业的特点：以提高学生的学习兴趣为主，作业数量适中，以巩固教学效果最佳为标准，讲究科学性，不搞低效的机械重复。教育部《教育信息化2.0行动计划》指出，"教育信息化是教育现代化的基本内涵和显著特征，是'教育现代化2035'的重点内容和重要标志"。随着教育信息化2.0时代的到来，推进教育大数据与包括校本作业实施在内的教育教学实践的深度融合，是形成智能环境下教育模式新生态的具体举措，也是指导弹性作业方案设计，增强弹性作业的针对性和有效性的有效途径。

（3）二者融合方面

数据分析与弹性作业的深度融合所面临的挑战不仅源于技术层面，更来自思维层面。基于传统的模糊经验产生的所谓学习分析最大的优势是高效，在很多情况下似乎又是合理的，这强化了对模糊经验的认同。因此，大数据的应用需从技术上解决所谓高效的问题，从实践中回答有效的问题，还需从行动上明确如何的问题，使大数据的利用从要求转化为需求。围绕着技术高效、实践有效及如何行动等制约大数据与弹性作业开发融合的重要因素，可设计一个管理框架。该框架应明确数据来源、准备路径及分析维度，提出教学团队分工协作的要求，指向具体问题的发现与对策，从而提高教师在校本作业开发过程中利用大数据的效能感。

3. 研究价值

（1）理论价值

2021年中共中央办公厅、国务院办公厅印发了《关于进一步减轻义务教育阶段学生作业负担和校外培训负担的意见》，该文件指出全面压减作业总量和时长，减轻学生过重作业负担。健全作业管理机制、完善作业管理办法、合理调控作业结构，分类明确作业总量，提高作业设计质量，加强作业完成指导，科学利用课余时间。建立作业校内公示制度，坚决防止学生书面作业总量过多。通过系统设计符合年龄特点和学习规律、体现素质教育导向的基础性作业，布置分层作业、弹性作业和个性化作业，坚决抵制机械、无效作业，杜绝重复性、惩罚性作业。"双减"政策在减轻学生负担的同时，要求教师不仅更多地关注课堂教学效率，也要设计更优质的作业，设计出精准作业是与时俱进的理论指导价值。

《义务教育数学课程标准（2022年版）》强调习题的设计要关注数学的本质，关注通性通法。设计丰富多样的习题，满足巩固、复习、应用、拓展的学习需要；满足不同学生的学习需要；满足不同学习阶段的学习需要；满足不同完成作业方式的需要。课标指出通过课堂观察了解学生学习的过程、学习态度和学习策略，从作业中了解学生基础知识和基本技能的掌握情况，从探究活动中了解学生独立思考的习惯和合作交流的意识，从成长记录中了解学生的发展变化。课标对学生核心素养、综合实践与创设情境的实践能力以及跨学科融合等方面都给教学提出了新的挑战。因此，为适应社会的发展，基于数据分析编写弹性作业具有理论指导价值。

（2）实践价值

基于数据分析，精准把脉，辨析教学效果，查看教师的教学是否达到教学目标、教材目标、学情目标，突破教学重难点。问诊学生痛点，精准把握学生知识的薄弱点、疑惑点、共性错题、高频错题等，编制弹性作业。基于数据分析保证作业编写的质量有迹可循，也能提高教师教学效果与学生学习效果，深化优化教学过程，提升教育教学质量，实现"教—学—评"一致性。

（三）本课题的研究目标、研究内容、研究重难点、研究对象、研究范围

1. 研究目标

（1）命制前测弹性作业，旨在检测学生对于基础知识、基本技能、基本思想、基本活动经验的练习与应用，通过基于智学网平台的数据分析，透过数据看本质，目标定位于反馈教师教学中的得与失，进行及时补救，检测学生在学习过程中学之所获及学之所惑，学生基于数据自省所感，以达知识与能力的破解与提升。

（2）基于数据分析，通过精准教学，教师对未能解决的学生疑惑点，未能突破的重难点，进行弥补性教学，以及对学生知识的薄弱点、混淆点，进行梳

理与讲解,使得学生完成补救性学习,实现教学评一体化。

(3)基于数据分析命制后测弹性作业,着眼于学生薄弱知识的掌握程度,厘清易错知识点,降低高频易错点的出错率,因材施教击破学生专项个案的痛点。

本课题的研究以基于数据分析的弹性作业为抓手,这种方法有利于课题的研究与落实,有利于促进教师自身教科研的发展。编写弹性作业有利于教师把握重难点和教材的整体结构,也有利于教师了解学生学情。以"数学的本源"为追求,以"有效数学活动"为载体,以"学生和谐发展"为核心的目标,探寻一系列能满足学生学习需求、促进学生爱学数学的有效弹性作业。

2. 研究内容

研究的主要内容有以下几个方面:

(1)根据课标要求、教材分析、学情分析、知识目标、思想方法目标、能力水平目标等多维度探索前测弹性作业的模式,检测学生对学习掌握情况,利用智学网的测验报告、精准教学、作业中心等功能形成原始数据,数据分析后指导师生的教与学。

(2)基于数据分析,摸索富有针对性、科学性和切实可行的精准教学设计,在此基础上,教师开展弥补性教学、学生进行补救性学习,促进教师教学的不断反思。

(3)基于数据分析,寻找教学过程中的盲区,未及时突破的疑点、难点,针对学生掌握的薄弱知识,初步探索后测弹性设计类型,如单元弹性作业、阶段弹性作业、专项弹性作业、分层弹性作业、个性弹性作业,应对中考真题弹性作业等,通过后测弹性作业形成二次数据。

3. 研究重难点

(1)重点:如何利用数据分析做好前后测弹性作业的命制以及如何达到精准教学模式。

(2)难点:基于数据分析反思教师的教和学生的学需要进行怎样的调整,以及探索初中数学校本作业实践的模式。

4. 研究对象

福州第二十五中学、福州教院二附中、福州第十六中学等初中的初一、初二、初三学生以及相关执教的教师。

5. 研究范围

（1）教师的教学：教师根据教学经验，命制前测弹性作业，形成初始数据，包括教学目标的达成程度、重难点突破情况、学生学情反馈，研究教师的教学效果，促进教师弥补性教学。

（2）学生的学习：基于数据分析，对形成的数据按照知识掌握情况、思想方法掌握情况、能力水平提升情况来研究学生的学习效果，命制后测弹性作业，助力学生补救性学习的研究。

（四）本课题主要观点和创新之处

1. 主要观点

（1）根据课标要求、教材分析、学情分析、知识目标、思想方法目标、能力水平目标等多维度探索前测弹性作业的模式，检测学生对学习掌握情况，利用智学网的测验报告、精准教学、作业中心等功能形成原始数据，数据分析后指导师生的教与学。

（2）基于数据分析，摸索富有针对性、科学性和切实可行的精准教学设计，推进教师弥补性教学与学生补救性学习。

（3）基于数据分析，寻找教学过程中的盲区，未及时突破的疑点、难点，针对学生掌握的薄弱知识，重制后测弹性作业，检测学生通过精准教学后的学习情况，并对其形成二次数据。

2. 创新之处

利用智学网平台采集学生前测弹性作业完成情况的原始数据，对生成的数据进行分析。基于数据分析，进行精准教学，编写符合校情、学情的后测弹性作业，以监测教师的教学效果，提高学生的学习水平。

（五）本课题的研究思路、研究方法、技术路线和实施步骤（过程细化到月）

1. 研究思路

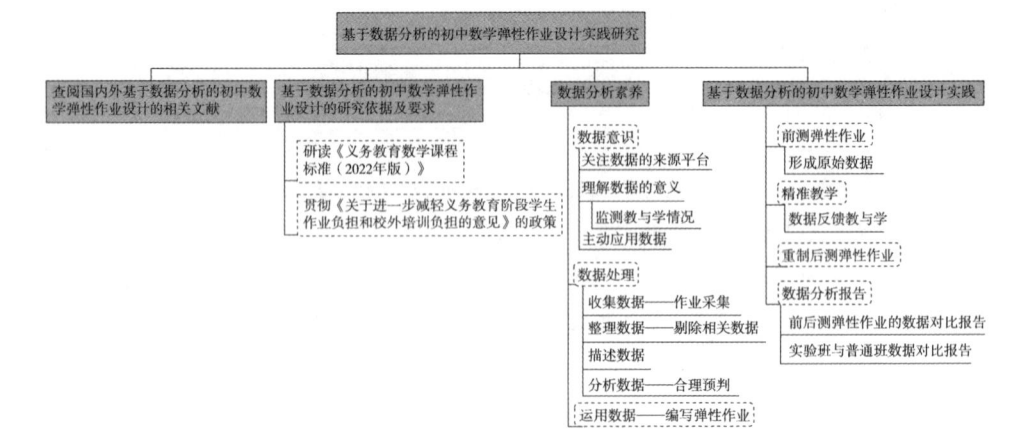

2. 研究方法

研究方法以文献研究法、统计分析法、行动研究法为主要研究方法，具体如下：

（1）文献研究法：利用中国CNKI学术文献总库、万方数据库及参考学术等获取文献的平台，搜集与课题研究主题数据分析、智学网、初中数学弹性作业等关键词相关的文献资料，筛选整理与本课题有关的理论材料，了解基于数据分析的初中数学弹性作业设计研究的现状，梳理已取得的成果，分析存在的问题，形成文献综述，为探索课题奠定研究基础。

（2）统计分析法：利用智学网平台上的功能收集数据、整理数据、描述数据、分析数据。参照《义务教育数学课程标准（2022年版）》及"双减"政策的要求，对数据反馈的问题进行深度剖析，精准教学后，编写符合校情、学情的弹性作业。

（3）行动研究法：利用智学网平台将前测弹性作业形成初始化数据，基于数据分析反馈的师生教学问题，重制后测弹性作业，摸索提升教师教学、促进学生学习的弹性作业设计实践探究。

3. 技术路线

基于数据分析的精准教学策略流程图如下：

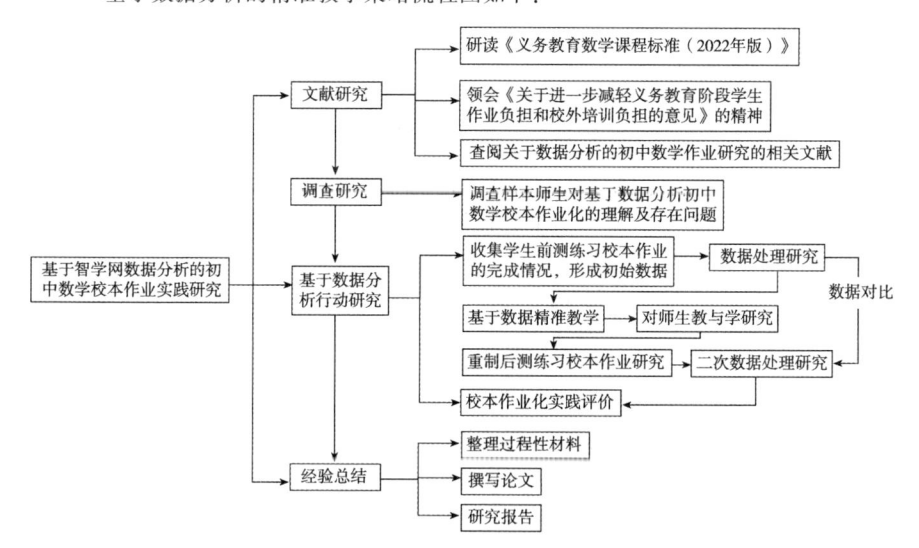

4. 实施步骤

（1）研究进度

四阶段	时间	研究内容
阶段一（准备阶段）	2022年9月—2022年10月	①选定课题，成立课题组，明确课题研究的目的和意义，申请立项。 ②拟定课题的研究实施方案，明确各成员的研究方向，进行申报论证。
	2022年11月—2022年12月	①搜集整理相关资料，学习与"基于数据分析的初中数学弹性作业设计实践研究"相关的研究文献，了解国内外研究的现状。 ②研读《义务教育数学课程标准（2022年版）》及《关于进一步减轻义务教育阶段学生作业负担和校外培训负担的意见》文件。 ③准备课题立项后的开题活动，以及制订课题研究的实践方案。
阶段二（实践研究阶段）	2023年1月—2023年8月	①对研究对象开展问卷调查，了解"基于数据分析的初中数学弹性作业设计实践研究"的现实水平及实践情况。 ②根据数学教学的基本原理与基本要求，对各学段的教学任务进行统筹规划。 ③根据教学情况和学情分析，探索前测弹性作业的模式，提出可实施意见，形成前测弹性作业实践成果。 ④对形成的初始数据，探讨数据分析的多重维度，形成应用数据书面性材料。 ⑤根据数据分析，研讨后测弹性作业的模式，提出可实施意见，形成后测弹性作业实践成果。

续表

四阶段	时间	研究内容
阶段三（中期总结阶段）	2023年9月—2023年10月	①根据前一段内容以及实施过程，汇总课题的阶段性成果，并及时做好中期检查报告。 ②对数据分析的多种维度进行深度研讨，确定数据分析的多重维度。 ③组织课题组成员对前、后测弹性作业进行反思，形成弹性作业实践成果。 ④根据教学情况、学情分析，探索前测弹性作业的模式，提出可实施意见，形成前测弹性作业实践成果。 ⑤课题组成员做好课题研究过程性材料及阶段性材料的收集、整理、汇总工作。
阶段四（结题阶段）	2023年11月—2024年7月	①将初步探索形成的前、后测弹性作业模式，再次进行研磨。 ②利用二次数据分析、教学效果、学生反馈，对弹性作业进行评价分析。 ③总结完善前后测弹性作业设计实践模式。 ④课题组成员做好课题研究过程性材料及阶段性材料的收集、整理、汇总工作。
	2024年8月—2024年10月	①进行结题前的准备工作，收集整理课题研究中的资料。 ②形成论文集、数据分析报告集、课堂实录、弹性作业等课题研究成果。 ③撰写结题报告，同时发布课题研究成果。

（2）组织分工

主持人：

核心成员：

课题成员：

序号	项目分工	内容分工	负责人
1	参考文献搜集整理、组织理论学习		
2	课题评审书的撰写		
3	课题开题报告		
4	过程性研究资料及相关资料管理		
5	课题中期报告		
6	对智学网的数据进行收集、整理、描述、分析等，形成书面报告		
7	前、后测弹性作业设计实践案例		
8	基于数据分析的初中数学弹性作业的收集、整理、汇编		
9	基于课题的研究课、示范课		
10	典型课例的收集、整理和汇编		
11	基于课题的 CN 论文及市级汇编		
11	课题结题研究报告		
12	结题研究材料收集整理、打印、报送		

四、完成课题的可行性分析

• 已取得的相关研究成果和主要参考文献（限填 20 项）

• 主要参加者的学术背景和研究经验、组成结构（如职务、专业、年龄等）

• 完成课题的保障条件（如研究资料、实验仪器设备、研究经费、研究时间及所在单位条件等）

（一）已取得的相关研究成果和主要参考文献（限填 20 项）

1. 已取得的相关研究成果

目前课题组大部分成员都有参与课题的研究：福州教育科学"十三五"规划 2019 年度的市级课题"探究性学习对学生数学思维的研究"（立项编号：FZ2019GH016，立项单位：福州市教育科学研究规划领导小组办公室，核心成员，排名第 3，2021 年 7 月已结题）；福州教育科学"十三五"规划 2019 年度的市级课题"学生职业生涯规划的研究"（立项编号：FZ2019ZX014，立项单位：福州教育研究院，核心成员，排名第2，2022年7月已结题）；福建省2011年电教馆课题"信息技术环境下有效教学策略和方法的研究"（课题成员，2022年7月已结题）等。

同时课题组的成员写了多篇教育教学CN论文，如《浅谈疫情下探究性学习》发表于2021年1月《考试周刊》（刊号：CN22-1381/G4，第一作者）；《基于新高考改革背景下的高中职业生涯规划教育探究》发表于2021年12月《时代教育》（CN51-1677/G4，第二作者）；《一花一世界，一题一境界——从一道概率统计考题说起》发表于2022年8月《福建省初等数学学会2022年初等数学暨数学教育教学研究论文集》（省级汇编，第一作者）等，还有数篇市级汇编，涉及的领域有探究性学习、核心素养等方面。最后课题组的成员均为一线教师，不仅具备教科研能力，而且立足一线教学，从经验中提炼理论，并指导实践，在教学过程中参与编写校级校本作业，各类复习材料的收集、整理与汇编，具备编写弹性作业的能力基础。

2. 主要参考文献

[1] 江桢桦. 基于大数据分析的高中语文校本作业研究 [J]. 语文课内外，2020.

[2] 桓坤. 数学教学中实施弹性作业的探讨 [J]. 新课程研究：下旬，2011（10）：2.

[3] 卫秀英. 初中英语课外弹性作业设计初探 [J]. 时代教育，2014（2）：2.

[4] 吴建运. 基于新课改背景下初中数学作业设计策略探析 [J]. 中外交流，2019.

[5] 陆清. 基于智学网学习平台大数据的初中物理实践研究——以南师附中江宁分校初中物理教研组为例 [J]. 试题与研究，2019，000（036）：1-2.

[6] 赵维坤. 初中数学"数据分析"素养测评的实践探索——基于2020年江苏省义务教育数学学业质量监测 [J]. 教育研究与评论，2022（4）：6.

[7] 黄自强. 初中数学作业校本化资源开发研究初探 [J]. 试题与研究：教学论坛，2019（15）：1.

[8] 袁本雄，张琴. 初中物理作业校本化实施策略研究 [J]. 中学物理，2020，38（8）：2.

[9] 王晓玲. 大数据分析下的初中数学课堂教学策略 [J]. 课程教育研究：

外语学法教法研究，2018，000（015）：198-199.

［10］李张红. 基于大数据的试卷讲评课的实践与反思——以初一数学期末试卷讲评课为例［J］. 新一代，2020，25（20）：173.

［11］苏瑜. 基于 SOLO 分类理论的学生逻辑推理素养水平研究——对 2020 年江苏省小学数学学业质量监测数据的分析［J］. 教育研究与评论，2022（2）：7.

［12］汤向明. 基于大数据支持的校本作业实施研究［J］. 成才之路，2020（7）：2.

［13］邹军. 基于数据分析的初中数学精准教学策略［J］. 中国信息技术教育，2022（2）：62-64.

［14］徐昌云. 依托大数据分析技术，促进初中数学精准教学［J］. 安徽教育科研，2022（12）：2.

［15］张洛仪. 基于大数据下的初中数学智慧教学策略分析［J］. 科学咨询，2022（2）：3.

（二）主要参加者的学术背景和研究经验、组成结构（如职务、专业、年龄等）

主持人与课题组其他成员具有较扎实的教学理论功底，参与本课题研究的均为一线教师，教学经验丰富，教科研能力强，精通信息技术，具有较强的学习能力，创新能力强，具体情况如下表：

课题组成员参与的课题

序号	姓名	级别	课题名称	立项编号	立项单位	立项时间	结题时间	排名或承担角色
1	主持人	市级	探究性学习对学生数学思维的研究	FZ2019GH016	福州教育研究院	2019.07	2021.07	3
		市级	后疫情期福州市区生源一般初中校生命教研现状及对策	FZDY2021013	福州教育研究院	2021.09	2022.09	成员

续表

序号	姓名	级别	课题名称	立项编号	立项单位	立项时间	结题时间	排名或承担角色
2	核心1	市级	学生职业生涯规划的研究	FZ2019ZX014	福州教育研究院	2019.09	2022.08	2
		省级	信息技术环境下有效教学策略和方法的研究	FZDJ2014A18	福州市电教馆	2019.09	2022.08	成员
3	核心2	省级	大数据背景下初中数学学情诊断与教学干预策略研究	DTRSX2019005	福建师范大学数学与统计学院	2019.09	2021.07	成员
		省级	基于"读思达"的初中数学课堂教学模式实践研究	KCA2022041	教育部福建师范大学基础教育课程研究中心	2022.05	进行中	成员

课题组成员撰写的论文

序号	姓名	论文题目	发表时间	期刊或汇编名称	刊号	第几作者
1	主持人	构建学习团队，打造"五步三查"高效数学课堂模式	2017.12	福州市基础教育教学（初中数学）		1
		让探究性学习成为课堂的主导元素	2020.11	福州市基础教育教学（初中数学）		1

129

续表

序号	姓名	论文题目	发表时间	期刊或汇编名称	刊号	第几作者
		浅谈疫情下初中数学探究性学习	2021.01	《考试周刊》	CN22-1381/G4	1
		立足学生，善循诱思——统计与概率的再认识	2022.05	福州市基础教育教学（初中数学）		1
2	核心1	几何画板在压轴题教学中的应用	2014.05	福州市基础教育教学（初中数学）		1
		基于新高考改革背景下的高中职业生涯规划教育探究	2022.02	《时代教育》	CN51-1677/G4	2

课题组成员获奖情况

序号	姓名	级别	获奖时间	参与活动	获奖内容	获奖名次
1	主持人	市级	2021.05	福州市初中数学教育教学论文评选活动	论文《让探究性学习成为课堂的主导元素》	三等奖
		市级	2021.06	第十七届福建省"三优联评"活动（福州赛区）课件	课件"统计与概率再认识"	三等奖
2	核心2	市级	2014.11	福州市中小学微课评选初中组数学学科	微课"平行四边形的性质"	一等奖
		市级	2020.03	"福州市教师技能大赛"初中组数学学科	"市级优秀教学能手"称号	二等奖
		市级	2021.05	福州市初中数学教育教学论文评选活动	论文《关于初中几何入门教学策略的思考》	二等奖

续表

序号	姓名	级别	获奖时间	参与活动	获奖内容	获奖名次
3	成员5	省级	2022.08	福建省初等数学学会第七届数学教育教学暨初等数学研究论文评选活动	论文《一花一世界，一题一境界——从一道概率统计考题说起》收录于福建省《初级数学》	优秀奖

课题组成员的公开课情况

序号	姓名	级别	开课时间	开课单位	开课内容	开课形式
1	核心2	市级	2020.04	福州市总复习微课堂录制	几何背景下函数性质的探究	微课
2	成员5	市级	2021.05	莆田市城厢区霞林学校"携手名校，赢在未来"送培送教活动	中考复习专项——《统计与概念》复习	送培送教

（三）完成课题的保障条件（如研究资料、实验仪器设备、研究经费、研究时间及所在单位条件等）

1. 研究资料

（1）利用中国CNKI学术文献总库、万方数据库学术参考文献等获取与课题研究主题数据分析、智学网、初中数学弹性作业等关键词相关的文献资料。

（2）《义务教育数学课程标准（2022年版）》。

（3）人教版初中数学书及相关的教辅材料。

（4）各大信息技术平台，如智学网、学科网、菁优网等。

2. 实验仪器设备

初中教材、手机、电脑等电子设备。

3. 研究经费

课题组成员自筹经费，以供课题研究工作如期进行。

4. 研究时间

2022年11月—2024年11月。

5. 所在单位条件

已有支持课题的智学网平台及师资。

五、预期研究成果

主要阶段性成果（限报 10 项）					
序号	研究阶段（起止时间）		阶段成果名称	成果形式	负责人
1	2023 年 09 月	2024 年 06 月	典型课例的收集、整理和汇编	公开课	核心1
2	2022 年 11 月	2024 年 07 月	"基于数据分析的初中数学弹性作业设计实践研究"的前、后测弹性作业的收集、整理、汇编	弹性作业集	核心2
3	2023 年 06 月	2024 年 09 月	"基于数据分析的初中数学弹性作业设计实践研究"课题组初定论文标题，具体以实际发表为准	CN 论文	主持人
4	2024 年 06 月	2024 年 09 月	"基于数据分析的初中数学弹性作业设计实践研究"的研究报告	课题研究报告	
最终研究成果（限报 3 项，其中必含研究报告）					
序号	起止时间		最终成果名称	成果形式	负责人
1	2022 年 10 月	2024 年 07 月	"基于数据分析的初中数学弹性作业设计实践研究"的弹性作业汇编集	校本作业汇编集	核心1
2	2023 年 06 月	2023 年 09 月	《基于智学网数据分析的初中数学校本作业实践研究》相关 CN 论文	CN 论文	主持人
3	2024 年 06 月	2024 年 09 月	《基于数据分析的初中数学弹性作业设计实践研究》研究报告	课题研究报告	核心2

六、课题单位及管理部门审核意见

课题单位意见（情况属实与否，是否同意申报立项，并给予课题研究必要经费及人员等支持以完成课题研究的预期工作）						
单位负责人签字：　　　　　　　　单位（盖章）： 　　　　　　　　　　　　　　　　　　　　　年　　月　　日							
县（市）区教育局或教师进修学校意见						
单位（盖章）： 　　　　　　　　　　　　　　　　　　　　　年　　月　　日						
评审组评审意见						
评审组长意见	评审组人数		实到人数		表决结果	
^	赞成票		反对票		弃权票	
^	评审组长签名： 　　　　　　　　　　　　　　　年　　月　　日					

133

第四章
一线教师课题研究的开题报告

开题报告可以视为一份课题研究的详细计划书,它对研究的目标和意义再次进行深入的解释,根据研究目标确定研究内容,然后再确定研究方法和详细的研究过程。与之配套的是课题研究实施方案或课题研究行动指南。

通过撰写开题报告,课题组也能够更进一步系统梳理研究的思路,明确研究的方向和范围,特别是再一次细化研究的目标和内容,结合研究内容确定研究的方法和研究过程的每个具体环节。

开题报告是研究过程中的指南针,后续所有活动的开展都是根据开题报告的指引而进行的,所以课题开题报告的重要性不言而喻。有一份科学而详实的开题报告,可以让课题组少走弯路,而且每一步都按照计划进行,就不会有研究偏离预想、没有研究成果等现象出现。

此外,开题报告还要求研究者对资源获取、时间安排、经费开支等情况进行合理评估,以确保研究能够顺利进行,并获得预期的研究成果。同时,开题报告还需要根据课题指导专家的意见进行修改,最后需要经过专家审核和签字。

第一节 开题报告的意义

开题报告的主要目的是确立课题研究的具体方向和方法,以及为后续的研究实践工作提供一个清晰的框架和路线。虽然在课题申请评审书中也有研究的方向和方法，以及研究的目标和内容，但是基本上是宏观、抽象的。而在课题获得立项之后，特别是开题报告阶段，就需要对原来宏观、抽象的部分进行微观阐述，同时还需要具体入微地对接下来的研究进行详细规划，特别是对研究的内容和方法，以及研究过程的规划，结合课题研究目标进行研讨，从而撰写课题开题报告。

在开题活动中，课题组可以提出具体的实际问题或研究的具体困难，开诚布公地与专家讨论，并一起寻找解决方案。这可以帮助课题组尽早发现课题研究中存在的问题，避免在后期实践过程中偏离研究方向。

课题开题报告有一个重点部分需要引起一线新手教师的重视，就是研究方法与过程部分要详细回答怎样进行研究，这应该是开题报告中最为详细的部分。指导专家通过阅读课题开题报告，就能够清晰地知道该研究将如何开展。

该部分如果写得好，专家就会认为研究可做，也会针对研究者的研究思路提出更为中肯、实用的建议。如果写得不好，一般会被认为课题组还没想清楚，也根本不知道接下来将要怎么做。由于专家通过文本分析不出来你将如何展开研究，建议也必将不具有针对性和指导性。

所以建议在撰写开题报告的时候，务必做到研究目标、研究内容、研究方法与研究步骤内在的逻辑统一。特别值得借鉴的方法是"研究过程见活动，研究活动见方法，研究方法见成果，研究成果回应研究目标"。总体来说，以下四个步骤可以保障课题研究开题报告的撰写更加完善。第一步，写研究路径设计，依据研究目标，设计研究的具体思路；第二步，写研究方法选择，根据研究路径设计选择研究方法，在表述上不能仅仅是研究方法的定义，而要结合研究的具体环节阐述如何运用何种方法；第三步，写研究阶段划分，主要有课题论证开题、方案设计、实施、中期、结题等阶段，注意明确阶段具体内容；第四步，写组织与经费保障等，交代课题组成员及分工、研究制度和机制、研究条件等。

从整体来说，建议根据研究技术路线图来实施研究的过程计划，关于课题研究技术路线图，前面部分已经有了详细的介绍和案例可以借鉴学习。

同时，课题开题报告还有一个特别突出的特点，就是需要对 2 年的时间进行详细划分，结合前面的预期理论成果和实践成果，把 2 年内需要完成的相关任务进行拆解，放到四个学期的每个阶段中去。这里需要特别说明的是：在研究的第一阶段就应该要提出相关的研究假设，包含课题的研究流程、研究假设的基本策略、假设的教学模式等。而这一切很大程度上来源于文献研究和前期的实践摸索，也就是在前人研究的基础上，我们需要结合生情、师情、校情等提炼出我们的研究假设。然后再用个假设指导我们的实践，让我们每一个阶段都有非常明确和清晰的任务。

例如：课题组要进行初中数学大单元教学方面的设计，就得从数与代数领域，图形与几何领域，统计与概率领域，甚至是综合与实践领域入手，按照领域下的每个主题和单元进行详细的规划，把初中数学的 29 个单元进行任务划分，落实到每个月要完成哪个单元的具体内容、成果以什么形式提交等，这些都需要在开题报告中进行详细规划和说明。根据前面的课题研究假设部分可以知道，每个单元教学设计的撰写都必须结合课题研究假设和课堂教学设计的模式来进行，包括课堂教学实施也要按照研究假设的流程来进行。同时，编写的案例是否有价值和科学性，还必须把编写出来的教学设计案例，应用到实际教学过程中去检验。在实践的过程中，一定会发现存在这样或者那样的问题，研究的真正价值就是在发现问题的基础上进行改进、弥补，不断完善。通过这样的方式，我们就可以把日常的教学活动和课题研究活动进行紧密的结合。

在操作层面，可以通过回答"研究什么""为什么研究"和"如何研究"这三个问题，让他人（尤其是指导专家）了解本课题的研究内容和详细研究计划，最后专家结合课题的汇报情况，提供具体的帮助和建议。

在撰写课题开题报告时，我们会发现很多新手不知道如何突出重点，如何体现开题报告本身的特点，更有部分一线新手在撰写课题开题报告的时候，直接将课题申请评审书的内容复制过来，这样就无法突出开题报告与申请书之间侧重点的不同之处，在后文我们会用详细的对比分析来说明。这里，我们重点介绍一般情况下课题开题报告要包含的内容。

（1）简要说明研究的课题是什么，为何要选择研究这个课题，也就是你的研究是基于什么问题背景，出发点是什么，为了解决什么问题而提出这个课题研究。

（2）课题组希望通过 2 年的研究得到什么结果，也就是研究的目标是什么。

（3）你对研究有哪些设想，也就是研究的主要假设、观点是什么，有什么地方是其他人没有的。

（4）你打算如何实现你的研究假设，也就是你的研究方法与途径是什么。

（5）你计划通过什么样的方式，具体研究什么内容，具体做什么事情来得到你的研究结果，达成研究的目标，通过精确而详实的计划，特别是详细的步骤来进行说明。

（6）你最终期望得到的结论是什么，希望取得什么具体的成果，有哪些形式。这些成果就是你研究目标的具体体现形式。

（7）到目前为止，课题组启动以来已经做了哪些工作，初步得到的成果有哪些，在实践过程中遇到了哪些问题，或者是预期可能会遇到哪些困难需要外界支持，特别是需要专家进行指导的有哪些。

在课题研究的实践过程中，有一个心得就是一个课题在开题活动阶段如果没有提出研究困惑或者研究过程中可能存在的困难，那就是课题组还没有把研究做扎实或者做真实。每个课题组最好能提出让专家需要做一些思考，或者是需要去查询相关的资料之后才能回答的问题来。这样我们整个课题研究水平就到了一个新的高度，当然这样会让课题指导专家有一些压力，但是更重要的是希望通过建立这样的研究意识，让课题组去真正思考，去真做研究，只有真正做了才知道问题在哪里。同样的，用这样的方式也能够让课题指导专家在进行课题指导之前先拿到课题开题的相关资料，提前进行一些思考，对课题开题报告中存在的问题提前有一个准备。此外，课题开题报告中如果有明确提出课题组已经遇到准备向专家请教的问题，有心的指导专家也会提前做好相关的回答准备。这样就推动了整个地区课题研究的水平，这也是让课题管理机构特别欣慰的一件事情。

第二节　开题报告与申请评审书的联系与区别

课题开题报告和课题申请评审书在项目启动阶段都扮演着重要的角色，它们有一些相同点和不同点，但在实际操作过程中经常会遇到初次做课题的教师由于不明白开题报告与申请评审书具体的关系，常常直接复制申请书的内容，导致开题报告不规范。更重要的是开题之后课题组成员都不知道具体要做什么，不明白自己承担的具体工作是什么。这样就直接导致课题处于"空转"状态，最后结题时只能匆匆忙忙补一些材料就申请结题。而这样的课题大概率难以结题，即使侥幸通过，也不符合我们课题研究的初心。

究其根本，是部分课题主持人不理解开题报告的价值，不懂得开题报告具体要如何撰写。下面我们对开题报告与申请评审书进行一个对比说明。

一、相同点

（1）目的：两者都是为了评估和审查研究项目的可行性、科学性和合理性，都是为了让未来的研究能够顺利进行并且确实能够出成果。

（2）内容：两者都包含描述研究背景、研究目的、研究问题、研究方法、预期结果和影响等方面的信息。

（3）基础要素：两者都需要提供有关研究计划、资源需求、团队组成和时间安排等基础要素的信息。

二、不同点

（1）审批机构：课题开题报告通常由研究者向专家组汇报，提交给本单位科研管理部门即可；而课题申请评审书则需要提交到课题管理机构或相关部门进行评审。

（2）要求程度：由于受众和用途的差异，课题申请评审书通常要求有更为详细和全面的信息，包括更具体的研究方法和数据分析计划。而开题报告重点在于阐述要做什么，如何做。特别是 2 年时间内研究的具体规划，每个项目的进度安排，最好能够精确到每个月具体做什么，项目负责人是谁，由谁来监督完成，以及最后成果的形式是什么样的等。

（3）时间节点：课题开题报告通常在项目启动前编写，对于内部决策和指导起到重要作用；而课题申请评审书通常需要在课题管理机构规定的时间节点前提交，以获取项目审批和立项证明。

（4）强调重点：课题开题报告更注重对研究的具体问题、详细过程和实施计划、预期影响等方面进行全面阐述；而课题申请评审书则更强调对研究方法、理论基础和大体的研究计划、可行性分析等方面进行详细说明。

总体来说，课题开题报告和课题申请评审书在目的、内容和受众等方面存在差异，但它们的目的都是为了确保研究项目的科学性、可行性和有效性，为后续的研究工作提供指导和支持。开题报告与申请评审书的区别在于开题报告与申请评审书的一级目录基本相同，但重点和详略却有明显变化，主要区别如下表所示。

	申请评审书	开题报告
强调	为什么（背景、意义、目标等）	做哪些、怎样做（计划步骤、人员分工、任务方案等）
关注	应怎样（假设、论述），别人有什么问题（诊断、分析等）	自己已怎样（已然、既成），我们决定怎样（用什么、做什么、怎样做）
重视	有什么（条件、师资、决心、前期成果等）	已怎样、将怎样（进度、现状、估计、预见等）

对于课题申请评审书与课题开题报告之间的区别，除了上面的整体框架和上位概念之外，还可以从具体的维度来呈现，它们各有自己独特的内涵，如下表所示。

序号	内容	申请评审书	开题报告
1	文献研究	研究背景、研究角度、突破口	在对以往研究进行分析时，要特别说明本课题已有的研究基础和突破口，课题组前期文献研究的具体成果介绍

续表

序号	内容	申请评审书	开题报告
2	研究内容	概述准备研究的问题	具体说明研究哪些问题，在申请书的基础上展开二级、三级目录来呈现，要细化到具体的某个项目做什么，做到什么程度，最终成果是什么形式
3	研究假设	基本的设想，一般只有框架	具体说明通过什么方式，建立什么范式，形成什么结构或者模式，预期能否得到理论上的结论和实践成果
4	研究方法	大致采取什么方法，每个方法的介绍	结合具体的研究内容，详细说明如何采取这些方法去解决提出的具体问题，针对性要强
5	研究队伍	确定课题组成员，每个人的行政分工	人员的分工，谁负责什么具体项目，除了行政事务，还有研究内容的任务；研究内容的每个具体任务，采用项目化的方式实行个人负责制
6	研究成果	成果形式，一般为研究论文、课题或者教学设计、研究总报告	成果的具体形式，如论文的题目，主要观点，论文的整体框架，还有公开课具体题目、执教者、特点，以及讲座的标题和提纲
7	研究时间	研究各阶段的大致安排	研究具体日程安排，要具体到每个学期做什么，每个月做什么，甚至每周完成什么，以及其负责人、监督人
8	研究经费	投入经费总额	每年度具体开题，每个项目的开支情况预算

通过对比可以发现，开题报告的内容比原来提交的申请书详细了很多，也有了相关数据的支撑，这一点特别重要，是判断课题组研究做得是否扎实的一个重要标准。详尽和合理的开题报告有助于课题组获得相关支持和指导，并为研究工作的顺利开展奠定基础。

第三节 课题实施行动计划

课题实施行动计划是与课题开题报告配套的一个文件,有时候也被称为课题研究行动指南。它侧重行动计划,与开题报告最大的区别在于它突出后续研究每一步的详细规划,从目的、任务、负责人、完成时间、最终结果、监督人等要素入手,详细阐述每个项目、每个子任务的计划。有的课题研究小组以时间为节点,精确到每个学期、每个月、每周具体做什么、如何做、做到什么程度、大致需要几周时间完成、完成后的结果情况、项目负责人、监督检查等。也可以采用项目式,对每个项目的目标、需要多长时间完成(具体起止时间)、这个项目需要投入什么、哪些人参与、项目负责人是谁、最终的成果是什么等情况都进行详细而清晰的描述。这些就是行动计划所包含的主要内容。

一份完整的课题实施行动计划,包含以下几个方面的要素。

1. 研究目标和内容

课题实施行动计划更多的是关注在每个阶段要完成什么具体任务、取得什么研究成果、投入多少精力和资源,行动计划详细描述每个阶段研究的主要内容、需要开展的工作,例如:研究假设的实施、实验数据的收集、采用的科学分析方法等,通过计划可以让课题组成员明确每个阶段的工作内容和具体任务,特别是每个阶段要达成的目标与总体目标之间的关系。

2. 详细的工作计划

将研究内容和总体任务分解为子项目和子任务,然后按时间顺序进行分解,制订每个阶段(具体到每个月、每一周)的工作计划。明确每个阶段的具体任务、工作量和完成时间,以及最后要达成的目标。采用这样的方式,课题组就不会"只见树木,不见森林",就能避免研究方向走偏。

3. 阶段性评估

有了每个阶段的研究内容和项目任务,就可以清晰地确定出整个研究过程的几个关键节点,在开题阶段就提前设定几个阶段的研究任务,并根据项目任务制订相应的评估指标和评估方法。到了时间节点就可以根据任务目标的达成度去检查和衡量研究进展和结果是否符合预期，并能及时调整研究方向和策略。

4. 时间安排和进度跟踪

通过课题实施行动指南就能将工作计划转换为具体的时间表，在每个关键的节点，提前设置专门的人负责监督课题研究进度的执行情况是否与预期一致。其间可以使用一些常见的进度检查工具进行跟踪，在每个阶段的课题总结会或阶段总结会中，就可以对已经达成的任务进行肯定和表扬，如果出现问题则需要进行总结反思，找到问题根源，尽早对研究假设和方案设计进行调整。

课题实施行动计划并非确定之后就不能改动的，一个有效的课题研究行动计划应该是一个动态方案，能够根据实际情况进行适当调整和优化。通过它，课题负责人就能够更加合理地组织和安排工作，确保研究按计划顺利进行。同时，也能帮助课题进度监督人及时了解研究的进展情况，发现和解决研究过程中遇到的各种问题，保证研究最终取得预期成果。

写好开题报告和课题研究行动计划之后，单位或课题管理职能部门会统一组织开题论证会。在专家论证环节，一般情况下课题负责人或课题核心成员要进行答辩，个别地方是按照成员序号进行随机抽签，对课题研究小组来说这是一件很有挑战性的任务。所以，我们专门针对课题开题报告答辩的几个重要环节做一个详细的说明。

（1）答辩前准备：撰写完整的开题报告并收集、整理相关资料，特别是已经进行的研究工作的相关实验数据（一般是调查得到的数据）和通过数据分析所得结果对课题研究的影响。

（2）答辩展示：根据开题报告的内容和要求，制作答辩展示文稿，确保清晰明了地呈现研究背景、目标、方法、计划和预期成果等。

（3）答辩演讲：课题负责人（主持人或核心成员）在答辩会上进行口头陈述，阐述研究目标、研究内容、研究方法、数据来源、预期成果等，并回答评委的提问。

（4）答辩讨论与评议：评委对开题报告和答辩展示进行讨论和评议，并根据汇报情况提出意见、建议，或对汇报者的提问进行回答，以进一步帮助课题组完善研究方案，这是开题活动最大的价值和意义，为课题顺利结题提供保障。

（5）答辩总结与修改：根据评审结果，总结答辩过程中的问题和意见，对开题报告进行修改和完善。很多开题报告中都有设置重要变更栏目，部分一线教师由于经验不足，不知道这个位置填写什么，其实除了人员方面的变更需要在此处体现外，对于专家提出的一些重要建议，特别是对课题研究方向有微调整的、对课题研究内容有删减的、对研究方法有调整的、对研究预期目标有允许范围内改动的都要在开题报告的这个位置体现。很多开题报告的模板在这个环节都有提示"如果都没有需要变更的请写上'无'"，其目的就是提醒课题组要重视。

答辩是一个重要的环节，评委的意见和建议对研究方案的修正和改进起着关键作用，有助于确保研究的科学性、可行性和实施效果。建议课题组要在开题报告之前进行小组内的预演，哪些是汇报的重点，哪些是课题组目前还没有特别清晰的地方（往往也是专家提问的地方），课题组目前存在哪些困惑和问题是需要专家指导和帮忙解决的都可以提前进行讨论，然后厘清所要提的问题，这样可以大大提升开题汇报答辩会的效率。

第四节　课题开题过程中的常见错误和对策

很多一线教师是初次做课题，由于经验不足、无人进行专业指导等客观原因，在撰写课题开题报告活动中容易出现一些问题和错误，从而影响开题报告的质量和效率。

一、开题报告常见的错误

1. 缺乏明确的研究问题和目标

有些教师在撰写开题报告时，研究目标表述模糊不清，过于宽泛，无法考查其是否达成，或者研究内容没有可操作性，不具有可量化、可监测的具体内容。

2. 缺乏理论基础和背景

一些一线教师在提交申请书之后，研究就停止了，没有继续做文献研究或者是数据分析，导致在撰写开题报告时理论基础不够扎实，使得研究根基不牢，往后所有的工作都不稳定。

3. 方法和步骤不合理或不可行

有部分教师在撰写开题报告时，未能恰当地选择合适的研究方法和明确研究步骤，在设计上存在明显的缺陷，不能有效指导后续课题的实施。

4. 数据收集和分析计划不合理

部分教师在开题报告中未能清晰地描述如何设计变量的控制方法，计划不够详尽或缺乏可行性，导致数据缺乏可信度，这样会给后续的研究带来很大的麻烦，甚至会导致研究结果无价值。

5. 研究计划和时间安排不合理

有些教师在撰写开题报告时，未能科学合理地安排研究任务和时间，计划常常会出现前松后紧的情况。主要在于没有清晰地罗列出每个项目和每个月需要完成的具体任务，未能充分考虑实际情况和教师的工作负荷。

6. 预期成果不明确或不具体

一般来说预期成果包括反映课题研究的 CN 论文、研究总报告，以及研究过程中教师的教学案例或者学生的作品等。有的教师在撰写开题报告时，对研究的预期成果描述模糊不清，或者成果缺乏具体性，无法让专家直观明了地了解。

二、开题报告撰写策略

为了避免在开题报告中出现低级错误，教师在撰写开题报告时，可以参考以下策略。

（1）在准备阶段，课题组要对研究背景、研究问题、参考文献进行系统而全面的梳理、概括，对该领域内的现状和未来都有一个清晰的认知。有了扎实的理论基础和背景知识才能保证提出的研究方法和步骤具有科学性、可操作性。在报告中要结合研究的具体内容和实际情况进行充分说明和论证，让专家觉得这个课题按照既定的研究计划进行有保障，最后能够取得预期的成果。

（2）在确定方法和步骤时，研究者需要考虑实际情况和可行性，避免过于理论化和虚无缥缈的方法和步骤，更不可以照搬他人，因为每个课题研究的目标和内容不同，研究方法和步骤必须具有个性化和针对性。可以通过研究假设详细描述数据的来源、收集方式和分析方法，保证数据收集和分析计划的逻辑性和可信度。

（3）研究计划和时间安排需要考虑到自身的研究经验和能力，充分考虑一线教师的工作负荷和实际情况，并与指导专家或有经验的同行进行讨论和修改，以制订出合理的计划和时间安排。同时，在实施过程中如果出现问题要懂得及时调整，以适应研究的实际情况。

（4）在确定预期成果时，不能贪多，总想着把全部都写出来，却不曾想最后如果完不成预期研究成果会影响结题。所以预期成果不宜写太多，一般包含：CN 论文、研究总报告、教学案例集、学生作品集、课题论文汇编等。同时还要清晰、具体地描述预期研究成果，例如：针对课题论文的撰写，可以提前把文章主题和框架搭建出来，对文章主要观点进行初步的拟定等，确保论文能够明确反映研究的意义和目标。

总之，教师在撰写开题报告时，需要提前充分研究问题的背景，深入学习该领域的理论，认真确定研究目标和具体内容，选择合适的方法和步骤，制订科学合理的研究计划和时间安排，并具体地描述预期成果。同时注意在答辩过程中，积极、真实地回答指导专家提出的问题，并根据专家的建议修改和完善开题报告，以确保开题报告能够指导后续研究的有效进行。

第五节　开题之后课题研究的实施阶段

按照课题研究过程实施管理流程，课题在开题之后就进入了实施阶段，这个时候最重要的就是课题实施行动指南。在实际研究过程中经常会遇到一线教师在课题开题后，由于忙于各种事务性工作，时间一晃半年或者 1 年就过去了，等到上级通知要进行课题中期检查了，才发现好像课题研究自开题之后就被束之高阁，再没有人提起。这个现象在一线教学过程中还是比较常见的，究其原因有以下几个方面。

1. 课题组的研究意识不足

真正的研究与日常教育教学是分不开的，一线教师最重要的研究场所就是教室、课堂。解决策略需要课题组通过集体学习来提升研究的意识，以研究的视角去看待日常工作中遇到的问题，根据相关理论建立研究假设，然后根据假设去实践，在实践过程中收集和分析数据资料，发现问题背后的规律并找到解决问题的策略。当然也可以通过邀请课题研究专家来指导，以实现对课题的实施。

2. 课题组的行动研究计划不够科学

开题报告中制订的研究进度和项目计划没有结合教师实际情况，造成了研究与日常工作"两张皮"现象。解决策略就是在开题报告中制订计划的时候，结合具体的研究目标和内容，将研究细分为各个项目，每个项目让有组织和领导能力的人负责，同时每个人都有具体而清晰的项目任务，力争做到"事事有人做，人人有事做"。

3. 阶段性任务的规划不够清晰

有的课题组在开题报告中缺少对后续研究的详细规划，研究步骤如果不够细致，就会直接导致课题组成员不知道接下来需要具体做什么，在研究过程中没有目标和方向。

解决的策略是让每个学期有具体的规划和重点，然后再进行细分。最后在执行的时候采用项目负责制，实际操作过程中课题管理部门一般采用课题研究大事记来进行过程记录和监督落实。课题研究大事记通过表格来呈现，某地区课题研究大事记表格如下。

××市教育科学研究课题研究大事记

课题名称				
单位名称			课题编号	
活动主题				
活动时间		地点	活动主持人	
活动形式				
参加成员				
过程记录				
活动小结				
活动相片（2—3张）				

案 例

"大概念视角下初中数学图形与几何单元整体教学的实践研究"课题开题报告修改过程

（本案例由福州则徐中学邱柠提供）

❋ 初稿 ❋

编号	

××市教育科学研究课题
开题报告

课题名称：大概念视角下初中数学图形与几何单元整体教学的实践研究
课题负责人：_____
工 作 单 位：_____
手　　　机：_____
开题日期：_____ 年 _____ 月 _____ 日
开题形式：_____ 会议… **批注 1**

××市教育科学研究规划领导小组办公室
年　　月　　制

批注 1

很多课题研究的负责人都不知道此处如何填写。在实际课题管理过程中，我们可以看到五花八门的开题形式，课题管理单位有进行特别说明，此处可以参考扉页的填写说明，开题形式有专家指导、自我论证、会议交流、专家授课指导等几种方式。

1. 专家指导：指课题组在开题的时候邀请校外专家进行指导。一般来说，我们推荐邀请本学科领域内有一定影响力的教学名师，最好是正高级或者特级教师，因为这些教师一定做过省市级课题主持人，有的还做过很多课题，或者更高级别的课题，他们不但懂得本学科研究的内容，还知道课题管理的相关程序和要求，所以一举多得。当然不是所有的课题组都可以邀请到正高级教师或者特级教师，所以建议邀请的两位专家分别是学科专家和教科研专家，也就是邀请在该学科有一定影响力的名师，同时还邀请从事教科研工作的名师，例如教科室主任，或者上级教科研单位的专家。

2. 自我论证：指课题主持人自己进行课题论证的过程，主要适用于那些课题主持人本身是行业内有影响力的名师，比如省市级名师工作室领衔名师，主持过国家级课题或者至少是省级课题，并且课题获得了优秀或者免检。这样的教师一方面本身的教科研能力强，经常去指导其他人的课题研究工作；另一个方面他们基本上都有比较强的研究团队。做开题活动时，只需要把团队集中起来，做一个关于课题研究方面的讲座、分享，或者是就课题研究的目标和内容，以及研究过程分工等进行讨论，最后总结提炼，得出接下来 2 年研究的操作步骤以及研究技术路线图。这种形式对主持人本身的学术要求很高。

3. 会议交流：在江浙沪沿海一带的基础教育领域经常会举办一些高端的、针对某一个研究方向的高水平学术会议，如果这些学术会议的主题跟课题方向是一致的，同时主持人还是该领域有较大影响力的专家学者，经常被邀请做报告，这个时候主持人就可以在会议上就课题的研究目标、内容，研究思路以及技术路线图、研究的过程和最终预期成果向大会进行汇报、展示和交流，这种方式也可以算是课题开题的一种形式。

4. 专家授课：首先，课题组提前把课题研究的相关资料提供给专家，专家根据课题研究的内容来备课；其次，在专家授课过程中，课程组能充分挖掘该领域国内外情况，特别是值得借鉴的经验；最后，专家要针对课题组的课题申请评审书、开题报告等内容，提出他的见解和修改意见等。

填表说明

1. 封面左上角"编号"栏，按照课题立项证书上的编号填写。
2. 部分栏目填写说明：

开题形式：专家指导，自我论证，会议交流，专家授课指导等。

指导专家名单：至少 2 名外校具有高级职称的相关领域专家，按照表格要求手写相关信息，不可提前打印。

3. 填表字体统一规定宋体小四号，1 倍行距，各栏均可以自行加行、加页。
4.《开题报告》原则上要求统一用 A4 纸双面印制、左侧装订。
5.《开题报告》打印 2 份并有专家签字，然后由教科室负责人签字盖章，教科室保留一份备查，另外一份课题组保存，后期结题需要使用。
6. 本表内容三、四必须在同一页，内容五、六、七必须在同一页，双面打印，在正反两个页码，不可跨页。

一、开题活动简况（开题时间、地点、参加人员、过程简述等）

××年×月×日，本课题的开题论证会于××中学召开，××市教育科学研究规划小组办公室××教授，助理研究员××，××区进修校教科研主任××老师等到场指导。学校教研室主任××开场致辞后，××教授宣布经上级教科研主管部门评审论证，批准本课题立项，并宣读课题立项要求，而后课题负责人××老师进行开题报告，就课题研究的背景、价值意义、核心概念及课题研究的内容与目标、方法步骤、创新之处、成果形式、完成研究的可行性等内容进行解读说明。报告过后，两位专家针对课题研究的可行性、课题实施等方面提出自己的建议，会上群策群力，获益甚多。

二、研究方案要点（研究目标与研究内容、研究思路和方法、组织分工、进度安排、经费分配、预期成果等，5000 字左右，可加页）

题目：本课题名称为"大概念视角下初中数学图形与几何单元整体教学的实践研究"。

研究背景：

大概念视角下，初中数学图形与几何的课题研究主要关注学生对于几何概念的理解和应用。以下是国内外相关研究现状。

1. 国外方面

大概念（Big Ideas）教学思想源于美国。18 世纪中叶，富兰克林（Franklin）提出的"有用的知识"观点,是大概念的萌芽。20世纪60年代,布鲁纳(Bruner)从心理学和教育学相结合的角度指出,"大概念的课程思想与人的知识的形成方式密切相关",成为大概念思想最直接的来源。1963年,奥苏泊尔(Ausubel)在其"先行组织者"理论中提到,"大概念是位于学科顶端的上位知识,是将学习单元中事实和概念统整起来的最好组织者,有助于为新知识的学习和迁移搭建支架,从而提高学习的有效性"。直到二十世纪末,教育家们才开始系统阐述和研究大概念,其中威金斯(Wiggins)和麦克泰格(Mc Tighe)的《重理解的课程设计》是有关大概念较早的一部著作。关于大概念的内涵,不同的专家、学者们有不同的理解和表述。埃里克森(Erickson)从课程内容整合视角指出,大概念是学科中的核心概念,是基于事实性知识产生的深层次可迁移观念,能被应用于纵向学科内、横向学科间以及学校以外的新情境。威金斯等人认为大概念是位于课程学习中心的主题、观念、问题等,能将学生分散点状知识联结成系统主题、概念。奥尔森(Olson)从认知发展角度将大概念理解为"能带回家的信息",是具体事实和经验忘记后还能长久保持的中心概念。怀特利(Whiteley)强调大概念能帮助学生联结零散知识点,构建有意义的大概念群,从而简化认知模式。哈伦(Harlen)等人从动态发展角度提出,与仅适用于特定情境的小概念不同,大概念是能解释一定范围的现象、事件的有组织概念。许多科学教育和数学教育的学者在理论基础上,结合自身的教育教学实践经验,从学科角度理解大概念的内涵。美国科学促进会(AAAS)2005年借鉴数学课程中的原则和标准提出,大概念是能将众多科学知识联为一致整体的科学学习核心。科学教育研究学者波欧(Boo)提出,大概念能帮助学生把学习的科学知识和相应技能系统地凝聚起来,形成对科学学科的整体认识,从而能更有效地从科学视角对自然现象和生产生活中遇到的问题做出解释和决策。数学学者查尔斯(Charles)把大概念定义为能将各种数学理解联结成一个连贯整体的学习核心。STEM研究者查莫斯(Chalmers)认为大概念可分为"内容大概念"和"过程大概念"两种类别,前者主要包括理论、原理和模型,后者主要是与获取和使用知识相关的技能。

2. 国内方面

章建跃博士提出"一般观念",其具体是指数学教学应当遵循数学教材的体系结构这"一定之规",让学生在反复经历一般学习过程的基础上理解教师在数学课堂上所讲解的知识及其内容。此外,"一般观念"还强调学生在学习与理解了某一数学知识之后进行类比并以此为基础尝试理解与掌握其他学习内容。章建跃博士还指出:"数学教学必须注重数学的整体性。从教的角度来说,把握好整体性才能有准确的教学目标,才能把数学教得本质而自然,教学行为才能'精''准''简',才能充分发挥数学的育人功能;从学的角度来看,注重整体性,才能了解知识的源头、发展和趋向,才能掌握不同的内容的联系性，既学到'好数学'又学得兴趣盎然。"浙江大学刘徽认为，"大概念"是反映专家思维的概念、观念或论题，"大概念"的"大"主要体现在具有生活价值。顿继安认为，学科大概念是指向具体学科知识背后的更为本质、更为核心的概念或思想，它建立了不同的学科知识间的纵横联系。王喜斌认为，学科大概念是指向学科核心内容和教学核心任务、反映学科本质、能将学科关键思想和相关内容联系起来的关键的、特殊的概念，在教学实践中，可以课程标准作为基准、以基本问题为导引去挖掘，还可以学习者所能达到的理解去架构学科"大概念"。

3. 总结

关于国内外学者在大概念内涵认识上形成的观点，我们需要深入了解大概念教学的相关理论，以及如何将大概念融入到单元教学中。可以通过阅读相关文献、参加学术研讨会、与专家学者交流等方式来提高自己的理论水平。另外，大概念下初中数学单元整体教学是一种教学模式，它强调将数学知识和技能融入到明确的大概念之中，使学生能够更加深刻地理解和应用数学知识。在这种教学模式下，教师不仅要传授知识和技能，还要帮助学生理解数学的本质和思维方式，培养学生的数学素养。需要结合具体的教学实践，探索如何在教学中落实大概念教学的理念。可以通过观察优秀教师的课堂教学、开展教学实验研究、与同行交流分享经验等方式来不断提高自己的实践能力。

研究意义：

1. 理论意义

①界定大概念，初步完成数学大概念的理论建构，提炼思想方法类型的大概念，完善现有大概念理论研究的不足。

②根据实践形成数学大概念单元整体教学的实施框架与教学策略，将追求理解的单元教学设计与数学教学内容相融合，丰富发展初中数学图形与几何单元整体教学设计理论。

③关于大概念和单元整体教学的研究成果较多，但关于初中数学图形与几何每个课时的大单元整体教学研究还较少，处于初步阶段。

2. 实践意义

①《义务教育数学课程标准（2022年版）》提出：单元整体教学设计要整体分析数学内容本质和学生认知规律，合理整合教学内容，分析主题—单元—课时的数学知识和核心素养主要表现，确定单元教学目标，并落实到教学活动各个环节，整体设计，分步实施，促进学生对数学教学内容的整体理解与把握，逐步培养学生的核心素养。改变过于注重以课时为单位的教学设计，推进单元整体教学设计，体现数学知识之间的内在逻辑关系，以及学习内容与核心素养表现的关联。

②大概念与整体性教学和单元性教学密切相关，且整体性与单元设计教学对学生的高阶思考和知识的掌握与理解有很大的作用。具体来说，本课题研究可以从宏观层面论述大概念的构建体系与实施策略，教学设计的意图与要素；从微观层面，可以图形与几何单元为例探讨大概念下的数学教学。

③初中数学传统单元教学的重点往往是教授具体的概念、知识和技能，教学内容通常是由若干零散的单课时构成，而教学方法也以传统的讲授和练习为主。这种单一知识点的教学模式往往限制了初中学生对数学知识的综合理解和应用，学生难以形成系统性的知识和思维。

研究价值：

1. 理论价值

①探索以概念为核心的教学模式。传统的教学模式往往注重知识点的传授，而大概念视角下的教学模式更注重对概念的深入分析和理解。这种教学模式可以帮助学生建立更加严谨和完整的知识体系，有利于学生在更高层次上理解和应用所学知识。

②提出新的概念分析方法。通过将相关概念进行分类、组织和整合，帮助学生更好地理解和掌握知识。这种方法可以帮助学生建立更加精细化和系统化的知识结构。

③形成新的教学评价体系。强调了概念的学习和认知过程的重要性，而不是简单地检查学生的知识掌握水平。这种评价体系可以真实地反映学生的学习效果和认知水平，有助于提高教育质量。

2. 应用价值方面

①提高教学质量。本课题研究能够提出适合初中数学与图形单元整体教学的教学模式，形成课例，针对不同类型学生定制化教学，提高教学质量。

②促进学生思维能力的发展。本课题研究能够形成初中数学图形与几何单元整体教学的作业汇编，有利于学生在大概念视角下系统地建构初中数学图形与几何知识体系，培养学生观察、分析、解决问题的思维方式和方法，促进学生思维能力的发展。

③推广整合教学理念。在教育现代化的背景下，未来教育的发展方向是整合教学，该研究能够形成论文汇编，为将来初中数学图形与几何教育教学创新提供理论依据，推广整合教学理念。

综上所述，大概念视角下初中数学与图形单元整体教学实践研究具有广泛、深刻的意义与价值。通过该课题研究，可以形成大概念视角下初中数学图形与几何单元整体教学的范式以及可视化成果，从而提高初中数学教学质量，促进学生思维能力的发展，同时能够实现数学与生活的有机结合，促进教育教学创新发展。

核心概念：

1. "大概念"由英国科学教育家哈伦在《以大概念理念进行科学教育》一书中首次提出，指的是"在学生数学学习中发挥核心作用、起统摄效能的概念"。它是对事物的本质、属性、关系进行提炼和概括，具有一般性、抽象性和普适性的概念。大概念不是对某个特定事物、现象的描述和定义，而是对多种现象的共性、本质的总结和概括。威金斯与麦克泰格最早系统阐述大概念，指出"为了使教学设计更加完善和有效，设计必须条理清晰、关注明确且具有价值的智力因素，即所谓的大概念和核心任务"。埃里克森认为，传统的课程与教学模式是一个存在诸多缺陷的"内容覆盖型"模式，而概念为本的课程与教学是探究驱动的、是观念中心的，超出了对事实与技能的记忆，并将概念和深刻的"概念性理解"作为第三个维度添加到聚焦于事实性知识与技能的"二维模式"。

我们认为，在数学领域，数、代数、几何、统计等都是大概念，它们不是对某个具体的数或图形的描述，而是对某一类事物或现象的本质属性和关系进行抽象和概括。数是一种重要的计数和计量工具；代数是研究"未知量之间的关系"的学问；几何研究空间和图形的形、位、运动及其相互关系，而统计主要是研究数据的收集、描述、分析和预测等问题。大概念在学科研究、知识体系构建、科学发展等方面具有重要的作用。它们为学科建立了基本理论框架，帮助人们深入了解事物的本质属性和变化规律，生产出一系列的分析、研究和应用工具，推动了科学技术的发展和社会进步。

2. 单元整体教学是指在整体思维指导下，根据知识发生的规律、内在的联系以及学生特点，将课程内容按照一定的逻辑顺序，对相关教材内容进行统筹重组和优化，将若干小节课程整合为一个完整的单元，以突出数学内容的主线和知识间的关联性，在此基础上进行教授和教学评价的教学方式。初中数学单元整体教学中，单元的划分方式可以根据不同的教学目的和教材内容进行选择。常见的单元划分方式有：①按照自然单元分：将数学知识按照自然单元进行分类，例如"三角形""圆""函数"等。②按照重组单元分：如将一元一次方程、一元一次不等式（组）、二元一次方程（组）、分式方程等按方程专题重组成一个单元。③按领域分：将数学知识按照不同的领域进行分类，例如数与代数、图形与几何、统计与概率、综合与实践等。④按照数学思想方法分：将数学知识按照不同的思想方法进行分类，例如"分类讨论法""数形结合法"等。⑤按同领域多学科重组：在同领域内，用同一个大主题把多个学科知识组织在一起，便于关联与迁移（如：物理+化学+生物=科学）。⑥超学科重组：为完成一个主题、项目，把多个学科知识组织在一起，超出学科范畴，以小组任务为突破、成果可显、迁移应用，有利于核心素养的培育。本课题研究的"单元整体教学"中的单元是按领域进行划分的。

… 批注2

| 批注2

1. 在这个开题报告中，从国内外研究现状，到研究的意义和价值、核心概念的界定，基本上与该课题组提交的课题申请评审书的内容一致，而且大部分是直接复制粘贴过来的，没有太大的价值和意义，建议进行删除。如果要保留，把最核心的部分进行一个简单的介绍即可。

2. 基于上面的分析，我们可以明白，其实课题开题报告的重心应该放在课题研究目标和研究内容上，而这个阶段需要在原来申请书的基础上进一步细化，把目标和内容变得可操作、可测量、可执行、可落地。具体到课题组所有成员都知道要做什么，如何做，做到什么程度。比方说，如果原来是一级标题，则在开题阶段需要进入第二级，甚至是第三级标题。

3. 在接下来的日常教育工作过程中，应该将研究的内容和目标与自己的日常教学工作紧密结合，最好是能够让教师感受到，做课题其实就是在做日常的教学工作，只不过是多了一份理论的指导，有规范的流程和可以借鉴的实操范式。

4. 通过上面的模式，我们就让教师解开了这样的误会，过去总认为做课题是一部分优秀教师、名师的事情，跟普通教师没有太大关系。通过这样的方式也可以让整个学校，甚至整个地区教师的教科研水平得到一个提升。这也许就是我们从事教科研工作的初心与愿望吧。

3. 图形与几何是指关于平面图形和立体图形的认识和探究，主要内容包括基本图形的认识，图形的变换、相似和全等等。在这个领域中，需要培养学生抽象思维和想象能力，用几何方法解决一些实际问题，同时也有助于培养学生的观察能力和计算能力。图形与几何是初中数学的重要领域，也是中考和高考中的一个重要考查方向。

研究目标：

基于大概念视角，探索初中数学图形与几何单元整体教学的实践研究，旨在探讨如何通过大概念的引入和运用，以整体、关联、综合的视角感知数学知识，促进学生多方位、系统化的数学思维方法和数学概念的形成，使学生形成完整的数学知识体系，提高数学素养，为未来的数学学习奠定坚实的基础。具体包括以下几点：

1. 探究大概念视角下初中数学图形与几何单元整体教学的有效性和可行性；
2. 建立符合大概念视角的初中数学图形与几何单元整体教学策略；
3. 促进初中数学图形与几何知识的深度理解和应用能力的提高；
4. 培养学生的创新思维和解决实际问题的能力。

研究内容：

1. 教学现状的研究。通过调查和分析实际教学情况，了解当前教师和学生在图形与几何章节的复习过程中存在的问题和困难。对于调查分析获得的数据进行归因，以便有针对性地提出解决的策略，并在实践当中检验、修正、完善。

2. 教学策略的设计。以大概念为基础，探索如何设计有效的图形与几何单元整体教学，包括大概念在内的教学策略和教学资源的运用。我们初步提出初中数学图形与几何单元整体教学的策略，包括：强调概念理解、建立知识体系、运用多种方法、注重应用能力、强化评估体系。

3. 课堂教学研究。通过实践教学，探讨大概念视角下单元整体教学在实际教学中的效果和优势，以及如何解决学生的学习困惑和学习障碍。

4. 单元整体作业设计。大概念视角下初中数学图形与几何单元整体作业设计的研究，为今后的教学实践提供参考和借鉴。

研究思路：

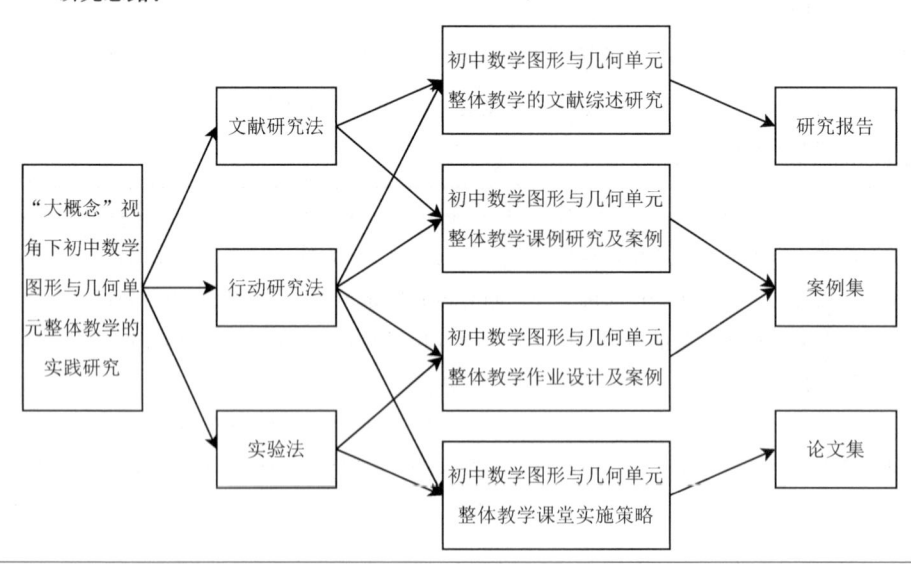

> **研究方法：**
> 　　本研究是以课堂教学实践研究为主的教育实验，是实施新课程理念的探索性研究。行动研究法是本实验的基本研究方法。教学、教研、管理三方人员共同合作进行研究和实践；在尝试与探索的过程中，不断收集、研究反馈信息，调整研究实施的方法与进程，并在试点研究中，不断积累教学案例。在研究过程中，辅之如下方法。
> 　　1. 文献研究法：通过文献资料的阅读或通过互联网查询，了解国内外有关此类课题的研究成果，吸取有助于我们开展本课题的信息、对我们有启发的部分，通过寻求研究中遇到的问题的解决方法，让课题研究少走弯路，研究内容更具创新性。如在知网中查询到篇名含"大概念"的文章，近五年的有 3826 篇，其中最少的是 2019 年 219 篇，最多的是 2022 年 1696 篇。从 2019 年到 2022 年增加的趋势中可以看出新课标的出台与该变化的趋势正相关。同时，其相关关键词居多的有单元教学、学科大概念、大概念教学。关于诸多学者在大概念内涵认识上形成的观点，可以总结为：①上位概念；②核心概念；③认知框架；④意义模式。关于这四个观点，我们认为对数学学科大概念也基本合适，但具体的解读需要适当改进。
> 　　2. 行动研究法：这是本课题最主要的研究方法，把行动与研究结合起来，通过大概念视角对初中数学图形与几何的知识进行分析和解构，根据实际需要进行知识、方法、思想的重组，采取"总—分—总"的单元整体进阶思维结构优化教学实践。
> ⋯ 批注3

批注3

　　这里的研究方法，特别是行动研究法，以及实验法，需要结合课题研究的内容进一步细化。

　　1. 本研究是关于学科大概念基础上的初中图形与几何的整体教学设计，我们可以在此基础上，设计具体的案例。对于初中图形与几何的具体内容，课标规定有三个模块，分别是：图形的性质、图形的变换、图形与坐标。需要针对这三个主题进行课标分析、教材分析、学情分析，提炼出主题的大概念。通过课题组提出的上位概念、核心概念、认知框架、意义模式等维度进行提炼。

　　2. 结合每个主题的大概念，就可以进入到下一个维度的每个单元，我们通过主题单元的大概念确定单元教学目标，然后将单元目标拆解为每个课时的目标。这需要在开题报告中做出研究路径上的假设。

3. 开题之后，课题核心成员和骨干就可以按照这个思路，先做出一个模板，课题组其他成员在这个基础上，模仿做出图形与几何领域其他单元的从单元目标到课时教学设计的教学案例。

有了这样的范式之后，加上前面的任务分配，每个学期、每个月都有项目需要完成，在这样的背景下课题研究就可以做到扎实有效。

3. 实验法：采集和分析教学数据，如将有开展课题实践研究的实验班和普通班的学业质量进行对比，或者对实验班在开展课题研究前和后的学业质量进行对比，以了解单元整体教学的效果，总结大概念统领初中数学图形与几何单元整体教学中的优势，为今后教学实践提供借鉴和指导；基于数据分析的结果，对比大概念视角引入前后的教学效果，评估大概念在初中数学图形与几何单元整体教学中的作用和意义。

创新之处：

1. 从大概念视角看单元整体教学：传统的初中数学图形与几何单元整体教学通常只围绕着概念本身，没有系统、全面、深入的指导思想。而本研究引入大概念视角，从宏观层面出发，对数学概念和知识点进行了整体性、系统性的梳理和整合，使得学生能够更好地把握图形与几何章节的主要知识和相关概念，在实践中更好地应用概念和解决问题。

2. 依托大概念视角让单元整体教学落地：本研究注重于教学方案设计，采用系统性、渐进式的教学方式，将大概念视角与教学内容融合在一起，使得学生可以逐步掌握并应用对于图形与几何章节的重要知识和概念。同时，在教学过程中，保证了教学内容的可操作性和针对性，使得学生的理解更深入。

3. 跨学科单元教学实践探索：以新课程理念为指导，充分发挥我校学科融合渗透的作用，加强跨学科合作学习的课例研究。首先结合教学大纲和课程标准，认真研读教材，理解教材的内涵和外延，掌握教材的重点、难点和疑点，明确教学目标和要求。再根据不同学科教材的内容和教学目标，制订出科学合理的跨学科单元教学计划；根据教材的特点和学生的实际情况，选择合适的教学方法，如探究式教学、游戏化教学、案例教学等，提高学生的学习兴趣和参与度，全面发展学生核心素养。

4. 依托集团化办学优势开展大概念下中小学大单元教学合作活动：作为集团化办学的试点校，数学教研组还定期开展中小学数学的联合集备活动，从大概念视角下的数学衔接内容、数学衔接方式、数学衔接机制等维度入手，设定对应的课题，让小学数学教师和初中数学教师协同参与，积极探讨并思考如何有效地开展小学和初中大单元整体教学工作，以确保数学衔接朝着更加理想的方向发展。

第四章 一线教师课题研究的开题报告

进度安排及组织分工：

1. 准备阶段（2022.5—2023.5）

阶段任务：为保障课题研究有组织、有计划、有措施、有成效地展开，本阶段精选校内外一批课堂实践能力较强的教师，成立课题组。课题组成员有一定的教学经验，并且在各级各类赛事中获得较好成绩。课题组成员共同认真查阅文献资料，学习相关理论，规划研究路径，修订课题方案。

阶段成果：形成开题报告（××，2023.5）、课题实施方案（××，2023.5）。

2. 实践第一阶段（2023.6—2024.6）

阶段任务：

（1）完善课题管理。建立"课题中心组—子课题实验组—实验教师"的管理体系，制订一整套制度和措施，保障课题的顺利、按时、优质完成。

（2）认真组织实施。

①加强理论学习。除抓好每月一次的课题组成员集体理论学习之外，要求课题组成员利用业余时间自主学习相关理论，做好学习笔记，并充分利用学校教研网络，进行互动、交流，为本课题研究积累扎实的理论基础知识。

②加强研究课观摩评议。为使研究过程规范、科学，各项目标得到落实，要求课题组每位成员必须参加研究课的观摩、评议活动，分析研究课的得失、今后努力方向等。

③加强资料积累。课题研究中始终坚持做好原始资料的积累，做到计划总结全、活动记载全等。

④认真进行课题阶段总结，做好课题中期评估。

阶段成果：单元整体教学设计（×××、×××，2024.4），单元整体教学课例（×××、×××，2024.5），单元整体作业设计（×××、×××，2024.5），课题中期小结（×××、×××，2024.5），课题中期报告等（×××、×××，2024.5）。

⋯批注 4

3. 实践第二阶段（2024.7—2025.4）

阶段任务：不断完善本课题成果，及时提炼总结，做好推广准备工作。做好论文撰写和相关案例整理工作。

阶段成果：作业汇编（×××、×××，2025.3），教学案例汇编（×××、×××、×××，2025.2），论文撰写（×××，2025.4）。

批注 4

阶段成果，采用表格来呈现会更加直观，需要精准到每个项目，再细化到每个单元谁负责、需要完成什么任务、到什么时间截止、最终任务的形式、谁来负责监督等。

> 4. 总结阶段（2025.5—2025.6）
>
> 阶段任务：召开专题总结交流会，撰写专题汇报总结，邀请专家指导和提炼成果。形成课题研究报告、教学案例、教学论文集，编制成果手册。
>
> 阶段成果：研究报告（×××、×××，2025.5），案例集（×××、×××，2025.5），论文集（×××，2025.5）等。
>
> 预期成果： 批注5
>
> 1. 2024.6 以汇编形式整理出"大概念视角下初中数学图形与几何单元整体教学"论文集（负责人：×××）
>
> 2. 2024.12 以案例集的形式整理出"大概念视角下初中数学图形与几何单元整体教学"教学设计（负责人：×××）
>
> 3. 2024.12 以汇编形式整理出"大概念视角下初中数学图形与几何单元整体教学"作业设计（负责人：×××）
>
> 4. 2025.4 形成课题研究总报告（负责人：×××）
>
> 课题负责人签名：×××
×年×月×日

批注5

　　此处的研究预期成果最好通过表格的形式来呈现，这样会更加清晰、直观。

❋修改稿❋

一、开题活动简况（开题时间、地点、参加人员、过程简述等）

略。

二、研究方案要点（题目、研究背景、研究意义价值、核心概念、研究目标与研究内容、研究思路和方法、组织分工、进度安排、经费分配、预期成果等，5000 字左右，可加页）

题目：本课题名称为"大概念视角下初中数学图形与几何单元整体教学的实践研究"。

（一）课题的意义

1. 初中数学传统单元教学的重点往往是教授具体的概念、知识和技能，教学内容通常是由若干零散的单课时构成，而教学方法也以传统的讲授和练习为主。这种单一知识点的教学模式往往限制了初中学生对数学知识的综合理解和应用，学生难以形成系统性的知识和思维。

2. 大概念视角下初中数学与图形单元整体教学实践研究具有广泛、深刻的意义与价值。通过该课题研究，可以形成大概念视角下初中数学图形与几何单元整体教学的范式以及可视化成果，从而提高初中数学教学质量，促进学生思维能力的发展，同时能够实现数学与生活的有机结合，促进教育教学创新发展。

3. 大概念与整体性教学和单元性教学密切相关，且整体性与单元设计教学对学生的高阶思考和知识的掌握与理解有很大的作用。具体来说，本课题研究可以从宏观层面论述大概念的构建体系与实施策略，教学设计的意图与要素；从微观层面，可以图形与几何单元为例探讨大概念下的数学教学。

根据实践形成数学大概念单元整体教学的实施框架与教学策略，将追求理解的单元教学设计与数学教学内容相融合，丰富发展初中数学图形与几何单元整体教学设计理论，为初中一线数学教师的课堂教学提供更多理论参考。从而提高初中数学教学质量，促进学生思维能力的发展，同时能够实现数学与生活的有机结合，促进教育教学创新发展。

（二）研究现状

总的来说，国内外学者在大概念内涵认识上形成的观点中，关于大概念和单元整体教学的研究成果较多，但关于初中数学图形与几何每个课时的大单元整体教学研究还较少，处于初步阶段。

希望能够通过课题研究充实这些内容，将抽象的大概念通过实践具体化、措施化，更实在地运用到初中数学图形与几何的学习、复习中，提高老师的理论素养，优化数学课堂，启发学生深入理解数学思想方法，促进学生的知识建构。

（三）核心概念

1. "大概念"是对事物的本质、属性、关系进行提炼和概括，具有一般性、抽象性和普适性的概念，是对多种现象的共性、本质的总结和概括。所以我们认为，在数学领域，数、代数、几何、统计等都是大概念，它们不是对某个具体的数或图形的描述，而是对某一类事物或现象的本质属性和关系进行抽象的概括。数是一种重要的计数和计量工具；代数是研究"未知量之间的关系"的学问；几何研究空间和图形的形、位、运动及其相互关系；统计主要是研究数据的收集、描述、分析和预测等问题。我们研究的对象正是初中数学图形与几何模块中具有一般性、抽象性和普适性的概念。

2. 单元整体教学是指在整体思维指导下，根据知识发生的规律、内在的联系以及学生特点，将课程内容按照一定的逻辑顺序，对相关教材内容进行统筹重组和优化，将若干小节课程整合为一个完整的单元，以突出数学内容的主线和知识间的关联性，在此基础上进行教授和教学评价的教学方式。这是我们决定对初中数学图形与几何模块进行重组、划分的依据。

3. 图形与几何是指关于平面图形和立体图形的认识和探究，主要内容包括基本图形的认识，图形的变换、相似和全等等。在这个领域中，需要培养学生抽象思维和想象能力，用几何方法解决一些实际问题，同时也有助于培养学生的观察能力和计算能力。图形与几何是初中数学的重要领域，也是中考和高考的一个重要考查方向。这是我们选择该模块的研究动力。

（四）研究目标

1. 理论目标

（1）探索以概念为核心的教学模式。传统的教学模式往往注重知识点的传授，而大概念视角下的教学模式更注重对概念的深入分析和理解。这种教学模式可以帮助学生建立更加严谨和完整的知识体系，有利于学生在更高层次上理解和应用所学知识。

（2）提出新的概念分析方法。通过将相关概念进行分类、组织和整合，帮助学生更好地理解和掌握知识。这种方法可以帮助学生建立更加精细化和系统化的知识结构。

（3）形成新的教学评价体系。强调概念的学习和认知过程的重要性，而不是简单地检查学生的知识掌握水平。这种评价体系可以真实地反映学生的学习效果和认知水平，有助于提高教育质量。

2. 应用目标

（1）提高教学质量。本课题研究能够提出适合初中数学与图形单元整体教学的教学模式，形成课例，针对不同类型学生定制化教学，提高教学质量。

（2）促进学生思维能力的发展。本课题研究能够形成初中数学图形与几何单元整体教学的作业汇编，有利于学生在大概念视角下系统地建构初中数学图形与几何知识体系，促进学生对初中数学图形与几何知识的深度理解和应用能力的提高，培养学生的创新思维和解决实际问题的能力，促进学生思维能力的发展。

（3）推广整合教学理念。在教育现代化的背景下，未来教育的发展方向是整合教学，该研究能够形成论文汇编，为将来初中数学图形与几何教育教学创新提供理论依据，推广整合教学理念。

（五）研究内容

基于大概念视角，探索初中数学图形与几何单元整体教学的实践研究，旨在探讨如何通过大概念的引入和运用，以整体、关联、综合的视角感知数学知识，促进学生多方位、系统化的数学思维方法和数学概念的形成，使学生形成完整的数学知识体系，提高数学素养，为未来的数学学习奠定坚实的基础。具体内容包括以下几点。

1. 探究大概念视角下初中数学图形与几何单元整体教学的有效性和可行性

（1）教学现状的研究。通过视导、集备、观摩、教学公开周活动以及教师线上交流的途径，调查和分析初中数学图形与几何单元整体教学的实际教学情况，了解当前初中数学教师和学生在图形与几何章节的复习过程中存在的问题和困难。对于调查分析获得的数据进行归因，以便有针对性地提出解决的策略，并在实践当中检验、修正、完善。在后期成果中作为单元整体教学设计以及单元整体论文的依据。

（2）教学策略的设计。以大概念为基础，探索如何设计有效的图形与几何单元整体教学，包括大概念在内的教学策略和教学资源的运用。我们初步提出初中数学图形与几何单元整体教学的策略，包括：强调概念理解、建立知识体系、运用多种方法、注重应用能力、强化评估体系。这些设计主要通过阶段性的教学反思和听评课等来总结探究，最后形成单元整体教学论文汇编以及单元整体教学设计汇编。

（3）课堂教学研究。通过实践教学，探讨大概念视角下单元整体教学在实际教学中的效果和优势，以及如何解决学生的学习困惑和学习障碍。通过开课、磨课、议课来试验大概念视角下单元整体教学的教学效果，不断改进，最后形成单元整体教学案例集以及教学论文。

（4）单元整体作业设计。大概念视角下初中数学图形与几何单元整体作业设计的研究，为今后的教学实践提供参考和借鉴。按照课标中图形的性质、图形的变化、图形与坐标等各个模块进行单元整体作业设计，最后形成单元整体作业设计汇编以及单元整体论文。

2. 建立符合大概念视角的初中数学图形与几何单元整体教学策略

（1）完善从大概念视角看单元整体教学的观点。传统的初中数学图形与几何单元整体教学通常只围绕着概念本身，没有系统、全面、深入的指导思想。而本研究引入大概念视角，要从宏观层面出发，以模块之间的联系对数学概念和知识点进行整体性、系统性的梳理和整合，使学生能够更好地把握图形与几何章节的主要知识和相关概念，在实践中更好地应用概念和解决问题。这个过程需要对新课标进行充分的解读，在进行梳理与整合时要符合学生的认知发展规律，形成的新的观点和结论体现在研究报告中。

（2）依托大概念视角让单元整体教学落地。本研究注重于教学方案设计，采用系统性、渐进式的教学方式，将大概念视角与教学内容融合在一起，使学生可以逐步掌握并应用对于图形与几何章节的重要知识和概念。同时，在教学过程中，保证教学内容的可操作性和针对性，使学生的理解更深入。这个过程不仅需要课题组老师及集体备课老师的研究，更需要学生的反馈，不断改进，使单元整体教学的案例形成一个系统的实验探究体系。这需要将阶段性的成果（论文集、单元整体作业设计集、单元整体教学案例集）整体进行汇编，并在所能影响到的教研片区中进行推广交流。

（3）跨学科单元教学实践探索。以新课程理念为指导，充分发挥我校学科融合渗透的作用，加强跨学科合作学习的课例研究。首先结合教学大纲和课程标准，认真研读教材，理解教材的内涵和外延，掌握教材的重点、难点和疑点，明确教学目标和要求。再根据不同学科教材的内容和教学目标，制订出科学合理的跨学科单元教学计划。根据教材的特点和学生的实际情况，选择合适的教学方法，如探究式教学、游戏化教学、案例教学等，提高学生的学习兴趣和参与度，全面发展学生核心素养。这部分研究内容与第二大点共同形成大概念视角下初中数学图形与几何单元整体教学实验探究体系。

(六) 研究假设

通过对大概念下初中数学图形与几何单元整体教学的系统化实践，并且建立起基于大概念的数学学科核心素养的单元整体教学实践与作业设计的评价标准，可以提升学生多方位、系统化的数学思维方法和数学概念的形成，使学生形成完整的数学知识体系，提高数学学科核心素养，以及应用数学解决实际问题的能力，帮助学生积累学习数学的基本技能和基本经验，激发学生学习数学的兴趣。

综上所述，通过对本课题的研究，能够进一步理解并发挥大概念理论之于数学教学的实际作用，初步完成初中数学大概念的理论建构，提炼思想方法类型的大概念，为现有大概念的理论研究提供更多实践内涵。

(七) 研究思路和方法

知识结构图如下：

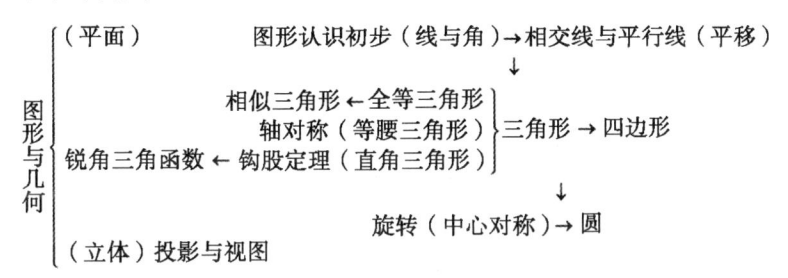

```
           ┌ (平面)   图形认识初步（线与角）→相交线与平行线（平移）
           │                                    ↓
           │         相似三角形←全等三角形  ┐
图形       │         轴对称（等腰三角形）   ├ 三角形→四边形
与几何     │         锐角三角函数←勾股定理（直角三角形）┘
           │                                    ↓
           │                         旋转（中心对称）→圆
           └ (立体) 投影与视图
```

图形和几何模块划分的尝试、构想（成员的构想展现）如下：

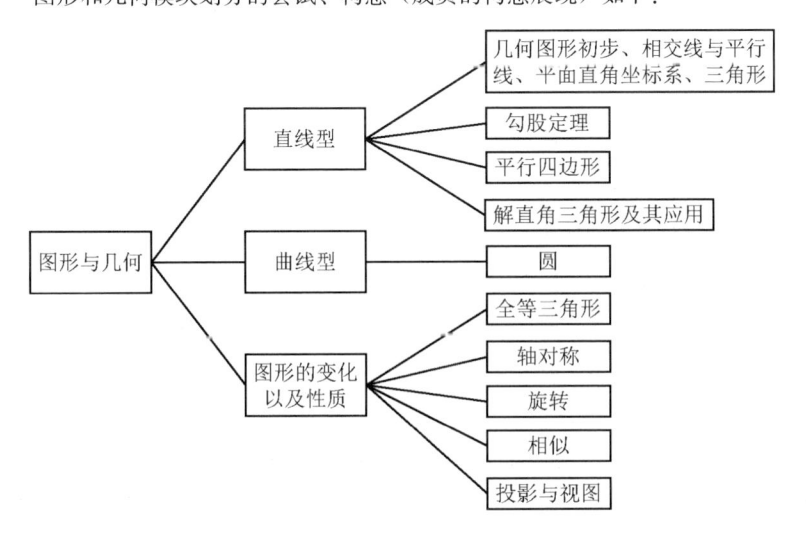

```
                              ┌─ 几何图形初步、相交线与平行线、平面直角坐标系、三角形
                              ├─ 勾股定理
                ┌─ 直线型 ────┤
                │             ├─ 平行四边形
                │             └─ 解直角三角形及其应用
图形与几何 ─────┤
                ├─ 曲线型 ──── 圆
                │
                │             ┌─ 全等三角形
                │             ├─ 轴对称
                └─ 图形的变化 ┼─ 旋转
                   以及性质   ├─ 相似
                              └─ 投影与视图
```

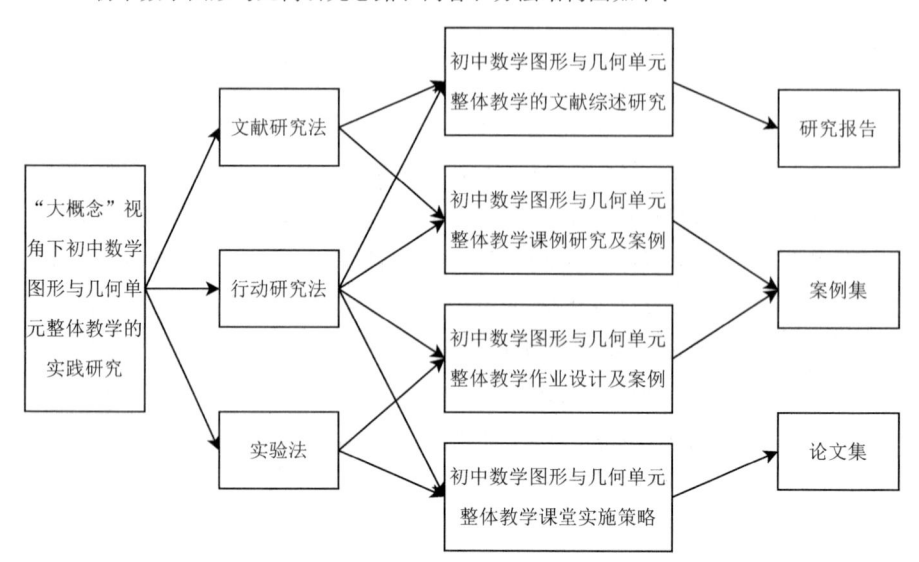

初中数学图形与几何研究思路、内容、方法结构图如下：

```
                    ┌─ 文献研究法 ─→ 初中数学图形与几何单元
                    │                整体教学的文献综述研究 ─→ 研究报告
"大概念"视            │            ┌→ 初中数学图形与几何单元
角下初中数学          │            │  整体教学课例研究及案例
图形与几何单 ─→ 行动研究法 ─┼→ 初中数学图形与几何单元 ─→ 案例集
元整体教学的          │            │  整体教学作业设计及案例
实践研究              │            │
                    └─ 实验法 ───→ 初中数学图形与几何单元 ─→ 论文集
                                    整体教学课堂实施策略
```

单元研究思路：定义—性质—判定—应用。

单元研究内容：判定、性质、组成元素和相关元素。

单元研究方法：画图、实验、归纳、猜想、证明。

本研究是以课堂教学实践研究为主的教育实验，是实施新课标理念的探索性研究。行动研究法是本实验的基本研究方法。教学、教研、管理三方人员共同合作进行研究和实践；在尝试与探索的过程中，不断收集、研究反馈信息，调整研究实施的方法与进程，并在试点研究中，不断积累教学案例。

我们需要深入了解大概念教学的相关理论，如何将大概念融入到单元教学中。可以通过阅读相关文献、参加学术研讨会、与专家学者交流等方式来提高自己的理论水平。另外，大概念下初中数学单元整体教学是一种教学模式，它强调将数学知识和技能融入到明确的大概念之中，使学生能够更加深刻地理解和应用数学知识。在这种教学模式下，教师不仅要传授知识和技能，还要帮助学生理解数学的本质和思维方式，培养学生的数学素养。需要结合具体的教学实践，探索如何在教学中落实大概念教学的理念。可以通过观察优秀教师的课堂教学、开展教学实验研究、与同行交流分享经验等方式来不断提高自己的实践能力。

在研究过程中，辅之如下方法：

1. 文献研究法：通过文献资料的阅读或通过互联网查询，了解国内外有关此类课题的研究成果，吸取有助于我们开展本课题的信息、对我们有启发的部分，通过寻求研究中遇到的问题的解决方法，让课题研究少走弯路，研究内容更具创新性。如在知网中查询到篇名含"大概念"的文章，如下图，近五年的有3826篇，其中最少的是2019年219篇，最多的是2022年1696篇。从2019年到2022年增加的趋势中可以看出新课标的出台与该变化的趋势正相关。同时，其相关关键词居多的有单元教学、学科大概念、大概念教学。关于诸多学者在大概念内涵认识上形成的观点，可以总结为：①上位概念；②核心概念；③认知框架；④意义模式。关于这四个观点，我们认为对数学学科大概念也基本合适，但具体的解读需要适当改进。

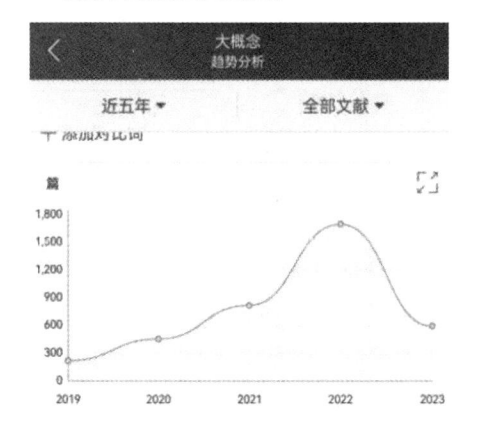

时间	发文量（篇）	年环比
全部	3,826	——
2023年	591	65% ▼
2022年	1,696	107% ▲
2021年	816	79% ▲
2020年	454	107% ▲
2019年	219	——

相关关键词	共有发文量
大概念	1133
核心素养	273
单元教学	262
大概念教学	189
教学设计	166
学科大概念	139
概念教学	127
高中生物学	87
单元整体教学	87
教学策略	78

2. 行动研究法：这是本课题最主要的研究方法，把行动与研究结合起来，通过大概念视角对初中数学图形与几何的知识进行分析和解构，根据实际需要进行知识、方法、思想的重组，采取"总—分—总"的单元整体进阶思维结构优化教学实践。

3. 实验法：采集和分析教学数据，如将有开展课题实践研究的实验班和普通班的学业质量进行对比，或者对实验班在开展课题研究前和后的学业质量进行对比，以了解单元整体教学的效果，总结大概念统领初中数学图形与几何单元整体教学中的优势，为今后教学实践提供借鉴和指导；基于数据分析的结果，对比大概念视角引入前后的教学效果，评估大概念在初中数学图形与几何单元整体教学中的作用和意义。

进度安排及组织分工：

序号	阶段	宏观内容	具体说明	负责人
1	准备阶段（2022.5—2023.10）	为保障课题研究有组织、有计划、有措施、有成效地展开，本阶段精选校内外一批课堂实践能力较强的教师，成立课题组。课题组成员有一定的教学经验，并且在各级各类赛事中获得较好成绩。课题组成员共同认真查阅文献资料，学习相关理论，规划研究路径，修订课题方案。	撰写课题立项申请，形成开题报告文案及课件（×××，2023.5)、课题实施方案（×××，2023.5)，参加开题报告会，调整完善核心内容，初步明确任务分工（×××、×××、×××）。	×××
2	实践第一阶段（2023.9—2024.6）	完善课题管理。建立"课题中心组—子课题实验组—实验教师"的管理体系，制订一整套制度和措施，保障课题顺利、按时、优质完成。	制订具体实施计划表，定期开会汇总阶段成效，做好每一阶段的反思与调整。	×××

续表

序号	阶段	宏观内容	具体说明	负责人
3	实践第一阶段（2023.9—2024.6）	①加强理论学习。除抓好每月一次的课题组成员集体理论学习之外，要求课题组成员利用业余时间自主学习相关理论，做好学习笔记，并充分利用学校教研网络，进行互动、交流，为本课题研究积累扎实的理论基础知识。	提供理论学习平台，鼓励课题组成员积极参与区里、市里组织的关于大单元整体设计的相关培训，加强跨校教研集备活动。	全体成员
3	实践第一阶段（2023.9—2024.6）	②加强研究课观摩评议。为使研究过程规范、科学，各项目标得到落实，要求课题组每位成员必须参加研究课的观摩、评议活动，分析研究课的得失、今后努力方向等。	以书面文档形式形成初中图形与几何大概念整体教学设计。	×××
			以公开课的形式形成初中图形与几何大概念整体教学课例。	×××
		③加强初中图形与几何大概念整体教学的评价，积累原始资料、保留研究过程数据，做到计划总结全、活动记载全等。	形成若干初中图形与几何大概念整体作业设计。	×××
4	实践第二阶段（2024.7—2025.4）	不断完善本课题成果，及时提炼总结，做好推广准备工作。做好论文撰写和相关案例整理工作。	以文档形式形成阶段性作业汇编并完善。	×××
			以文档形式形成阶段性教学案例汇编并完善。	×××

续表

序号	阶段	宏观内容	具体说明	负责人
			论文撰写（课题组总结性论文以及成员个人的论文）。	×××
5	总结阶段（2025.5—2025.6）	召开专题总结交流会，撰写专题汇报总结，邀请专家指导和提炼成果。形成课题研究报告、教学案例、教学论文集，编制成果手册。	召开专题总结交流会，撰写专题汇报总结。	×××
			邀请专家指导和提炼成果。	×××
			形成课题研究报告。	×××
			形成案例集。	×××
			形成论文集。	×××
			编制成果手册（刊本以及电子扫描件）。	×××
6	推广阶段（2025.5—2025.7）	通过集中学习、观摩、讲座的形式来推广课题研究成果，供大家交流切磋，汲取评价，将所有材料汇编，形成实验探究体系。	开展讲座、组织区内数学同僚集中学习、观摩。	×××
			进行教学案例再现、试行。	×××
			总结推广、试行过程中的经验教训。	全体成员
			完善材料汇编、形成实验探究体系。	×××

续表

序号	阶段	宏观内容	具体说明	负责人
7	验收阶段（2025.8）	加强反思，挖掘理论创新之处，明得失，将成果打磨成优秀课题案例。	将课题的理论与实践推广过程中所得经验相结合，创新观点，为后续更多课题研究提供理论支撑。	全体成员

时间表如下：

第一大阶段

时间	阶段安排	负责人
2023.9	对《第4章 几何图形初步》《第5章 相交线与平行线》的提炼与分析	×××
2023.10	对《第11章 三角形》《第12章 全等三角形》的提炼与分析	×××
2023.11	对《第17章 勾股定理》《第18章 平行四边形》的提炼与分析	×××
2023.12	对《第23章 旋转》《第24章 圆》的提炼与分析	×××
2024.1	对《第27章 相似》的提炼与分析	×××
2024.3	对《第28章 锐角三角形》的提炼与分析	×××
2024.4	中期小结	×××
2024.5	中期汇报	×××

第二大阶段

时间	阶段安排	负责人
2024.7—2024.8	对跨学科教学的探索	×××
2024.9—2024.10	集团化办学下，小初衔接教学合作	×××

续表

时间	阶段安排	负责人
2024.11—2024.1	撰写论文及预备发表	×××
2025.2	教学案例汇编	×××
2025.3	作业汇编的整理	×××
2025.4	论文集的整理	×××

第三阶段

时间	阶段安排	负责人
总结（2025.05—2025.06）	召开总结交流会，撰写专题汇报总结，形成课题研究报告、教学案例、教学论文集备，编制成果手册	×××

预期成果

成果名称	成果形式	完成时间	负责人
课题研究总报告	报告	2025.5	核心1
"大概念视角下初中数学图形与几何单元整体教学"论文集	汇编	2025.5	主持人
"大概念视角下初中数学图形与几何单元整体教学"教学设计	论文	2024.5	核心2
"大概念视角下初中数学图形与几何单元整体教学"作业设计	汇编	2025.3	成员3
课题研究的所有材料汇编，形成一个单元整体实验探究课程体系	刊印成果手册	2025.6	核心1

当前已研究的部分：

  课题前期准备工作充足，已经开展了一定数量的课例和作业设计研究，如《勾股定理》单元章起始课的课例收编于华东师大出版社出版的《高阶思维与初中数学课堂》（胡军编著），编写的《勾股定理》校本单元整体作业设计获得省级优秀作业设计，开设了大概念视角下《轴对称》单元复习课，等等，为后续课题研究奠定了坚实基础、提供了宝贵经验。课题组以教育教学日常工作为研究对象，借助于校外名师及专家资源，通过主题培训、课例研讨等多种研究活动，具体落实和推进课题研究的实施，形成在实践中研究、以研究促进实践发展的良性循环。

研究条件和困难：

条件：学校为课题研究提供物资保障，开放录播室、多媒体教室、学生机房供课题组使用。给每位研究参与者提供研究所需的教育教学期刊、信息设备及其他工具等。

依托集团化办学优势开展大概念下中小学大单元合作教学活动：作为集团化办学的试点校，数学教研组还定期开展中小学数学的联合集备活动，从大概念视角下的数学衔接内容、数学衔接方式、数学衔接机制等维度入手，设定对应的课题，让小学数学教师和初中数学教师协同参与，积极探讨并思考如何有效地开展小学和初中大单元整体教学工作，以确保实践朝着更加理想的方向发展。

困难：在时间和空间上要及时将课题组成员协调聚集，保证如期完成研究任务；在课堂实践中会遇到一些挫折和磨砺等。

课题负责人签名：×××

×年×月×日

第五章
一线教师课题研究的中期检查

课题中期检查是指在课题研究进行到一定阶段时（一般是立项之后1年），对研究进展、问题解决情况以及后续工作计划等进行评估和反馈的过程。中期检查是项目管理过程中的一个重要环节，通常在项目实施的中间阶段，也就是自立项算起1年时间的节点进行课题的中期检查。它旨在评估项目的进展情况、解决可能存在的问题，并对课题研究目标的达成情况进行评估和对课题研究计划进行调整。

中期检查有助于监控课题研究具体内容的执行情况，确保研究能够按时完成，并提前发现和解决潜在的风险和挑战。但实际课题研究过程中很多人没有理解中期检查的价值和意义，对中期报告的撰写以及中期检查的整个活动没有重视，从而丧失了对课题研究进行修正的最后机会，最直接的后果就是课题结题阶段困难重重。中期检查的主要内容有：看看研究的目标和任务完成比例有多少，研究的方向是否偏离了申请评审书的计划，指导专家根据课题组提出的研究过程中遇到的困难和疑惑进行指导等。

下面就课题中期检查的意义和价值，以及中期检查报告表要如何填写进行详细的说明。

第一节 课题中期检查的价值和意义

中期检查通常由课题研究的组织者或课题研究的管理团队负责。在此过程中，他们会审查研究内容的每个项目的执行情况，包括已完成的具体工作和取得的阶段成果统计、达成目标的比例、使用的资源和研究实际进度。同时，他们会按照开题时的研究行动计划与每个参与具体研究项目的成员进行沟通，了解研究内容及每个具体项目的难点、问题和需求，以便及时采取相应的措施进行调整，或者将所遇到的难题向课题中期指导专家反馈并寻求帮助。最好是邀请与本课题研究领域紧密相关的专业名师，要求具有高级职称且至少做过更高级别的课题研究主持人的专家来担任指导组成员，最理想的是一位是本学科和专业领域内有影响力的教师，另外一位是熟悉课题管理流程和评审环节的专家。因为这样的搭配更加符合科研课题的学科本位与过程管理的规范，既可以保障课题研究的内涵丰富、研究成果具有学科价值，又能保障课题研究的过程规范。

课题中期检查的价值和意义主要包括以下几个方面：

（1）评估研究进展：中期检查是对一线教师在课题研究中实施情况和进展程度进行全面评估的机制。通过评估研究进展可以了解研究所涉及的各个具体方面的情况，如数据收集、实验设计、教学策略的实施情况和效果等，还可以及时发现研究偏差、研究中存在的问题，特别是需改进的地方。

（2）发现和解决问题：中期检查不仅可以评估研究的进展，还能够发现研究过程中可能存在的问题和困难，并提供相应的解决方案。一线教师做课题，经常会遇到各种的挑战，例如，数据收集困难、实施方法不当、变量控制对结果的影响与研究假设相差较大等。在研究过程中，课题组可能会发现原先设定的研究计划有一部分可能无法顺利执行，或者需要根据实际情况进行适当的调整。通过中期检查，就可以及早发现并解决这些问题，并有机会与指导专家面对面一起探讨解决方案，确保研究的后续工作能够顺利进行，完成既定的研究任务。

（3）提高研究质量：课题中期检查对于提高研究质量起着重要的作用。我们会遇到部分课题组，在研究过程中没有重视中期检查，等到结题阶段才发现遗漏了很多研究的环节，研究的结果也不尽如人意，严重的就直接影响到课题的顺利结题。所以课题中期检查具有特别的意义。一方面，它为课题组提供了一个自我评估和反思的机会。通过中期检查，课题组可以审视自己的研究方法、实施过程、数据收集和分析工具等方面的问题，并根据研究结果进行必要的调整和改进。另外一方面，课题中期检查会有指导专家参与，他们对课题研究有着丰富的经验，所以很容易就会发现课题研究中存在的不足之处并提供改进建议。这些反馈意见和指导对于一线教师提高研究质量、完善研究设计具有十分重要的意义。第三个方面，通过接受指导专家的反馈和指导，参与研究的一线教师也能够通过近距离学习，面对面体会真正解决问题的策略和措施，在潜移默化中提升自己的研究水平和能力。

第二节　课题中期检查具体的检查内容

课题中期检查活动主要是分析已取得的研究成果，研讨课题研究的可持续性，重点是反思、归纳、深化、细化。一般是由学校的科研管理部门（教科室），或者是课题组自行组织开展。课题组要按要求撰写课题研究中期报告，并将报告提交给课题管理单位或部门进行审核、签字和盖章。

中期检查的要点包括：研究工作总体进展、研究取得的阶段性成果、研究过程中存在的问题、下一步研究计划、可预期成果等，还有一个特别需要提醒的是：与课题相关的重要变更（包括课题组成员变更、主持人单位变更以及研究目标和方向调整等），一般情况下都是在中期检查阶段之前就提交纸质的变更表格，过了这个时间段课题立项单位就不再接受变更申请。针对上面的每个要点，具体解读如下。

一、研究工作总体进展

课题研究工作的总体进展情况，是需要对照课题申请评审书和开题报告中的课题研究行动计划来写的。通过前面的内容我们知道：课题申请评审书中的研究计划往往比较简略，所以还需要在开题报告中进行补充完善，开题报告中的研究计划越详细后期的实施阶段就越容易操作。开题报告是课题研究的"施工图纸"，研究计划要形成年度计划、学期计划和月度计划等不同维度的规划。月度计划（有时是周计划）是研究计划的基本单元，包括活动主题、形式、地点、具体负责人、最终成果形式等要素。

中期检查报告中的研究工作总体进展部分应该详细介绍从课题立项到中期报告这一年时间内的课题研究工作的具体进展。可以从以下几个方面展开论述。

（1）研究计划的执行情况：描述研究是否按照预定的计划进行，特别是如果研究计划有调整，请说明调整的原因以及调整后的新计划。

（2）研究任务的完成情况：列出每个研究任务的具体内容，说明已完成的研究任务及其完成情况，最好有一个整体完成百分比的对比说明，对于尚未完成的研究任务，要说明原因及预计完成时间。

（3）实验与调查的开展情况：介绍已完成或正在进行的相关实验与调查，包括实验与调查的目的、内容、方法和进度，同时，对实验与调查结果进行简要分析。特别是调查报告，除了要有对结果的分析，还需要在中期检查报告的最后部分以附件的形式提供调查报告的内容。

二、研究取得的阶段性成果

阶段性成果是课题研究一年以来，取得的比较稳定和成型的研究成果，阶段性成果可以按照实践性成果、理论性成果、技术性成果等几个维度来撰写。要注意不仅仅是对已取得的研究成果进行简单的罗列，还需要对其进行分析和说明，阐述这些成果与本课题研究的相关性。可以从以下几个方面进行论述：

（1）论文发表与讲座、公开课。列出已发表的论文、已经举行的讲座和公开课。

（2）教师和学生的获奖。列出教师和学生获奖的具体内容和项目、颁发奖状的单位、获奖的级别。

（3）因课题而开发的软件、小程序，设计的量表，部分课题可能有专利申请，已经提交或者已经获得审批（有专利号）。

建议这部分在列举的时候以表格的形式来呈现，包括论文、讲座、专利以及专利的题目、作者、发表、开设时间点或申请情况等，当然这个阶段也可以把正在撰写的论文进行一个介绍和列举，因为还不是最终的成果，只是作为研究过程的阶段总结。

特别值得一线教师留意的是所有的成果都必须与课题有高吻合度。许多一线教师会把课题组所有教师一年内的成果进行堆积和拼凑，这类东西如果与研究课题没有关联，是不能作为该课题研究成果的。为了减少这种情况的发生，在实际操作过程中，建议大家在罗列成果的时候把论文的主要思路、关键词、文章的框架和维度，以及教师的讲座、公开课的主题、内容的维度都进行详细的说明，这些说明的内容一般放在表格的备注栏中。

三、研究过程中存在的问题

在课题研究过程中一定会遇到一些困难或者问题，这些都是十分正常的情况，在中期检查阶段坦坦荡荡地向专家组阐述研究过程中遇到的困难，有利于评审专家提出有针对性和建设性的意见或建议，这对课题研究的顺利进行起到保障作用。

对于研究过程中存在的问题，可以从研究内容和研究方法的使用两方面来进行阐述，研究内容是反思和说明的重点，研究方法次之，这些基本上都是理论层面的问题，也是研究过程中最容易遇到困难的地方。

所以在阐述研究中遇到的问题和不足之处时，最主要的方向包括研究方法、数据处理、实验与调查等。

在课题管理过程中，课题组常常会提出组织管理工作方面的问题，例如：一线教师理论功底比较差，在研究过程中高度不够，在撰写课题研究论文方面有困难；一线教师教学任务繁重，没有时间和精力做课题，所以课题研究进展和任务落实等方面会经常遇到问题。这些问题我们把其归结到组织管理工作方面，不作为课题中期检查的主要问题。理论功底不足，我们可以让老师先阅读与课题相关的理论20万字，然后写2万字的理论学习心得体会，这个问题就解决了。针对一线教师工作任务繁重、时间和精力有限这个问题，课题申报之前就存在，而不是课题立项之后才出现，主动申报课题和做核心成员是因为自身有内在的任务驱动，所以这些时间和精力的投入问题是内在的需求，需要自己去努力想办法解决。

四、下一步研究计划

课题中期检查之后进一步的研究计划和安排，这部分内容有两个维度：

一是要参考课题研究整体规划，根据开题报告的课题实施行动规划大框架，继续按照原来的计划执行下一个阶段的任务，同时还要将前一阶段研究过程中还没有完成的任务以及没有达成的目标，在接下来的行动中去落实。如果研究工作计划有变动，应写明变动原因并作出新的安排。

特别重要的是针对存在的困难和问题，结合专家的指导意见，下一个阶段如何去克服所遇到的问题，必须对前面向专家提出的疑问给予一个明确的回复，原来遇到问题的解决策略是什么，如何在接下来的研究过程中去体现。具体而言，对剩余的研究时间进行规划，包括拟进行的研究任务、实验与调查、论文撰写与发表等。同时，要确保与研究计划保持一致，明确时间节点和阶段性目标。

五、可预期成果

预期的成果在课题评审申请阶段就已经比较明确了，同时，在开题报告阶段又再一次在专家的指导下进行调整和明确，使之更加科学化。而且在前面我们有阐述一般情况下预期成果不宜太多的原因，基本上包含 CN 论文、课题研究总报告，相关案例集或者论文集，以及学生的成果等，根据课题性质来确定最终的具体内容，通常以 3 个左右的项目为宜。所以在中期检查阶段预期成果一般情况下是不修改的，除非是经过前一阶段的研究，发现原来的预期成果无法达成，同时在中期检查活动中与专家进行充分讨论和沟通后，专家也觉得无法达成，那么我们只能在专家的指导下对研究成果进行微调整和修改。

六、课题相关的重要变更

课题的变更情况，包含：课题成员增补、删减、顺序的调整，课题主持人因为工作调动单位需要变更，还有开题阶段或者中期阶段课题指导专家指导研究的目标或者内容，以及研究的方法、研究的预期成果等需要调整。很多课题管理机构和单位规定，在中期阶段之前，或者中期检查时提交由教科室审核盖章的纸质材料。需要注意的是，课题主持人和课题名称不能进行变更，课题核心成员原则上不能进行变更。

总体而言，中期报告主要是分析已取得的阶段性研究成果，报告的重点是总结、归纳、提炼、反思。认真撰写中期检查报告，有利于课题组对课题进行自我检查，及时发现课题研究存在的问题，在专家的指导下及时调整研究方向与内容。撰写课题研究中期报告时，要注意条理清晰，论述逻辑严谨，数据准确可靠，突出研究的重点和亮点。

第三节　课题中期检查活动的关键步骤

在课题中期检查阶段，课题组填写好检查表格后，就要向所在单位或教师进修学校的教科研管理部门提交中期检查的申请，然后课题组就进入中期检查活动的筹备阶段。在实践中我们发现有部分地区的进修校科研工作非常扎实，在课题中期检查阶段把本地区所有进入该阶段的课题组成员集中起来：先是课题主持人进行课题进展汇报；然后按照随机抽号的方式由专家组就课题存在的问题和一些需要改进的地方对课题组成员进行提问，专家根据回答情况进行针对性的指导。这样的做法效果良好，值得借鉴和推广。下面就课题中期检查活动相关事项进行阐述。

一、课题中期检查的重要环节

（1）确定中期检查时间：根据课题获得管理部门立项的时间，结合课题组开展研究的实际情况、研究进展和计划安排，确定中期检查的具体时间点。这个时间一般是课题组与课题管理部门一起协商确定，因为很多单位每个年度不止一个课题，一般是好多个课题集中进行中期检查活动，并由课题管理部门统一邀请专家。

（2）准备材料和报告：课题组成员需要提前准备中期检查所需的材料，课题中期检查表是主要材料，同时还包括研究的过程性材料，例如：课题进展报告、已经取得的成果佐证材料、问卷调查的原卷和结果分析报告、研究数据收集和分析情况、师生学习过程中的案例汇编等。

（3）召开中期检查会议：邀请课题指导专家参与中期检查会议。会议的流程一般是：介绍专家、介绍课题研究的基本情况、每个课题进行汇报、专家检查材料、专家提问与讨论、专家进行指导、课题组成员与专家合影、主持人宣布会议结束。会议可以线上进行，或者线下集中讨论。

在中期检查的过程中，课题组需要提前将研究的过程性资料进行整理，例如：理论学习资料、课题组成员的学习心得体会、阶段研究总结、教学过程中的经典案例、学生在课题实施过程中的作品、课题组成员撰写的研究论文等，分类进行装订、装盒。根据中期研究报告做好汇报课件，重点说清楚研究的阶段成果、研究目标达成度、研究过程中的重要事件、研究过程中遇到的问题及下一步研究计划等。同时，在检查活动过程中课题组教师需要认真聆听课题指导专家的意见和建议，并积极主动向他们请教，共同解决研究中遇到的问题，以期提高课题研究质量。

二、课题中期检查活动的具体操作流程

（1）开场和介绍：主持人对中期检查的目的进行简要介绍，说明中期检查的重要性和目标。向与会人员介绍专家的身份和背景，并简要说明会议流程安排。

（2）课题成员报告：课题组（一般是核心成员或者主持人自己）根据准备好的材料和报告，详细介绍课题研究的背景、目标、方法和计划；介绍已经完成的工作和取得的进展，包括数据收集和分析情况、实施方法和策略等；分析和阐述遇到的问题和困难，以及解决问题的措施和进展。

（3）专家查看过程资料：课题指导专家一般是先观看课题组提前准备好的相关过程性材料（通常用文件盒分类整理好），或者到课堂进行现场观摩，采用听课或者走访的形式进行实地考察。

（4）专家评议和讨论：通过听取课题主持人的汇报，结合汇报内容和实地考察，以及查阅相关过程性材料，就课题研究中的一些环节，提出问题、建议和意见，与教师就研究进展和可行性进行深入交流和讨论。对报告的内容和研究方法进行评议，并提出改进建议和支持意见。

（5）结论和总结：会议结束时，主持人对会议内容进行总结，概括讨论的核心问题和达成的共识。确定下一步的工作计划和目标，包括进一步完善研究设计、数据采集与分析、实施方法等方面的工作。提醒教师关注和解决

评议过程中提出的问题,并督促教师根据反馈意见进行必要的修改和完善。

这些步骤可以帮助教师在中期检查中有效地展示自己的研究工作,并获得课题指导专家的评议和建议,以推动课题研究的进展和优化。请注意具体操作流程可能因机构或学校的不同而有所调整。

三、课题中期检查可以借鉴的经验

(1)制订明确的目标和计划:清晰的研究目标和详细的计划可以帮助一线教师在中期检查时准确评估研究的进展情况,同时也为后续的工作提供指导。所以清晰的研究目标和详细的研究计划在开题报告中一定要多次打磨,反复研讨,邀请经验丰富的课题专家给予细致的指导。

(2)系统收集和整理数据:有效收集和整理数据是研究的基础。一线教师有一个得天独厚的优势,那就是每天跟学生打交道,工作的阵地就是课堂,所以一线教师可以通过多种渠道收集准确和可靠的数据。

结合课题研究假设,采用合理的数据整理方法,就能够提高这些数据的利用价值和分析效果。而这些数据就是最有价值也是最有力量的佐证材料。课题研究的最终结果是否有价值,是否值得推广,很大程度依赖于研究过程中相关数据的真实性和有效性。

(3)深入分析和解读数据:对研究过程中获取的数据,需要运用适当的分析方法和工具进行深入分析和解读,以发现数据背后的规律,从而得出可靠的研究结果和结论。这是一线教师进行课题研究最核心的部分,因为通过数据分析得出的结论往往都包含着教育、教学的原理,而这些规律和原理往往就会成为课题研究的理论性成果。这些数据也是后期发表 CN 论文的第一手资料,基于这些数据分析而得到的结果保障了研究结果的科学性。

(4)与同事合作交流:在课题研究过程中与其他有课题研究经验的一线教师合作和交流可以促进思想碰撞和互相启发。在课题开题报告中,对于未来研究的计划,每个月都会安排课题活动项目,一般包含小组讨论、研讨会和专家指导以及理论学习等。一方面可以为课题研究提供理论支持,为发现教育教学规律和一般路径奠定基础;另一方面也可以在合作交流中提升参与研究的教师的理论和实践水平。水平的提升又反过来保障课题研究的顺利进行，这是一个相辅相成的过程。

（5）及时调整研究方向：中期检查时可能会发现研究中存在的问题或需要进行调整的地方。在这种情况下，一线教师应该通过专家指导，还有理论学习、文献查询等方式，灵活地对研究方向进行调整，对研究方法和研究实施计划进行适当、科学的调整，以便更好地完成既定的任务，达成预期目标。

（6）注重反思和总结：课题组成员，在主持人的引领下，通过小组理论学习、研讨和对研究数据的收集、分析、处理情况进行讨论和总结，不断提炼和发现教育教学中的规律。通过回顾研究过程中的问题和不足，以及课题指导专家的建议和改进方案等，都可以进一步提高研究的质量。

（7）积极寻求专业的支持：向一线有丰富课题研究经验的同行、课题管理机构的指导专家、学校教科室同事寻求指导和支持，因为他们熟悉课题研究的每个环节，可以提供宝贵的建议。课题研究的报告很多都是单位（或教师进修学校）教科室主任进行审核并且盖章的，所以经常与教科室主任就课题研究的问题进行请教和讨论是一条非常有价值的路径。

以上这些经验是在实践过程中逐渐积累和摸索出来的，分享的目的是可以更好地帮助一线教师在中期检查活动中，充分利用专家的智慧，为课题组排忧解难；同时通过汇报以及材料的整理，让课题组成员更深入了解课题研究的目标、任务、过程、成果等，确保研究的顺利进行和最终的成功。

案 例

"'双减'背景下'读思达'教学法在小学习作教学中的落地研究"课题中期检查表修改过程

(本案例由高新区第二中心小学陈新霞提供)

❋初稿❋

一、课题研究情况

(一)课题研究的总目标与已经达成的目标对比分析

课题组自成立以来,在负责人陈新霞老师的带领下,根据课题的研究目标,运用科学的研究方法,严格按照研究计划的进度安排扎实推进。在理论方面,针对"双减"背景下的"读思达"教学的策略、理论延伸与实践落地有了更深层的思考。在教育教学中,将理论与实践相结合,将策略与"双减"环境相磨合,实现良性促进。

1. 课题研究总目标

(1)掌握"读思达"教学法的基本步骤,提升学生的阅读力、思考力、整合力以及口头语言和书面语言表达力,引导学生掌握写作基本知识和技巧。

(2)提升教师写作教学理论水平、教学能力及科研能力,促进教师专业成长,改变我校作文教学的现状,提高作文教学的质量。

(3)探索形成契合本校生情的写作"读思达"教学法的基本范式,优化本校各学段学生写作方法。

2. 课题已达成目标… 批注1

(1)研讨并形成"读思达"教学法的基本步骤,以校为单位,在课堂教学中逐步推广,验证方法的可行性和有效性,提升学生的阅读力、思考力、整合力以及口头语言和书面语言表达力。

(2)通过理论学习,提升教师写作教学理论水平、教学能力及科研能力,促进教师专业成长。

(3)初步探索形成契合本校生情的写作"读思达"教学法的基本范式,实践验证,优化提升。

批注1

对于已经取得的成果,例如"研讨并形成'读思达'教学法的基本步骤",需要对这个步骤进行介绍,最好能够采用结构图或者流程图的形式,如果有必要再结合文字解读。第(2)(3)点同理。

> 3. 目标对比分析
> (1)已形成"读思达"教学法的基本步骤,在课堂实践中努力提升学生的阅读力、思考力、整合力以及口头语言和书面语言表达力。
> (2)已培养教师树立"语言的输入,最终指向语言文字的输出"的写作意识,教师的课堂阅读教学逐渐脱离表面,开启深度阅读,改变了学生的阅读习惯,为习作教学奠定基础,助力学生作文水平的提升。
> (3)已初步形成写作"读思达"教学法的基本范式,帮助学生扫清"无从下笔"的障碍,优化写作思路,致力达成逐渐提升写作效果的目标。
> (二)研究过程中所采用的主要方法与措施
> 1. 研究方法… 批注 2
> 在课题研究过程中,主要采用以下方法推进课题研究:
> (1)调查研究法:课题初期,通过问卷星等工具制作网络问卷,对校内部分年段的学生及本校全体语文教师进行问卷调查,了解师生对"读思达"教学法的了解运用程度及习作教学中存在的问题,剖析存在这些问题的原因,更好地为课题研究提供方向性指导。
> (2)文献研究法:课题组老师通过知网以及图书馆搜集、鉴别、整理"读思达"教学法相关文献,结合《义务教育语文课程标准(2022年版)》对阅读、思考、表达方面的相关要求,深入阅读写作相关方面的书籍,丰富自身的理论知识,提升写作教学的专业素养,逐渐明晰并掌握"读思达"教学法的基本操作步骤。
> (3)行动研究法:课题组教师在理论学习之余,结合课堂教学实践,在实践中验证理论学习所得。课题组在每次课堂实践前充分探讨、课堂实践后自我反思和及时总结,注重对每一次的课堂实践形成建设性意见,继而优化教案,反复实践,形成个人的典型教学案例,同时邀请福建教育学院专家及本校高级老师进行指导。
> (4)对比分析法:通过课堂观察和校内师生访谈,发现课题研究前后教师、学生、课堂氛围等的变化,在前后比对中分析课题推进效果,为课题研究方向的调整提供准确信息。
> (5)案例解析法:课题组选定某些篇目,利用集备时间共同分析、探讨,集思广益制订执教的流程,在反复试上中优化方法,总结操作模式,既解决问题,又为课题后续研究提供课堂教学样板。

批注 2

在撰写研究方法时经常出现一个问题，就是只有文字描述，而且是大量的文字描述，且内容仅限于这个研究方法本身的概念界定，最多稍微对这个研究方法进行一个说明。没有结合本课题研究的主题和本研究过程中的实际操作情况，特别是具体操作要素、流程、得到的结果、对结果的分析，以及结果对课题研究任务的影响等进行说明。

建议：结合实际情况，对使用的研究方法进行详细的说明，比如：调查研究法、我们调查的目的是什么、如何设计问卷的（问卷的内容最好是作为附件呈现）、问卷的科学性解读、研究的样本、调查的方式、调查的对象、数据的处理和分析、对结果的影响等。

研究方法不要多，以 2—3 个为主，甚至可以是 1—2 个，其他的研究方法为辅。建议可以根据一年来研究的实际情况来阐述，没有用到的，或者不是主打采用的研究方法可以酌情删掉几个。

---

2. 具体措施

"读思达"的核心理念是"读融思、思通达、达自证、证自信"，即通过多次精读作品，深入思考作品内涵，真正理解作品要旨，达到自主学习的目的，并通过表达将所读所思的成果外显。

在实践过程中，主要采取以下措施：

"读"的措施：… **批注 3**

批注 3

通过文字描述，我们可以发现课题组在过去一年中做了很多具体的任务，也得到了一定的研究结果。

这个地方需要进一步提炼，建议可以用流程图或者框图来表示在"读""思""达"这几个领域内所取得的研究成果，特别是要形成相对固定的模式。

例如：对于"读"，（1）海量阅读；（2）熟读成诵；（3）比对阅读；（4）独立阅读这四个维度，它们之间的关联，是递进关系，还是并列关系？每个要素之间是否有一定的相互联系？都可以做进一步的思考，最后把思考的结果用到实际教学过程中去,如果发现跟预期有出入,则要进行适当的调整。

(1)海量阅读。在语文教学中,教师重视并鼓励引导学生进行海量阅读。利用学校图书室,依托班级的"读书角",要求每位同学每天自主阅读30—60分钟,适时地利用阅读课的时间来进行赏析、交流,并且让学生采用"5+1"的方式阅读(即每次阅读或借阅书籍时选取5本自己喜欢的书籍+1本自己日常较少涉及的书籍),通过大量的阅读,丰富学生的习作语言,拓展写作思维。课题组×××老师特意征订了《阳光少年报》等报刊,鼓励学生阅读不同读物;×××和×××老师带领学生进行每日钉钉阅读打卡,鼓励学生开展阅读活动;×××和×××老师立足三四年段同学的阅读基础,在文本学习之余注重相关读物的推荐,让阅读从"一篇走向一本书",从"一本书到一类书"稳步推进;×××、×××、×××老师注重低年级的桥梁书阅读,鼓励学生多阅读、爱阅读、会阅读。

(2)熟读成诵。课题组老师重视语言的积累,对于课文中精美的成语、歇后语、谚语、名言、诗文,要求学生尽量熟读成诵,对于读物中的精彩部分,鼓励学生适当摘抄记录,以便用时查阅,力争做到生生有记录,人人有积累,从而使习得的语言文字在多次的复现和尝试使用中,逐渐内化为自己的储备和财富,大大提升了学生的语言文字表达能力。

(3)比对阅读。教师注重采用"群文阅读"和"互文阅读"法,将不同文章从文体、表现手法、情感渗透、人物形象等方面进行多角度的求同、比异、整合、判断,让学生感受文章的跌宕起伏和人物形象的丰满,感悟作者写作手法的奇妙。同时也注重采用"系列阅读"法,通过让学生大量阅读同系列主题或同一作家的作品,感受不同作家对同一事物不同的感知和见解,或同一作家在不同时期的见解及写作手法的变化。×××老师在执教《杨氏之子》时,引导学生感受古文在语言上的表现手法,接着引导阅读刘义庆在《世说新语》另一篇章中对徐孺子语言的描绘,感受作者对不同人物形象如何采用不同语言描述,发现作者写作手法的精妙。

(4)独立阅读。教师在教学中注重为学生提供知识铺垫与阅读支架,即通过关键词、线索句、问题等形式帮助学生建立阅读模型,使学生在自我阅读中能迅速掌握文章核心思想,领悟作者的写作意图,感受作者的写作特色。×××老师带领学生制作《三国演义》的思维导图,让学生在阅读中以三国事件为支点,感受小说中的人物形象,深化对文本的理解;×××老师以小说简介、作者简介、主要人物、内容概括、思想感情、取经路线等问题为突破口,以问题导向带领学生阅读《西游记》整本书,感受叙事文的写作要素，了解作者对叙事文的写作手法，继而在习作课上进行实践；×××老师利用"快乐读书吧"，引导一年级学生从封面、目录、正文、封底、定价等多方面了解书籍的构造，并引导学生通过读目录、看插图感受阅读桥梁书的多样性。同时通过平台对五年段部分学生的整本书阅读效果进行10分钟的在线测评，检验学生独立阅读文本的精细程度。

"思"的措施： **批注4**

阅读是输入，思考是内化，表达是输出，"读思达"教学法旨在培养儿童对语言不断解码、重组、生成的能力。思考作为勾连阅读和表达的中间环节，具有极其重要的作用。

（1）绘制阅读提纲。将阅读中的事件及人物关系以图表或导图方式呈现，有助于对文本主要内容一目了然。×××老师在执教《剃头大师》时，借助预习单将文本中的事件进行表格式梳理，在比对中引导学生思考，解码作者的语言驾驭奥秘，同时将表格梳理法贯穿本单元人物形象的刻画习作练习中，让学生通过对表格提纲的运用达到准确把握典型事件，进行人物形象刻画的目的。×××老师引导学生在充分阅读《西游记》的基础上，以思维导图梳理概括主要人物性格特点，同时寻求事例支撑，这也是对文本材料进行鉴赏加工的一种方式。把鲁迅和岳飞放在一张图表上比较，则需要学生在深刻阅读文本时，寻找二人身上的异同，融合自身对文本的理解，在图纸上重新构建对此二人的认知，这也是学生深刻思考后的成果。

（2）制订阅读范式。课题组教师树立"问题导向"意识，在阅读前为学生设置梯度思考题，以思考题引领学生对不同文本采用不同的阅读方式。例如，教师在教学中对统编版教材每单元前两篇精读课文采用逐字阅读，细品慢嚼的方法，感受文本的曼妙与作家语言的表达特点，在文本中发现并总结阅读策略；第三篇略读课文采用跳读浏览的方法，运用前两篇习得的阅读方法梳理文本大纲，体会文章主题；对于《红楼梦》等长文章则采用分节梳理、概括要点、串联整合的方法；对于当前时事等新闻类文章，采用扫读、读标题等方法，了解大致事件即可。多种阅读范式的指导，让学生能够更加全面地掌握各种作品的内涵，以提高写作能力。

（3）梳理表达方式，存同求异。×××老师在执教四年级课文《猫》之后，引导学生比对本单元不同作家的写作风格：老舍的语言通俗、生动、简练、形象；丰子恺的朴实自然、构思精巧、细节精巧。教师通过剖析各作家表达方式上的异同及表达效果的差异，引导学生制作名家表达手法思维导图，形成序列性知识体系。学生在制作导图阶段中，老师适时给予学生合理的引导和建议，促进学生主动思考，同时鼓励学生自主查阅相关资料，最终实现学生的自主学习。

批注 4

同上，在"思"的环节，采取的措施要形成一定的流程和范式。如：（1）绘制阅读提纲；（2）制订阅读范式；（3）梳理表达方式，存同求异。

> "达"的措施… **批注 5**
>
> （1）精准表达。利用早会或课前三分钟，让学生轮流上台即兴作文，建构语言，有序表达输出。经过长期训练，语言表达能力自然会越来越好。初期提早给主题，允许事先阅读、查阅资料后再上台演讲，树立敢于上台表达的信心；逐渐加大难度，当场制订主题，训练逻辑表达能力；继而鼓励演讲事例与评议结合，提升思维高度，训练精准表达能力。比如课题组期初在一年1班进行口头说话训练，首次上台要求用三五句话进行"自我介绍"，一人介绍，部分学生点评，下一个介绍的人根据点评进行整改，优化自己的讲稿。全班每个学生都上台后，第二轮是介绍"我的家人"，要求结合事例来表述，同样是学生评价。让"教、学、评"一体化，以评价推助学生精准表达。
>
> （2）评价提升。《义务教育语文课程标准（2022年版）》在第二学段指出："学习修改习作中有明显错误的词句。"作为习作的起始阶段，课标就点明学生自改，可见能修改自己的习作也是习作学习的一大要点。因此，教师在习作教学中，重视教给学生修改文章的方法，培养学生修改习作的能力和习惯。
>
> 第一，提供量表，对照自评。在习作的起始，课题组老师就给学生提供本次习作的自评量表，学生在习作中对照量表进行精准表达，习作后对量表自行修改，在比对量表和修改优化习作中发现自我、教育自我、提升自我，从而完成对自我的激励和超越。
>
> 第二，优势互补，学生互评。学生自评修改之余，课题组教师让学生把习作在小组内交叉阅读，引导小组互评，同样依托评价量表，做到优势互补，取长补短，提高写作水平。在和谐民主的氛围里，小学生的主动性、积极性和创造性都充分调动起来。从三年级初始阶段就开始学习评点，到第三学段，学生对同伴习作的点评已经有一定的水平了。
>
> 第三，提纲挈领，教师评点。在学生自评、互评的基础上，课题组教师再进行深入点评，指出学生评点的优劣，提出本篇习作的改进方法，指导学生学会更加规范地进行多维度评价，从而促进学生表达能力的提升。
>
> （3）展示激励。一年来，课题组积极为学生搭建展示的舞台，带领学生参加市教育局主办的"第十届海峡两岸好文章"、高新区党群牵头的"冰心杯"、高新区研训中心组织的学科素养活动（作文专场）等各级别作文竞赛，学生表现突出，均获得丰硕的成果，这些成果是对课题组教师和学生的肯定，也激发学生努力学习更多更精深的写作知

识和创作技巧的兴趣；课题组老师创办的班级文摘，收录学生作品，在班级中传阅，极大地激发了学生的写作成就感；投稿《语文报》等刊物，借权威提升学生对自身写作水平的认同感。各级各类活动为学生提供了展示的机会，也让学生在这一张张奖状中感受到习作带来的乐趣。

批注 5

"达"的措施：（1）精准表达；（2）评价提升；（3）展示激励。结构上看起来没有逻辑性。

建议结合前面"读"和"思"的几个实施策略，以及实施和操作的几个维度，在"达"的措施这里也类比前面两个项目，思考并且提炼出相对应的措施，形成相对固定的模式，用结构图或者流程图表示出来。

（三）取得的阶段成果

1. 获得的理论成果… **批注 6**

序号	"读思达"策略
1	"读"的策略：海量阅读、熟读成诵、比对阅读、独立阅读
2	"思"的策略：绘制阅读提纲、制订阅读范式、梳理表达方式
3	"达"的策略：精准表达、评价提升、展示激励

批注 6

此处的理论成果太简单，作为一个课题研究，最核心的是理论上要通过研究提炼出一个有价值、有意义、可以推广的范式。这里的"读思达"策略，有些分散，不够聚焦。

另外就是表达的形式抽象度还不够。建议再结合实际的研究情况和结果进行提炼和修改。

2. 获得的实践成果… 批注 7

序号	类型	作者	作品题目（或奖项）	级别	时间
1	教学典型课例		"剃头大师"	区级	2023.3.22
			"开满鲜花的小路"	片区级	2023.3.16
			"端午粽"	片区级	2023.3.24
			"自相矛盾"	片区级	2023.3.16
			"刷子李"	片区级	2023.5.18
			"猫"	片区级	2023.3.30
			"盘古开天地"	片区级	2022.12.1
			"动物王国开大会"	片区级	2023.5.18
2	师生奖状		海峡两岸好文章	市级三等奖	2022.8
			语文报杯	市级金奖	2022.9
			学科素养活动	区级三等奖	2023.5.23
			现场作文	片区二等奖	2023.5.9
			现场作文	片区二等奖	2023.5.9
3	学生作品集		《雏鹰》	校级刊物汇编	2023.4
4	研讨课视频		"自相矛盾"	片区级	2023.3.16
			"开满鲜花的小路"	片区级	2023.3.16
			"剃头大师"	区级	2023.3.22

批注 7

获得的实践成果的表述形式值得肯定，结构清晰，内容详细，让人耳目一新。

但是需要大家留意的是我们罗列的教师获奖、学生获奖，以及研讨的课例、教学视频，还有公开课是否跟我们的研究主题有关。在日常课题管理过程中，我们经常会见到，某一位教师获评省市级骨干教师或者学科带头人，或者先进工作者，也都被罗列到研究的阶段成果中。这时我们需要思考一个问题：这位教师获得荣誉，是不是因为参与了这个课题研究。换一个说法，就是该教师如果没有参与该课题研究是否就无法获得骨干教师荣誉称号，或者先进工作者等荣誉呢？同样的，学生的获奖是否也是因为参与了这个课题？如果没有这个课题，他们也能获得这个奖项，那么这个奖项就不能算作课题的成果。

此外，我们的公开课、展示课、讲座、送培送教等讲座的内容是不是围绕我们课题研究的成果的，或者是与课题研究内容有关的？是否采用了我们课题研究阶段成果所罗列的策略？如果不是，则不能算作本课题组的阶段研究实践成果。

所以建议在公开课、讲座，以及学生和教师获奖的后面增加一个栏目，备注说明讲座的内容、公开课的形式，专门解释讲座和公开课跟课题研究的关系。同样的，教师荣誉、学生的比赛获奖，也增加备注说明该项目与课题研究成果之间的关系。

（四）课题研究中存在的问题或不足

（1）研究深度不够。在总结和实践了大量的"读"的策略后，如何有效依托"读"做到"思"的深入，继而达到精准而精彩的表达，还需要在后期研究中继续深入思考。

（2）对策略的实施还不够熟练，指导习作效果还不太明显。

（五）下阶段研究计划（含目标、任务）及确保最终成果的主要措施

下阶段研究计划：⋯ **批注8**

（1）继续实践"读思达"教学法基本步骤，提升学生写作技巧。

（2）继续加大理论研究，快速提升教师写作教学理论水平及科研能力，推动学校作文教学质量的提升。

（3）以写作"读思达"教学法的基本范式，优化本校各学段学生写作方法，并辐射片区校。

确保最终成果的主要措施：

1. 第二阶段（2023.7—2024.1）课题研究实施阶段。

（1）2023.7—2023.8　独立阅读相关书籍和理论，定期线上交流研讨，分享学习心得。本项任务由主持人在微信线上组织课题组成员进行，周期为隔周一次；课题组成员撰写课题论文，在8月中旬前完成初稿，最终定版论文在10月前缴交×××处。

（2）2023.9　召开课题小组会，在前期研究的基础上，对新学期的课题工作进行深入部署。由主持人召集布置，课题组成员群策群力，完善学期规划。

（3）2023.10　继续开展小学写作教学"读思达"课堂实践，聘请专家观察课堂，

对研究成果深入剖析，优化前期的录像课及典型课例，反复研磨，形成精品课；由核心成员×××、×××带领课题组教师研磨课例，在 2024 年 3 月前打造出 5 节以上精品课，精品课录像由×××负责收集。

（4）2023.11　在课题教学实践及思考中，继续完善并验证"'双减'背景下'读思达'教学法在小学习作教学中的实践策略"，由×××制表汇总。

（5）2023.12　分低、中、高年段，继续推出研讨性、汇报性课例，课题组及教研组共同研磨，验证优化；课题组教师尽量人人有课例，由×××负责整理课题组的课例。

（6）2024.1　课题组成员对第二阶段成果进行分析总结，收集汇总典型教学案例和精品课录像。由主持人负责召集分析，课题组×××、×××负责继续整理，在 2024 年 3 月整理汇编或录像归档。

批注 8

下一阶段的研究计划，理论上应该是与课题研究过程中存在的问题和不足紧密关联的。前面一年的研究还存在的问题及不足，必然需要在下一阶段作为重点突破和寻找解决办法的方向。

建议是针对前面存在的几点问题和不足，下一阶段的研究计划就要相对应地有几点的解决方案。基于这样的思维，我们可以回头对目前存在的问题以及不足进行一些说法上的调整，这样才符合逻辑，也符合中期检查就是为了发现问题，并且在下一阶段根据问题寻找解决方案，或者是根据研究假设去实践验证的逻辑。

2. 第三阶段（2024.2—2024.6）课题研究总结阶段

（1）2024.2—2024.4　整理研究材料，课题组成员进行深刻反思总结，优化形成可操作、能借鉴、可复制的课题成果，课题组×××、×××负责整理学生作品。

（2）2024.4　发表及汇编"'双减'背景下'读思达'教学法在小学习作教学中的落地研究"论文、教学设计、教学案例等理论成果，形成借鉴性理论材料。×××、×××负责论文汇编整理，×××、×××负责教学案例汇总汇编，课题过程性、成果材料整理在 4 月底完成。

（3）2024.5—2024.6　撰写结题验收书、成果公报等结题材料，继续检查、整理课题过程性材料，做好结题验收准备。由×××撰写结题验收书，×××撰写成果公报，5 月下旬完成。

(六)经费来源及使用情况

我校始终坚持走教科研兴校之路,每年都从有限的办学经费中抽取一部分作为教育科研的专项经费,预计用于本课题的经费为1万元。

经费使用主要有以下三个方面:

(1)购买《义务教育语文课程标准(2022年版)》和《让学生学会阅读》《让孩子学会写作》《作文敲敲门》《指向写作》等写作指导书籍,保证人手2册书,交叉阅读,累计花销1500元。

(2)为五、六年级购置《三国演义》《西游记》《城南旧事》等3套书籍,开展高年段"整本书阅读"活动,累计2000元。

(3)聘请×××等专家做讲座,累计1000元。后期继续聘请专家对课题进行更专业的引领。

(七)重要变更(若有进行说明,同时另外填写课题变更申请表,无变更填写"无"。)

课题组增加两名新成员:×××、×××。

负责人签字:×××

×年×月×日

✤修改稿✤

（一）课题研究的总目标与已经达成的目标对比分析

课题组自成立以来，在负责人×××老师的带领下，根据课题的研究目标，运用科学的研究方法，严格按照研究计划的进度安排扎实推进。在理论方面，针对"双减"背景下的"读思达"教学法的策略、理论延伸与实践落地有了更深层的思考；在"双减"背景下，题海战术和机械抄写被摒弃，课外机构的辅助作用被削弱，有效利用课堂四十分钟的时间，减负提质，注重传授学生自主学习的方法，让学生学会学习。同时在教育教学中，将"读思达"理论与课堂课外实践相结合，将策略与"双减"环境相磨合，实现良性促进。

1. 课题研究总目标

（1）掌握"读思达"教学法的基本步骤，提升学生的阅读力、思考力、整合力以及口头语言和书面语言表达力，引导学生掌握写作基本知识和技巧。

（2）提升教师写作教学理论水平、教学能力及科研能力，促进教师专业成长，改变我校作文教学的现状，提高作文教学的质量。

（3）探索形成契合本校生情的写作"读思达"教学法的基本范式，优化本校各学段学生的写作方法。

2. 课题已达成目标

（1）研讨并形成"读思达"教学法的基本步骤，以校为单位，在课堂教学中逐步推广，验证方法的可行性和有效性，提升学生的阅读力、思考力、整合力以及口头语言和书面语言表达力，引导学生掌握写作基本知识和技巧。

```
                                    ┌─ 海量阅读
                      ┌─"读"的策略 ─┼─ 熟读成诵
                      │              ├─ 比对阅读
                      │              └─ 独立阅读
                      │              ┌─ 绘制阅读提纲
"读思达"教学法基本步骤 ─┼─"思"的策略 ─┼─ 制订阅读定式
                      │              └─ 梳理表达方法
                      │              ┌─ 口头表达
                      └─"达"的策略 ─┼─ 书面表达
                                    └─ 综合表达
```

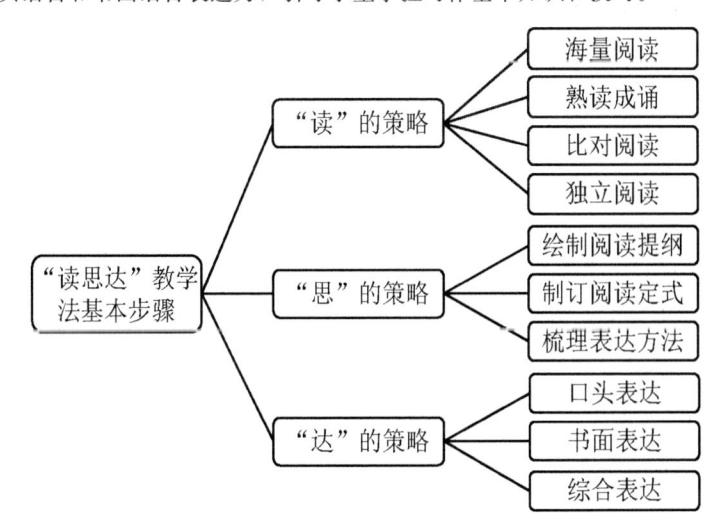

（2）培养教师树立"语言的输入，最终指向语言文字的输出"的写作意识，教师的课堂阅读教学逐渐脱离表面，开启深度阅读教学。通过理论学习，提升教师写作教学理论水平、教学能力及科研能力，促进教师专业成长。

负责人×××老师撰写拟发表论文《"读思达"教学法在小学习作教学中的实践》，核心成员×××老师撰写拟在区级刊物上发表的论文《"读思达"教学法在语文学习中的落实与运用》。

（3）初步探索形成契合本校生情的写作"读思达"教学法的基本范式，帮助学生扫清"无从下笔"的障碍，优化写作思路，致力达成逐渐提升写作水平的目标，实践验证，优化提升。

3. 比对总目标与已达成目标，目前在对于学生的作文质量提升方面的影响还尚不明显。

（二）研究过程中所采用的主要方法与措施

1. 研究方法

在课题研究过程中，主要采用以下方法推进课题研究：

（1）调查研究法：课题初期，通过"问卷星"等工具制作网络问卷，对校内学生及本校全体语文教师进行问卷调查，了解师生对"读思达"教学法的了解运用程度，剖析存在这些问题的原因，更好地为课题研究提供方向性指导。

通过"问卷星"网络问卷（教师版）数据可知，教师对"读思达"教学法的了解程度达到80.77%，69.23%的教师正在学习"读思达"教学法，但是还没有真正掌握。通过分析，课题组得出以下结论：

①教师对"读思达"教学法有一定的了解。这为课题研究提供了基础和实践经验。

②教师愿意学习"读思达"教学法，但缺乏系统学习和引导。这为课题研究指明方向，课题在研究中要重视带领教师进行系统的学习、实践和总结，帮助教师真正将"读思达"教学法融会贯通。

从"读思达"问卷（学生版）中可以看出，53.49%的学生对"读思达"教学法不太了解，45.93%的学生认为"读思达"教学法有助于自己的表达更加清晰有逻辑，基于"读思达"的教学法能为学生的自主学习带来成效，所以65.7%的学生对"读思达"的教学法持认同态度。由以上数据，课题组认为：

①学生对"读思达"教学法普遍认同，课题组推广"读思达"教学法是有学生基础的，为课题的研究和在学生中的普及推广提供基础。

②学生对"读思达"教学法不够了解，是学生无法运用该法学习的原因，课题后期要在引导学生掌握"读思达"教学法的基本步骤及表达输出方面多下功夫。

（2）文献研究法：课题组老师通过知网以及图书馆搜集、鉴别、整理"读思达"教学法相关文献，梳理其对阅读、思考、表达方面产生影响的相关理论，深入阅读写作教学名师的成熟建议和相关书籍，丰富自身的理论知识，提升写作教学的专业素养，逐渐明晰并掌握"读思达"教学法的操作基本步骤。

课题组教师先后研读了福建省莆田市仙游县鲤南中心小学肖丽芳的《"读思达"视域下作文教学方法的探究》、晋江市第二实验小学林明雅的《"读思达"教学法在习作教学中的运用》、莆田市教师进修学院附属小学潘文尾的《"读思达"教学法下的游记类议题式习作课堂教学模式探究》、榜头中心小学林润生的《"读思达"教学法在小学语文习作单元教学中的应用实践》、林清凤的《"读思达"教学法视域下的小学语文习作教学》等与"读思达"教学法相关的文献，以及国内写作、教学名师蒋军晶、管建刚的著作《让学生学会阅读》《让孩子学会写作》《作文敲敲门》《指向写作》、梁实秋等名家的《21堂大师写作课》等习作教学论著。尝试从"优化阅读输入，培养学生的阅读能力""重视教学思考，培养学生的逻辑思维能力""关注表达输出，培养小学生的语言实践能力"三个层面进行梳理，学习如何提高学生写人、叙事的写作能力；抓住"读教材、思写法、达其文"等方面，为学生的习作提供方法的引领，解决学生"写什么、怎么写、怎样写下来"的问题；通过"议题设置—群文阅读—方法习得—策略应用"的议题式习作课堂教学模式，为小学语文习作教学提供了新思路、新方法；以统编版语文六年级上册第五单元教学为例，探讨了"读思达"教学法在小学语文习作单元教学中的应用策略，以期让阅读、思考、表达助推习作单元教学；通过名家论著中运用"读思达"教学法进行作文指导的理论和案例剖析，助力课题组教师的研究实践和理论获得。

（3）行动研究法：课题组教师在理论学习之余，结合课堂教学实践，在实践中验证理论学习所得。课题组在每次课堂实践前充分探讨、课堂实践后自我反思和及时总结，注重对每一次的课堂实践形成建设性意见，继而优化教案，反复实践，形成个人的典型教学案例，目前已形成典型案例5篇：×××的"开满鲜花的小路"、×××的"端午粽"、×××的"动物王国开大会"、×××的"剃头大师"、×××的"自相矛盾"。同时课题组邀请福建教育学院专家及本校高级教师为课题进行指导。

"读"的行动研究：

①在"读"的阅读面上，课题组×××老师特意征订了《阳光少年报》等报刊，鼓励学生阅读不同读物；×××和×××老师带领学生进行每日钉钉阅读打卡，鼓励学生开展阅读活动；×××和×××老师立足三、四年级同学的阅读基础，在文本学习之余注重相关读物的推荐，让阅读"从一篇走向一本书""从一本书到一类书"稳步推进。×××、×××、×××老师注重低年级的桥梁书阅读，依托"一起读书吧"鼓励学生多阅读、爱阅读、会阅读、读整本书。

②在"读"的方法延伸上，×××老师在执教《杨氏之子》时，引导学生感受古文在语言上的表现手法，接着引导阅读刘义庆在《世说新语》另一篇章中对徐孺子语言的描绘，感受作者对不同人物形象如何采用不同语言描述，发现作者的写作手法的精妙。

③在"读"的独立性培养上，×××老师带领学生制作《三国演义》的思维导图，让学生在阅读中以三国事件为支点，感受小说中的人物形象，深化对文本的理解；×××老师以小说简介、作者简介、主要人物、内容概括、思想感情、取经路线等问题为突破口，以问题导向带领学生阅读《西游记》整本书，感受叙事文的写作要素，了解作者对叙事文的写作手法，继而在习作课上进行实践；×××老师利用"快乐读书吧"，引导一年级学生从封面、目录、正文、封底、定价等多方面了解书籍的构造，并引导学生通过读目录、看插图感受阅读桥梁书的多样性。同时通过平台对五年级部分学生的整本书阅读效果进行10分钟的在线测评，检验学生独立阅读文本的精细程度。

"思"的行动研究：

①在"思"的阅读提纲绘制上，×××老师执教《剃头大师》时，借助预习单将文本中的事件进行表格化梳理，在比对中引导学生思考，解码作者的语言驾驭奥秘；×××老师引导学生在充分阅读《西游记》的基础上，以思维导图梳理概括主要人物性格特点，同时寻求事例支撑，要求学生在深刻阅读文本时，融合自身对文本的理解，在图纸上重新建构对师徒四人的认知，这也是对文本材料进行鉴赏加工的一种方式。

②在"思"的阅读范式指导上，中高年级教师在教学中对统编版教材每单元前两篇精读课文采用逐字阅读、细嚼慢咽的方法，在文本中发现并总结阅读策略；第三篇略读课文采用跳读浏览的方法，运用前两篇习得的阅读方法梳理文本

大纲,体会文章主题;对于《红楼梦》等长文章则采用分节梳理、概括要点的方法;对于当前时事等新闻,采用扫读、读标题等方法,了解大致事件即可。

③在"思"的梳理方式引导上,×××老师在执教四年级课文《猫》之后,引导学生比对本单元不同作家的写作风格:老舍的语言通俗、生动、简练、形象;丰子恺的朴实自然、构思精巧、细节精巧。在了解了多位名师写作手法与语言特点的基础上,引导学生制作思维导图,梳理所获知识,建构语言。

"达"的行动研究:

①在口头表达上,课题组低年段组的实践在一年1班展开,期初利用早会或课前三分钟进行口头说话训练,首次上台用三五句话进行"自我介绍",允许事先请教家人、查阅资料进行准备,降低难度,一人介绍,部分学生点评,下一个介绍的人根据点评进行整改,优化自己的讲稿。全员上台后,第二轮是介绍"我的家人",要求当场构思,并结合简单事例来表述,同样是学生评价,让"教、学、评"一体化,以评价推助学生精准表达。

②在书面表达上,课题组三、四年级教师根据单元习作要求设计了多份"习作评价量表",例如,四年级老师针对《我的动物朋友》的单元习作,从"材料积累、材料选择、结构完整、语言丰富、文句通顺"五个维度设计了习作评价量表(如下所示),让学生对照量表进行习作,对照量表进行自评、小组互评,最后老师点评,在多元化的点评中逐渐优化习作,达到精准表达的目的。

习作素养	评价内容	分值	评价标准	自评评分	互评得分
材料积累	选择一种动物。从外形、生活习性、相处趣事几个方面细致观察并积累素材。	5	每缺少一个方面的材料,扣1分;观察得不够细致,酌情扣1—3分。		
材料选择	能根据具体的情境需要,选择相关特点,从几方面介绍自己喜欢的小动物,使具体情境中的问题有可能得到解决。	5	选择的材料特点不明显,或某方面材料不能帮助解决情境中的具体问题的,酌情扣1—4分。		

续表

习作素养	评价内容	分值	评价标准	自评评分	互评得分
结构完整	文章结构完整，能从外形、生活习性、相处趣事等几方面介绍喜欢的小动物，并突出其中一两个方面的描写，段落间衔接自然。	10	文章缺少开头或结尾，酌情扣1—2分；未做到有侧重地从几方面对动物的特点进行描写，衔接不够自然的，酌情扣2—3分。		
语言丰富	能熟练运用比喻、拟人等修辞手法，描写外形、声音、动作等的语言生动准确；学习使用生活化的语言，明贬实褒的写法等，以及总分式的表达方式。	5	至少有2—3处熟练运用修辞手法或细致描写的生动语言，每少一处扣1分，3分扣完为止；至少有一处明贬实褒或总分式的表达方式，没有的扣1分。		
文句通顺	自己运用修改符号进行修改。做到语句通顺，不写错别字；书写规范、端正、整洁。	5	错别字每字扣0.5分，最高扣2分；病句每句扣1分，最高扣2分；整体书写不整洁、字迹潦草，扣1—2分。5分扣完为止。		

③综合表达方面，课题组老师通过多种方式创设机会，鼓励学生积极参与表达。例如：×××和×××老师设计《班级文摘》；举行校内"现场作文"竞赛；学校开设"和点点老师一起学作文"系列公众号投稿；四、五年级班级阅读沙龙交流会。

（4）对比分析法：通过课堂观察等方式，发现课题研究前后教师、学生、课堂氛围等人、事、物的变化，在前后比对中分析课题推进效果，为课题研究方向的调整提供准确信息。

序号	教师姓名	开课时间	课题	全文统领性大问题总个数	课堂讨论次数	仿说或仿写次数	举手人次	回答问题最多的次数	10分钟后走神学生人数	20分钟后走神学生人数
1	×××	2022.9.5	走月亮	9	1	0	61	7	6	13
2	×××	2022.12.1	盘古开天地	4	1	2	83	3	4	11
3	×××	2023.3.22	剃头大师	3	2	3	75	3	2	6
4	×××	2023.5.18	动物王国开大会	3	3	1	96	3	4	9

通过比对，发现课题研究初期教师课堂问题相对碎片化，没有整体意识。研究中教师对文本梳理更明了，问题更简洁更有统领性；重视学生间的思想碰撞；课堂不再只集中展示部分优生，关注的学生面更广；重视学生仿说仿写的精准表达，有助于学生建构语言，习得技法；课堂上学生专注度更高了。

（5）案例解析法：课题组分学段选定《端午粽》《动物王国开大会》《剃头大师》《猫》《自相矛盾》等篇目，利用集备时间共同分析、探讨，集思广益制订执教的流程，在反复试验中优化方法，总结操作模式，既解决问题，又为课题后续研究提供课堂教学样板。

①《端午粽》执教流程：课题引入—看粽子外形—闻粽子香味—尝粽子味道—忆与粽子相关古人。

②《动物王国开大会》执教流程：课题引入—通知几次—怎么通知—不足之处—总结通知要点方法。

③《剃头大师》执教流程：找"趣"事—品"趣"语—画"趣"人。

④《猫》执教流程：发现关键词"古怪"—找"古怪"句—品"古怪"—感受写法—现场仿写。

⑤《自相矛盾》执教流程：读"矛盾"—演"矛盾"—学方法。

操作模式：

找统领全文总问题—剖析文本，寻找问题答案—总结学法或写法—适当迁移。

2. 具体措施

"读思达"的核心理念是"读融思、思通达、达自证、证自信"，即通过多次精读作品、深入思考作品内涵、真正理解作品要旨，达到自主学习的目的，并通过表达将所读所思的成果外显。

在实践过程中，主要采取以下措施：

(1) "读"的措施：

①海量阅读。在语文教学中，教师重视并鼓励引导学生进行海量阅读。利用学校图书室，依托班级的"读书角"，要求每位同学每天自主阅读30—60分钟，适时地利用阅读课时间来进行赏析、交流，并且让学生采用"5＋1"的方式阅读（即每次阅读或借阅书籍时选取5本自己喜欢的书籍＋1本自己日常较少涉及的书籍），通过大量的阅读，丰富学生的习作语言，拓展写作思维。

②熟读成诵。课题组老师重视语言的积累，对于课文中精美的成语、歇后语、谚语、名言、诗文，要求学生尽量熟读成诵，对于读物中的精彩部分，鼓励学生适当摘抄记录，以便用时查阅，力争做到生生有记录，人人有积累，从而使习得的语言文字在多次的复现和尝试使用中，逐渐内化为自己的储备和财富，大大提升了学生的语言文字表达能力。

③比对阅读。教师注重采用"群文阅读"和"互文阅读"法，将不同文章从文体、表现手法、情感渗透、人物形象等方面进行多角度的求同、比异、整合、判断，让学生感受文章的跌宕起伏和人物形象的丰满，感悟作者写作手法的奇妙。同时也注重采用"系列阅读"法，通过让学生大量阅读同系列主题或同一作家的作品，感受不同作家对同一事物不同的感知和见解，或同一作家在不同时期的见解及写作手法的变化。

④独立阅读。教师在教学中注重为学生提供知识铺垫与阅读支架，针对不同程度的学生，提供不同梯度的辅助支架。对领悟力偏弱的学生，借助媒体、动画等直观手段帮助理解；对于理解力强的学生，则通过关键词、线索句、问题等形式帮助学生建立阅读模型，使学生在自我阅读中能迅速掌握文章核心思想，领悟作者的写作意图，感受作者的写作特色。

(2) "思"的措施：

阅读是输入，思考是内化，表达是输出，"读思达"教学法旨在培养儿童对语言不断解码、重组、生成的能力。思考作为勾连阅读和表达的中间环节，具有极其重要的作用。

①绘制阅读提纲。将阅读中的事件及人物关系以图表或导图方式呈现，有助于对文本主要内容一目了然。借助课前"预习单"、课中"学习单"、课后"练习单"等"三单"将文本中的事件、人物形象、语言特点、写作手法等方式进行表格化梳理，在比对中引导学生思考，解码作者的语言驾驭奥秘，同时将表格梳理法贯穿单元学习中，让学生通过对表格提纲的运用达到准确把握典型事件，形象刻画人物的目的。

②制订阅读范式。教师树立"问题导向"意识，在阅读前为学生设置梯度思考题，以思考题引领学生对不同文本采用不同的阅读方式。精读文本，逐字阅读，感受文本的曼妙与作家语言的表达特点；略读文本跳读浏览，梳理文本大纲，体会文本主题；长文章分节梳理，概括要点，串联整合……多种阅读范式的指导，让学生能够更加全面地掌握各种作品的内涵，以提高写作能力。

③梳理写作方法，存同求异。在文本学习中，师生通过剖析各作家表达方式上的异同及表达效果的差异，引导学生制作名家表达手法思维导图，形成序列性知识体系。学生在制作导图的过程中，老师适时给予学生合理的引导和建议，促进学生主动思考，同时鼓励学生自主查阅相关资料，最终实现学生的自主学习。

（3）"达"的措施：

①口头表达。首先，利用早会或课前三分钟，分易、中、难三个梯度逐渐开展活动，学生轮流上台即兴作文，建构语言，有序表达输出。经过长期训练，语言表达能力自然会越来越好。初期提早给主题，允许事先阅读、查阅资料后再上台演讲，树立敢于上台表达的信心；中期逐渐加大难度，当场制订主题，训练逻辑表达能力；后期鼓励演讲事例与评议结合，提升思维高度，训练精准表达能力。其次，利用文本的空白处进行课堂即时仿说训练，这也是提升口头表达能力的好方法。

②书面表达。新课标在第二学段指出："学习修改习作中有明显错误的词句。"作为习作的起始阶段，课标就点明学生自改，可见能修改自己的习作也是习作学习的一大要点。因此，教师在习作教学中，重视教给学生修改文章的方法，培养学生修改习作的能力和习惯。

第一，提供量表，对照自评。在习作的起始，课题组教师就给学生提供本次习作的自评量表，学生在习作中对照量表进行精准表达，习作后对照量表自行修改，在比对量表和修改优化习作中发现自我、教育自我、提升自我，从而完成对自我的激励和超越。

第二，优势互补，学生互评。学生自评修改之余，课题组教师让学生把习作在小组内交叉阅读，引导小组互评，同样依托评价量表，做到优势互补，取长补短，提高写作水平。在和谐民主的氛围里，小学生的主动性、积极性和创造性都充分调动起来。从三年级初始阶段就开始学习评点，到第三学段，学生对同伴习作的点评已经有一定的水平了。

第三，提纲挈领，教师评点。在学生自评、互评的基础上，课题组教师再进行深入点评，指出学生评点的优劣，提出本篇习作的改进方法，指导学生学会更加规范地进行多维度评价，从而促进学生表达能力的提升。

③综合表达。一年来，课题组积极为学生搭建展示的舞台，带领学生参加市教育局主办的"第十届海峡两岸好文章"、高新区党群牵头的"冰心杯"、高新区研训中心组织的学科素养活动（作文专场）等各级别作文竞赛，学生表现突出，均获得丰硕的成果，这些成果是对课题组老师和学生的肯定，也激发学生努力学习更多更精深的写作知识和创作技巧的兴趣；课题组老师创办的班级文摘，收录学生作品，在班级中传阅，极大地激发了学生的写作成就感；投稿《语文报》等刊物，借权威提升学生对自身写作水平的认同感。各级各类活动为学生提供了展示的机会，也让学生在这一张张奖状中感受到习作带来的乐趣。

（三）取得的阶段成果

1. 获得的理论成果

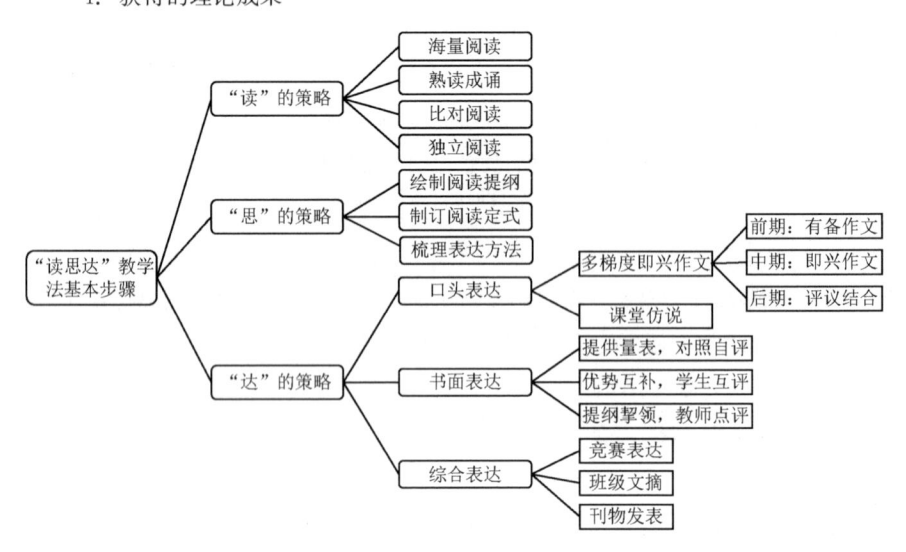

2. 获得的实践成果

序号	类型	作者	作品题目（或奖项）	级别	时间
1	教学典型课例		"剃头大师"	区级	2023.3.22
			"开满鲜花的小路"	片区级	2023.3.16
			"端午粽"	片区级	2023.3.24
			"自相矛盾"	片区级	2023.3.16
			"刷子李"	片区级	2023.5.18
			"猫"	片区级	2023.3.30
			"盘古开天地"	片区级	2022.12.1
			"动物王国开大会"	片区级	2023.5.18
2	师生奖状		海峡两岸好文章	市级三等奖	2022.8
			语文报杯	市级金奖	2022.9
			学科素养活动	区级二等奖	2023.5.23
			现场作文	片区二等奖	2023.5.9
			现场作文	片区二等奖	2023.5.9
3	学生作品集		《雏鹰》	校级刊物汇编	2023.4
4	研讨课视频		"自相矛盾"	片区级	2023.3.16
			"开满鲜花的小路"	片区级	2023.3.16
			"剃头大师"	区级	2023.3.22
5	论文		《"读思达"教学法在小学习作教学中的实践》	CN	拟发表
			《"读思达"教学法在语文学习中的落实与运用》	区级	拟发表

（四）课题研究中存在的问题或不足

（1）理论和实践的结合还无法融会贯通，熟练运用。在实践中总结了大量"读思达"的策略后，如何更加有效依托"读思达"教学法的策略引导，在教学中提升学生精准而精彩的表达能力，还需要在后期教学中反复实践练习。

（2）前期研究结果对习作效果的指导作用还不太明显。

（五）下阶段研究计划（含目标、任务）及确保最终成果的主要措施

1. 下阶段研究计划：

（1）继续加大"读思达"教学法基本步骤在课堂教学中的实践力度，提升学生掌握写作知识和技巧的能力。

（2）继续加大理论研究，快速提升教师自身写作教学理论水平及科研能力，推动学校作文教学质量的提升。

（3）以写作"读思达"教学法的基本范式：列提纲、列图表、五感扩句法，优化本校各学段学生写作方法，并辐射片区校。

2. 确保最终成果的主要措施：

（1）第二阶段（2023.7—2024.1）课题研究实施阶段。

①2023.7—2023.8　独立阅读相关书籍和理论，定期线上交流研讨，分享学习心得。本项任务由主持人在微信线上组织课题组成员进行，周期为隔周一次；课题组成员撰写课题论文，在8月中旬前完成初稿，最终定版论文在10月前缴交×××处。

②2023.9　召开课题小组会，在前期研究的基础上，对新学期的课题工作进行深入部署。由主持人召集布置，课题组成员群策群力，完善学期规划。

③2023.10　继续开展小学写作教学"读思达"课堂实践，聘请专家观察课堂，对研究成果深入剖析，优化前期的录像课及典型课例，反复研磨，形成精品课；由核心成员×××、×××带领课题组教师研磨课例，在2024年3月前打造出5节以上精品课，精品课录像由×××负责收集。

④2023.11　持续开展小学写作教学"读思达"课堂实践，在实践及思考中，继续完善并验证"'双减'背景下'读思达'教学法在小学习作教学中的实践策略"，由×××制表汇总。

⑤2023.12　分低、中、高年段，继续推出研讨性、汇报性课例，课题组及教研组共同研磨，验证优化，利用校本研讨课，向片区内教师展示，带动片区分校尝试运用"读思达"教学法；课题组老师尽量人人有课例，由×××负责整理课题组的课例。

⑥2024.1　课题组成员对第二阶段成果进行分析总结，收集汇总典型教学案例和精品课录像。由主持人×××负责召集分析，课题组×××、×××负责继续整理，在2024年3月整理汇编或录像归档。

(2)第三阶段（2024.2—2024.6）课题研究总结阶段。

①2024.2—2024.4　继续带动片区校教师共同运用"读思达"教学法，整理研究材料，课题组成员进行深刻反思总结，优化形成可操作、能借鉴、可复制的课题成果，课题组×××、×××负责整理学生作品。

②2024.4发表及汇编《"双减"背景下"读思达"教学法在小学习作教学中的落地研究》论文、教学设计、教学案例等理论成果，形成借鉴性理论材料。×××、×××负责论文汇编整理，×××、×××负责教学案例汇总汇编，课题过程性、成果材料整理在4月底完成。

③2024.5—2024.6　撰写结题验收书，成果公报等结题材料，继续检查、整理课题过程性材料，做好结题验收准备。由×××撰写结题验收书、×××撰写成果公报，5月下旬完成。

（六）经费来源及使用情况

（略）。

（七）重要变更（若有进行说明，同时另外填写课题变更申请表，无变更填写"无"。）

增加两名课题组新成员：×××、×××。详见"课题变更申请表"。

负责人签字：×××
×年×月×日

第六章
一线教师课题研究的结题鉴定

课题结题验收是指在课题研究过程中，经过一定时间的研究实践（一线教师课题研究时间基本上为 2 年），达到了预期的研究目标，取得了研究成果，并且按照规定的要求完成了研究任务，最后经过审核验收，确定课题研究结束的过程。

课题结题验收是课题研究的重要环节，它标志着课题研究的结束和研究成果的产生。在课题结题过程中，课题研究小组需要对所申报课题的研究过程进行总结，梳理研究成果，撰写结题报告、结题鉴定书、课题成果公报，并在教科室的指导下举行课题成果公报活动，邀请专家对成果进行指导，面对专家进行课题答辩，针对专家提出的问题进行修改，最后整理汇编结题材料，提交材料给课题管理机构申请结题鉴定。

提交材料之后，课题管理单位或基金资助机构会邀请专家进行结题评审，通常情况下采用材料结题方式，如果课题小组的过程性材料丰富，结题报告撰写科学，有详实的研究数据作为支撑，有相关成果论文在杂志上发表等，符合课题立项管理单位的结题要求，就能通过审核验收，取得课题结题证书。

课题结题需要准备的材料主要包含以下几个方面：课题结题报告、课题结题验收书、课题结题申请表、课题成果公报、课题结题汇编材料（一般情况下，课题立项管理单位会有详细目录要求）、其他课题研究过程性资料等。下面将对这几个方面进行详细的解读。

第一节 课题结题活动的组成要素

一、课题结题活动的各个组成要素

在课题结题阶段,从课题组的视角来看,课题结题活动材料包含以下几个方面。

(1)结题报告:结题报告是研究团队撰写的一份详细文件,它包含了课题研究的完整信息,并按照一定的格式和要求进行组织。结题报告应包括研究背景、目标与意义、研究方法与实施过程、数据分析与结果、主要创新点、存在的问题与挑战、结论与展望等内容。报告的完整性和准确性对于评审专家全面了解课题研究成果具有重要意义。

(2)课题结题鉴定书:也叫课题结题验收书,是课题管理机构提供的一份空白表格,课题组需要根据表格的内容和要求,填写相关的课题基本信息,除了课题名称、编号、课题组成员以及研究过程中的贡献等基本信息之外,还有对整个课题研究过程、目标内容、过程和方法、数据分析结果、取得的研究成果、推广辐射所产生的重大影响等内容。主要是向课题结题评审专家展示课题研究取得了成果并且成果还有推广辐射作用,对一线教育教学产生了一定的影响,可以达到结题的程度。

(3)过程性材料和数据:为了支持结题报告的内容和结论,课题组需要提供与课题研究相关的调查问卷和访谈提纲、实验数据的原始记录、数据统计分析结果等材料。这些材料必须是真实可靠的,能够佐证研究过程和结果。课题结题评审专家将根据这些材料来评估研究成果的科学性。

(4)结题总结和展望:在结题报告中,课题组需要对研究的主要成果进行提炼和加工,从多方面对研究目标是否达成,创新点是否突出,成果在同行领域中的影响力,以及研究成果在实际教育教学中的应用价值等,进行深入阐述。此外,在结题总结阶段还要对未来的研究方向、可能的应用价值进行展望,以期为后续研究提供参考和启示。

(5)结题指导专家记录:课题组自己(或单位)邀请指导专家,结题指导专家通过对结题报告和相关材料的审阅，对课题的研究方法、数据分析、创新性和学术价值等进行评估与鉴定，并根据专业知识和判断给出指导意见，课题组一定要按照专家的意见和修改建议进行认真整改，然后再向课题管理机构提交结题申请。

（6）结题证书：课题组向课题管理机构提交完相关结题材料之后，课题研究就暂时告一段落，静待评审结果。当然课题组也可以继续深入研究这个领域的问题，选择不同的维度或者视角对问题进行持续研究，为申报下一个相同领域的课题做好前期准备。同时，课题管理机构按照流程对年度所有课题进行评审，通过结题鉴定的课题，通常会颁发结题证书。结题证书是官方对课题研究成果的一种认可，也是一线教师职称评定和名优骨干教师认定过程中非常重要的一个保障条件。

二、课题结题鉴定的具体操作流程

课题结题鉴定阶段，会有两次专家审查结题材料的流程，并对课题是否符合结题标准进行判断。第一次是课题组自己（或单位）邀请课题指导专家，专家根据课题组汇报和现场查阅课题过程性材料等方式，给出对课题的指导意见，课题组根据专家的指导意见进行修改，特别是提炼课题的研究成果，修改课题结题鉴定验收书（结题鉴定表）和课题研究报告。目的是能够顺利通过结题评审。第二次是课题管理机构邀请评审专家，专家对课题是否达到结题标准进行判断，这一次无法再对结题材料进行修改，专家判定不合格的课题则无法顺利结题。

在课题结题鉴定阶段，从课题管理机构的视角来看，包含以下几个流程。

（1）材料准备：准备课题结题验收申请材料，包括结题申请表、结题鉴定申请表（或结题鉴定验收书）、课题研究报告、课题研究成果公报、相关研究数据和资料等。根据各个课题立项管理结构的具体文件要求填写和准备申请材料。

（2）申请提交：将填写完整的课题结题鉴定申请表及相关材料提交给负责鉴定的科研部门或课题管理机构。注意一定要按照文件的规定提交所需要的材料，关注提交材料的截止时间。

（3）评审和鉴定：课题立项管理机构会组织评审专家对课题的结题材料进行评议，按照结题评审标准打分，根据得分情况，课题结题最终分为不合格、合格、良好、优秀几个等级，达到合格等级以上的课题即可顺利结题。

（4）结果公示：经过专家评审鉴定的课题结果，会根据管理部门相关规定进行公示（时间通常为1周），公示结束如果没有异议就会发布正式结题的通知文件，标志着一个阶段的课题研究正式结束。后续除了课题组个人研究有可能会持续，课题管理机构也可能会把年度获得优秀的课题成果公报进行汇编，这样可以让其他人了解该课题的研究成果和结论，从而推动整个区域教科研质量的提升。

以上是课题结题鉴定阶段的一般流程，实际操作过程中可能会因为不同的机构和部门要求会有所差异，但本质上是一致的。所以在进行课题的结题鉴定时，一定要认真解读管理部门下发的文件要求，以确保顺利完成课题的结题鉴定。

另外，值得注意的是在提交课题结题材料时，课题管理机构要求用文件袋将汇编本以及需要单独提供的纸质材料装袋，文件袋封面的名称和格式都有要求。同时，汇编成册的材料也要有封面和目录。

下面以某地课题结题袋封面，以及汇编封面和目录的范本为例进行展示，有兴趣的读者可以借鉴和参考。如果提前知道结题阶段需要提供哪些材料，在课题立项之初就可以一边做研究，一边收集和整理结题需要的相关材料。等到结题阶段就不会手忙脚乱，能够起到事半功倍的作用。

课题编号	

××市教育科学研究课题
结题材料汇编

课 题 名 称：_____
课题负责人：_____
所 在 单 位：_____
联 系 电 话：_____
申 报 日 期：_____

××市教育科学研究规划领导小组办公室
年　月　制

目　录

1. 课题立项通知原件的复印件 …………………………………… 页码
2. 课题申请书原件的复印件 ……………………………………… 页码
3. 开题报告原件的复印件 ………………………………………… 页码
4. 中期检查报告原件的复印件 …………………………………… 页码
5. 人员变更表和延期结题申请表的复印件（若有） …………… 页码
6. 结题验收申请表 ………………………………………………… 页码
7. 课题研究主要成果 ……………………………………………… 页码
   a. 结题报告………………………………………………………… 页码
   b. 成果公报 ……………………………………………………… 页码
   c. 研究论文 ……………………………………………………… 页码
   （在课题研究期间发表的与课题相关的CN论文）
   d. 其他成果证明材料 …………………………………………… 页码
8. 结题验收书 ……………………………………………………… 页码
9. 研究大事记 ……………………………………………………… 页码

```
┌─────────────┐
│ 课题编号    │
└─────────────┘

                    **××市教育科学研究课题**
                          **结题材料袋**


        课 题 名 称：_____
        课 题 负 责 人：_____
        所 在 单 位：_____
        联 系 电 话：_____
        申 报 日 期：_____


                    ××市教育科学研究规划领导小组办公室
                              年  月  制
```

第二节 课题结题报告的内容和撰写注意要点

结题报告也叫研究报告，它是一种专门用于科研课题结题验收的实用性报告类文体。课题结题报告是课题结题材料的一个重要组成部分，它是研究者在完成课题研究后，对研究成果、经验和教训进行总结和反思的书面材料。

一线教师经常会有疑问，结题报告如何写，有没有固定的格式，有没有直接填写的表格。其实，课题结题报告没有固定的格式，也没有固定的填写表格，但有大致的框架结构。课题结题报告不同于成果公报。课题成果公报侧重于研究成果的表述，而结题报告则侧重于回顾研究的整个过程和评价已经取得的研究成果。课题结题报告通常包括课题提出的背景、研究的意义、理论依据、研究的目标、主要内容、方法、步骤和过程等方面的内容，旨在对研究过程进行全面的记录和评估，为未来的研究提供参考和借鉴。

课题结题报告是所有课题研究材料中最主要的材料，也是科研课题结题验收的主要依据。一篇高质量、完整的结题报告，应该包含以下四个部分：(1) 为何要进行该项课题研究；(2) 该项课题是怎样进行研究的；(3) 该项课题研究取得了哪些研究成果；(4) 该项课题研究还存在哪些不足。在撰写课题结题报告的过程中，每个模块的内容具体解读如下。

另外，结题报告的标题，以及作者署名的格式规范如下。

报告标题：课题名称＋结题报告、标题二号宋体加粗居中，名称统一为"'××××'课题结题报告"；注意课题名称要与立项证书保持一致，同时在后面附上课题立项的编号。

作者署名：单位＋姓名（负责人或撰写人），署在标题的下面。

一、为何要进行该项课题研究

1. 课题提出的背景

这个部分也叫问题的提出，主要用于说明选择这项课题进行研究的理由和原因，是建议写作的时候从背景、现状、研究基础三个方面进行阐述，要求简明扼要，注意区别于课题申请评审书和开题报告中的背景。

2. 课题研究的价值

这个部分的内容需要从理论价值和实践价值去说明，阐述该课题研究的重要性和必要性，以及完成该项研究的可能性等。有些报告将其归入课题研究的背景中去陈述，不单独罗列。这样就能更加凸显回答第一部分的主题"为何要进行该项课题研究"。

二、该项课题是怎样进行研究的

1. 文献综述

这里的文献综述要跟课题申请评审书区别开来，这里的文献包含了申报阶段的国内外研究现状评述，还包含自课题立项以来因为研究需要进行文献研究取得的成果。用高度抽象的语言对课题研究领域国外以及国内研究的现状进行描述，包括观点、策略、模式、方法、途径等，结合前人研究提出本课题的研究价值和意义。

2. 课题研究的理论依据

这部分是进行该项课题研究的理论基础，根据课题研究的需要，按照重要性的顺序列出课题研究所依据的几个具体的理论观点或政策，要注意所选择的理论依据要有科学性、先进性，能够代表国内和国际当下研究的动向。在进行理论罗列时切忌不加选择地全文照搬，应该将那些经过高度提炼和加工，并且与本课题研究的实际情况紧密结合在一起的内容进行论述。

3. 核心概念的界定

核心概念界定与课题申请评审书中的内容基本上是一致的，因为研究的核心概念不会随时间改变，核心概念是研究的关键词，主要是对课题名称中重要词语的内涵和外延以及课题研究的范围做出阐述。特别是要对一般人不理解的词组进行说明，因此核心概念的界定往往都要在最后把概念与课题研究的目标和内容进行关联，也就是结合课题对关键词进行有针对性的说明。一定要注意不是完全照搬别人对某一个词的一般性界定，在课题研究中要结合课题研究的内容对其进行重新解读，这样的核心概念界定才是有价值、有生命力的。

4. 课题研究的目标

课题研究的目标体现着本研究的总体方向，是研究最终要达到的目的地，研究是否有价值在课题申报阶段就已经论证过了，在结题报告阶段主要是再次检验通过两年的实践，课题组是否完成了原来计划的任务，是否达成了原来计划的目标。通过这样的回顾和反思，可以更加清晰地看到课题研究的价值和取得的成果。

这个部分需要留意两件事：（1）目标一定要清晰、具体，可实现、可测量。在研究过程中是否获得了新观点，找到了新策略，形成了新认识，建立了新模式。是否积累了一套可供编辑使用的校本资源（包括系统的教学设计、课件、试卷、经典案例、项目化学习的方案等），教师或者学生是否在专业成长和发展方面有了新的突破。（2）研究目标一定要与最终的研究成果保持一致，或者说最终决定一个课题是否能够顺利结题，能不能通过专家的验收，关键就是看课题研究所取得的理论成果和实践成果是否达到了预期的研究目标。

5. 课题研究的内容

课题研究内容决定了研究最终是否能够达成目标，换句话说课题研究的内容就是研究过程中的抓手，如果没有研究内容，研究目标就无法顺利达成，所以研究内容的描述要紧扣研究目标。在表达上不宜采用长篇大论，建议用一段话，甚至一句话来呈现，简单明了，直击要害。同样的，反过来说，课题研究主要内容的结果必须在研究成果中予以体现，这样才能保证研究内容与研究目标具有一致性，也才能保障研究的方向不会出现偏差。

6. 课题研究的对象

研究对象是指本课题在研究过程中要涉及的因变量发生客体，即研究行为针对的目标和对象，一般对于中小学幼儿园教师来说研究的对象往往都是某一个学段的学生，当然出现跨学科、跨学段研究也是存在的，但是所占比例不是特别高。一线教师课题研究的对象往往还不是整个学段的学生，而只是所教班级的学生。研究对象需要有清晰的界定。

7. 课题研究的方法

课题研究的方法从课题申请评审书开始就一直在不断出现，随着课题研究的推进，特别是开题报告阶段和中期检查阶段后，研究的方法也许会有所调整。文献研究法、调查法、行动研究法、实验研究法、经验总结法等，是一线教师课题研究的常见方法，很多时候会以一种研究方法为主，其他的研究方法为辅。但是在结题报告阶段侧重点不同，主要写清楚在哪些阶段采用了这个方法，这个研究方法在具体操作过程中是如何使用的，达到了什么样的目标，而不能仅仅停留在对这个方法的介绍和名词解释层面。

8. 课题研究的主要过程

这个部分也叫研究步骤，是结题报告的关键环节，因为它直接决定了研究成果的来源。在这个环节需要通过回忆研究取得突破性进展的几个关键时刻，详细而具体地描述课题研究的真实过程，在这个过程中应用了哪些研究方法来开展研究活动，采取了哪些措施和策略。

这个部分可以按照课题申请评审书、课题开题报告、课题中期检查表中的准备阶段、实施阶段、总结阶段来进行描述。注意不能用流水账的形式，事无巨细地把研究每个阶段都按照时间点来记录。而是要把取得突破性进展和取得关键性成果的时刻,前后做了什么工作,为何可以取得这些成绩进行重点描述。

回头对比一下我们可以发现,第一部分和第二部分在填报课题申请评审书、开题报告、制订课题实施方案中,都有相关的要求,而且内容基本相同,只是到了撰写结题报告阶段需要针对实际研究的情况进行提炼、总结和概括。

三、该项课题研究取得哪些研究成果

1. 课题研究成果

课题研究成果是整篇结题报告中最为重要的部分,一般情况下这个部分的内容篇幅要占到整篇结题报告的一半左右。课题研究成果必须是具有生命力的,具有可推广、可借鉴、可学习、可辐射的特点,可以是理论、观点、新的解决问题的工具、新的教学模式、解决问题的策略和途径等,其表达形式可以分为理论性成果、实践性成果,在这个环节要把课题组经过努力所取得的成果进行科学的分类。

理论成果主要形式有:研究论文、专著、调查报告、实验报告、行动研究报告、经验总结报告等含有一定理论成分的研究成果。

实践成果主要形式:基于课题研究而得到的新教学实践模式、教学改革实践方案,基于课题研究开发的小程序、在线平台、在教学中使用的原创软件、原创教学工具等,在课题研究过程中学生制作的相关作品、教师设计的相关专利产品等。

特别要说明的是研究的理论成果教育教学观点要鲜明,教学流程要清楚,建构的教学模式要科学,必须是经过实践操作并且有数据佐证其效果明显,而不能仅仅停留在假设和口头说法上。这就是实证研究与哲学思辨最大的区别。特别是一线教师的课题研究常常是来自于课堂,基于课堂,最后又能够回归并且指导课堂。

部分一线教师经常会把研究的过程性材料当作课题研究成果提交,课题结题验收的时候,他们用"麻袋"把课题研究的所有材料送到课题管理机构,这是对课题研究成果的概念理解出现了问题。课题研究成果必须是有一定的理论高度、在实践中有价值的数据等,而不是一般的工作性资料,更不是一般的资料汇编。例如：研究日志、研究成员理论学习心得、研究活动中的视频和照片等，只是课题研究的过程性资料，而不能算成果。

总体上说，结题报告是否能全面、准确地反映课题研究的整个过程以及是否能够提炼出研究的成果，使课题研究成果具有推广价值和借鉴价值，主要就看这部分的具体内容写得如何。更进一步说课题是否能够顺利结题，也是看这部分研究成果的提炼。所以一线教师在撰写结题报告的时候，要重视对课题研究成果的归纳、提炼。

2. 课题研究结论

课题报告的结论是精华中的精华，它通常是由课题组在专家的指导下反复研究、打磨后形成的总体论点，它是整篇报告的归宿。它的作用是总结全文，深化主题，揭示规律，所以常常就是几个关键词、一个流程图、一个新的模型就代表了整个课题研究的所有精华。它的形式就是有一个简洁、直观、明了的结构图或流程图，然后一段文字对图形进行辅助说明。

在这个环节切忌长篇大论，也不是谈几点经验，或者喊几句口号，写课题研究结论必须逻辑严密，文字简明，结论具体。在实际操作过程中研究结论这部分也会跟课题研究成果整合在一起，不作为独立的一部分。

四、该项课题研究还存在哪些不足

1. 课题研究存在的问题及今后的设想

这个部分内容相对比较简单，几句话进行说明即可，其目的主要是实事求是地说明研究过程中确实存在的问题，这样的描述除了是学术伦理要求，也为后期其他同行在学习和实践过程中指明需要注意的地方和环节，以及如果有人想要做该领域的研究可以直接找到研究的方向。同时课题组如果要继续做这个方向的研究，也就可以直接从问题出发，提出研究目标和内容，为未来持续研究做好铺垫。

2. 参考文献

参考文献环节在课题申请评审书中就有罗列，一般要求不超过20项，在结题阶段的报告中参考文献与原来的不同之处在于，原来申报阶段特别重要的、对课题研究起到指引的参考文献保留，同时还需要增加在研究过程中同领域中新增加的有价值的文献,还有在撰写结题报告过程中引用和参考的相关文献也必须进行罗列。注释的方法和参考文献的格式可参考前面章节的内容。

3. 附录

主要是为了给一些不便列入正文的,但是在研究过程中又具有较强价值的材料一个展示的地方和机会,如调查问卷,统计数据,经典的案例,获奖情况,重要环节的照片等材料。内容需要精简,不是特别重要的一般不要塞进来,会冲淡结题报告的关键内容,得不偿失。

第三节 课题结题鉴定书的内容和撰写注意要点

结题被鉴定为不合格等级的有两种结果。如果课题研究成果没有达到预期目标,过程性材料欠丰富,成果提炼不够精准,在专家的指导下继续深入研究有可能会取得预期成果,专家会给出结论:建议延期结题,延期时间一般是一年。如果课题研究没有取得预期成果,同时过程性材料杂乱、堆砌,开题报告、中期检查、结题公报等资料不详实,甚至出现临时拼凑等情况,即使再给课题组一年研究时间也无法保证顺利结题,专家会给出结论:不予通过。

想通过课题结题鉴定,我们需要了解专家在评审鉴定过程中重点关注什么,我们才能有的放矢地在这些方面进行努力。

课题结题鉴定书与课题结题报告在内容上有相通的地方,但是最大的不同是结题鉴定书有规范的格式和要求,有统一的表格。课题组在结题阶段只需要按照表格的要求和提示填写完整即可,所以才会有采用结题鉴定书这个说法。

下面以某地的结题鉴定书为例,进行展示和说明。

课题编号	

××市教育科学研究课题
结题鉴定书

课 题 名 称：_____

课 题 负 责 人：_____

负责人单位（盖章）：_____

研究起止时间：_____年___月至_____年___月

验 收 日 期：_____

××市教育科学研究规划领导小组办公室
年　月　制

++

填表说明

1. 验收形式主要有：现场验收、会议验收、材料验收等。

2. 课题编号：立项时的编号，课题开始时间以立项文件时间为准。

3. 成果主件：指课题研究成果的主要材料，包括：结题报告；开题报告；课题实施情况大事记至少8次；课题组成员发表的论文论著（特别是代表作原件、复印件等）。

成果附件：指课题研究过程中的全部纪实材料及研究成果的佐证材料。主要包括研究过程支撑材料、效果与成果支撑材料。

4. 课题成员要与《课题立项申请书》填写的内容与顺序相一致，如有变化需提供变更表等相关佐证材料。

5. 填表字体统一规定宋体小四号，1倍行距，各栏均可以自行加行、加页。双面打印，一式两份，左侧装订。

一、课题基本信息

课题名称					课题编号	
成员顺序	姓名	学科	职称	单位	主要贡献	签名
1						
2						

二、提交鉴定的成果主件、附件目录

主件：

附件：

三、关于课题研究

(一) 研究的主要内容

(二) 研究过程中采用的主要方法与措施

(三) 研究的主要阶段与有关活动

四、关于研究成果

(一) 主要成果的内容简介

（二）成果有哪些理论方面的创新（或在实践中进行了哪些理论验证）

（三）成果具有哪些实践指导意义

五、成果公报会情况

（一）会议简况（时间、地点、参加人员、会议内容与过程，成果内容简述等）

（二）专家建议

评议专家（至少 2 名外校具有高级职称专家手写表格中的相关信息）

姓　名	工作单位	职称/职务	签　名
			年　　月　　日

六、课题单位及县（市）区教师进修学校意见

（一）所在单位科研管理部门意见

　　　　　　　　　　　　单位（盖章）　　　负责人：
　　　　　　　　　　　　　　　　　　　　　　年　　月　　日

第六章　一线教师课题研究的结题鉴定

（二）县（市）区教师进修学校意见

　　　　　　　　　　　　　　　单位（盖章）　　　负责人：
　　　　　　　　　　　　　　　　　　　　　　　　　年　月　日

备注：表五、表六务必打印在同一页码。

七、市级鉴定意见

　　受×××教育科学研究规划领导小组办公室委托，对__填单位和课题负责人__承担的课题"__填课题名称__"（编号：__唯一识别码__）进行验收鉴定。通过审核课题研究过程性材料和研究成果，经验收组合议，形成如下意见（鉴定等级：【优秀】课题研究内容充实，课题成果丰富；【良好】过程性材料充分，课题研究成果提炼较好；【合格】过程性材料真实，课题成果目标基本达成；【不合格】课题研究过程不完整，课题研究成果单薄）：

　　鉴定等级：_____　鉴定结论：_____
　　验收组成员：

姓　名	工作单位	职称/职务	签　名

　　　　　　　　　　　　　　　　　　鉴定时间：　　年　月　日

八、课题管理单位审批意见

　　　　　　　　　　　　　　　　　　　　　　　（盖章）
　　　　　　　　　　　　　　　　　　　　　　　年　月　日

备注：1. 表七、表八务必打印在同一页码。2. 表七内的课题相关内容自行输入，内容与立项证书一致。

针对上面结题验收书的内容，部分一线教师在填写的时候会遇到有困惑的地方，我们选择部分进行说明。

一、第一部分：课题基本信息

包含课题名称、课题编号、课题组成员名单，限填 10—14 人（具体人数会因为不同的管理机构而有不同的要求），含课题主持人 1 人和核心成员 2 人（就是我们经常说的排名前 3），写清姓名、所在单位、职称、对课题的主要贡献，还有签名。

需要留意的是课题组成员的名次，应依据课题申请评审书的成员次序，或经批准的调整名单进行有序排列。这个对职称评定或者名优骨干教师认定的结果有重要影响。也有部分课题管理机构会在排序处注明：根据课题研究中的贡献大小来排列，正常情况下主持人和核心成员对课题研究成果贡献最大。偶尔会有与原来递交的申请评审书成员次序不一致的，需要咨询课题管理机构，原则上我们还是遵循课题申请评审书的成员次序，或者中间经过批准的调整名单。

对课题的贡献，建议除了课题行政管理之外，更多要体现研究过程中完成的项目任务，例如：理论建构，流程设计，撰写 CN 论文，撰写结题报告，承担公开课和讲座，开发系列教学设计方案等。

二、第二部分：提交鉴定的成果主件和附件目录

不同课题管理机构对结题鉴定材料的提交要求略有不同，但对研究成果的认定基本上是一致的，就是一项完整的研究成果应包含成果主件和成果附件。

成果主件：一般是专著、研究报告、CN 论文代表作，或发明专利等，主要是能够清晰而完整地阐述整个研究过程和研究结果。

成果附件：是对主件有辅助说明作用的成果性资料，以及部分与课题相关的重要佐证材料（如获奖证书、讲座以及公开课证明、研究过程中的数据整理和分析、研究过程中学生作品、教师开发的典型案例和形成的校本教材等）。

要分清楚"成果"的概念，不能把"过程性资料"与"成果性资料"混淆了，成果性资料是物化的，是"产品"，是经过提炼和加工的、能够清晰而简洁地体现研究价值的物品。例如：出版的专著、公开发表的学术论文、研究报告、经典案例系统的校本教材和资源库，这些都可以作为成果来佐证课题研究的价值。而过程性资料包括对研究过程的详细记录、每次活动的方案、过程性记录、课题组成员的学习心得体会、理论学习的笔记、邀请专家现场指导和理论讲座的照片和报道，以及现场观摩研讨活动记录、课题组外出培训学习活动等。

三、第三部分：关于课题研究

第三部分的内容跟前面研究报告的内容基本上是相同的，主要是研究的对象、内容，以及在研究的整个过程中针对研究的问题，所采取的主要方法和措施，特别是研究过程中的各种为研究而举行的活动。这个地方要重点体现研究的各个阶段为完成研究内容的各个项目而进行的活动，要分清楚主次和轻重。主要围绕以下内容：如何进行研究，如何得到研究的相关数据，以及如何为后面得到研究成果作铺垫，后期的研究成果是如何在这个阶段的基础上得来的。第三部分为第四部分作铺垫，第四部分是第三部分的后续结果，两者之间在逻辑上相互依存、紧密相关，彼此不可或缺。

四、第四部分：关于研究成果

这部分是基于第三部分的研究内容、方法和措施以及研究活动，得到的最终研究成果，这里的成果也只需要进行简单介绍，提炼最精华的部分，比如：通过研究构建了什么模型，只需要把模型进行呈现，然后对模型的每个环节和流程进行简明扼要的介绍即可。这部分算理论成果，还可以把发表的一些 CN 文章的主要观点进行整合，然后提炼出文章的重要思想和理论并进行阐述。当然除了理论成果还有实践成果，前面已经对两者之间的不同和联系进行了说明。要注意发表的论文不算理论成果，论文中的主要观点和形成的操作流程、课堂模式等才算是理论成果。

还有，在理论方面的创新成果，是课题研究的价值所在，也是研究最终的灵魂。如果是实践研究，需要呈现出在实践中验证了哪些理论，应用某些理论取得了哪些成绩，这些成绩是具有新意的，其他人目前还较少做这个方面的尝试。最后就是在研究过程中的各项活动以及取得的成果在具体哪些方面具有指导意义，需要进行明确的界定，能给这个领域后来的研究者一点借鉴。

五、第五部分：成果公报会情况

当课题组完成了课题研究报告、成果公报、结题鉴定表（验收书）的撰写之后，需要举行一场活动，类似开题报告和中期检查活动，邀请课题指导专家对课题组已经总结和提炼的成果行指导，课题组需要提前打印好课题研究报告、结题鉴定表，以及相关的过程性材料供专家查阅。专家在查阅资料和听取课题组汇报之后，有可能向课题组提出问题，而这些问题是从专家的思维角度提出来的。最后专家会根据与课题组互动的过程中收到的相关信息给出建议。除了需要将其写到会议简况后面的专家建议部分中，课题组还需要根据专家的建议去修改课题研究报告和成果公报，以及结题鉴定表等重要文件。这些文件就是后期评审过程中专家重点审阅的资料，所以根据专家建议修改，在结题环节就显得尤为重要。因为部分一线教师在课题研究的过程中没有意识到专家的作用，也没有意识到在结题阶段举行课题成果公报的价值，如果因为没有认真整改而导致课题结题受到影响则十分可惜。

后面几个部分相对就比较简单，课题组完成之后，把所有材料提交给本单位课题管理部门（一般是教科室）审核、签字、盖章，然后报送到课题管理机构。

第四节　课题研究的成果公报

课题研究的成果公报是课题研究报告的简化版，它主要是对课题研究成果进行简要、清晰、客观的提炼和汇报，一般包括研究的主要发现、成果和影响等。成果公报的特点是突出重点，语言简练，易于理解。它主要用于向公众、同行或有关部门汇报研究成果，提高课题研究的知名度和影响力，推动研究成果的推广和应用。

在一线教师进行课题研究的过程中,成果公报往往是在总报告完成后,对总报告进行提炼和概括。它可以帮助教师更加清晰地展现研究成果,凸显研究成果的价值和意义,同时也可以为教师提供评价自己研究成果的客观依据。

一、课题成果公报撰写的要点

课题研究的结题阶段,成果公报的撰写也是比较重要的。它不仅可以帮助教师梳理研究成果,更重要的是可以为后续的研究提供参考。同时成果公报是课程研究推广过程中的主要载体,很多课题管理机构在一个年度课题结题之后,都会对当年的优秀课题进行成果汇编,即把每个课题组的成果公报直接汇编成册,然后在一定范围内进行交流和学习。以下是撰写成果公报的一些要点和建议。

要点	具体内容
明确成果公报的目的	成果公报的撰写应该明确目的,是要向同行展示研究成果,还是向教育主管部门汇报研究进展,或者向公众传播研究成果
简洁明了	成果公报应该尽量简洁明了,避免冗长的叙述和复杂的术语,要用通俗易懂的语言,概括研究的主要发现和成果
突出重点	在撰写成果公报时,要突出研究的重点,包括研究的主要问题、研究方法、研究结果等
结构清晰	成果公报的结构应该清晰,可以分为引言、研究问题、研究方法、研究结果、讨论和结论等部分
真实客观	成果公报应该真实客观地反映研究成果,避免夸大或歪曲事实
为后续研究提供参考	成果公报可以记录当前研究的进展和结果,为后续的研究提供实践方面的参考和理论依据

总体上说,一线教师在课题研究的结题阶段,如果能撰写出高质量的成果公报,不仅有助于提升自己的研究能力,也能够推动课题研究成果的传播,提高课题组在学术界的影响力。

二、课题成果公报与课题结题报告之间的联系与区别

1. 联系

课题结题报告和成果公报都是对课题研究的总结和呈现，它们之间存在密切的联系。结题报告提供了课题研究的详细背景、过程和分析，为公报提供了丰富的素材和依据。而公报则从结题报告中提炼出研究的精华，让读者能够快速了解课题研究的关键成果。总的来说，结题报告和公报是一个完整的研究报告的两个重要部分，相互补充，共同展示了课题研究的全貌。

（1）课题结题报告：课题研究报告是对整个课题研究过程的全面梳理和总结。它详细记录了课题的提出、研究背景与意义、研究目标与内容、研究方法与技术路线、研究过程与实施、研究成果与分析、讨论与启示等方面的内容。有助于其他教师借鉴和学习，通过课题结题报告的学习就可以清晰地知道课题研究的整个过程需要做什么、怎么做、结果做到什么程度、效果如何。

（2）成果公报：成果公报则是对课题研究过程中取得的主要成果和发现进行简要概述。它重点突出课题研究的创新点、成果价值和推广应用前景。在公报中，我们可以看到课题组在研究过程中采用了哪些具体措施来达成研究目标，通过完成哪些具体任务来实现预期目标，以及这些措施的实际效果和学生的反馈。公报言简意赅，让读者能够迅速了解课题研究的核心内容和成果。

2. 区别

（1）内容侧重点不同：结题报告更注重对研究过程的全面记录和分析，让读者了解研究的来龙去脉，为后续研究提供参考。而成果公报则侧重于展示研究的主要成果和价值，让读者迅速了解研究的贡献和启示，以便于推广和应用。成果公报还会列出研究中的主要数据和图表，以支持其观点。

（2）书写格式和要求不同：课题结题报告的格式较为灵活，研究者可以根据自己的需求和习惯进行调整。成果公报则需要遵循一定的格式要求。例如，成果公报一般包括标题、摘要、关键词、正文、参考文献等部分。

（3）读者对象不同：课题结题报告的读者对象可能包括课题研究人员、

评审专家、资助机构等。成果公报的读者对象则更广泛，可能包括同行学者、社会公众等。

下面是某地课题管理的成果公报格式，主要是从格式和撰写的大体框架上进行规范要求，课题组可以借鉴，按照要求和目录进行填写即可。

××市教育科研课题成果公报格式

课题名称（三号，黑体，居中）

立项编号（小四号，宋体加粗）：××（小四，宋体）

课题单位（小四号，宋体加粗）：××（小四，宋体）

课题负责人（小四号，宋体加粗）：××（小四，宋体）

主要成员（小四号，宋体加粗）：××（小四，宋体）

课题摘要（300字以内）

正文（五号，宋体）

一、内容与方法（四号，黑体）

（一）课题研究的主要内容（小四号，宋体加粗）

正文（五号，宋体）

（二）课题研究方法及作用（小四号，宋体加粗）

正文（五号，宋体）

（三）课题研究过程（小四号，宋体加粗）

1. 准备阶段：根据课题研究的目标和内容设计课题研究的实施方案……

2. 实施阶段：根据课题实施方案，开展……

3. 总结阶段：对研究材料进行统计分析，总结教学中的经验、教训，归纳出一些感想和体会……

二、问题与对策（四号，黑体）

（一）问题（2—3个）

根据课题研究过程中存在或发现的问题，如：

1. 文献查阅少，缺乏理论指导。

原因：由于课题组成员年龄大，对信息技术不熟悉，网上查阅资料比较困难。

2. ……

3. ……

（二）对策（小四号，宋体加粗）

与问题一一对应，提出具有可行性的解决方案或实施意见。

三、成果与影响（四号，黑体）

（一）理论成果（小四号，宋体加粗）

不超过 3 项

（二）实践成果（小四号，宋体加粗）

不超过 5 项

（三）影响（小四号，宋体加粗）

研究过程中对课题组所在学校、课题组成员的影响。

四、改进与完善（四号，黑体）

制订课题研究成果推广计划。

案例 1

"核心素养视域下利用信息技术优化初中英语阅读教学策略的研究"课题结题报告

(本案例由福州第十六中学张嫌提供)

一、课题研究背景

(一)国外英语阅读研究背景

英文阅读的研究在国内外渊源已久,针对阅读策略训练的实际操作,国际研究已经发展到比较成熟的阶段,研究涵盖高中、大学和外籍成人的策略训练。基于研究的阅读策略训练方法大致有:显性策略训练、隐性策略训练、短期集中分离式策略训练、长期分散融合式策略训练。虽然在阅读研究的初始阶段中,研究者们就阅读策略并未达成一致,但是在上世纪 90 年代之后,研究者们达成了共识,认为阅读策略训练应该系统且长期进行。同时英文阅读策略的培训模式也备受关注,Pearson 和 Dole 提出了"示范—练习—巩固—使用—迁移"模式;Oxford 提出了"八步法"训练模式;Chamot 和 O'Malley 提出了"计划—监控—解决问题—评估"的策略训练模式;Weaver 和 Cohen 基于策略训练的基础提出外语教学模式 (SBI)。随着科技不断发展,信息技术也不断应用于英语课堂,针对以上的阅读策略和模式,可结合信息技术不断发展。

(二)国内英语阅读教学研究背景

当前,在我国的初中英语阅读课教学中还存在着很多问题:教师的教学模式比较单一。在初中英语教学中,部分教师受到传统教学方式和方法的影响,甚至一些缺乏创新思维的教师直接套用传统的教学模式,大致的教学过程就是带领学生认识单词—记单词—翻译课文—做课后习题—核对课后习题答案。如此单一的教学模式及枯燥的课堂氛围,学生缺乏学习兴趣与动力,往往处于被动地位,将学习以完成任务的态度对待,存在不用心、不勤于思考、方法呆板、缺乏灵活性等问题。教师对学生进行知识的灌输,导致学生对阅读材料的理解是"只见草木,不见森林",在认识和把握文章脉络上存在偏颇,造成阅读效果不佳,与英语课标要求的教学目标相差甚远。

英语组前期开展过"声像媒体条件下学生英语学习有效性研究""英语'先

学后导,合作探究'课堂模式的研究"和"基于信息技术应用下的提升初中生英语阅读素养的实践研究"等省市级课题研究,通过科学的研究方法研究了信息技术对学生阅读能力的影响,进行了科学的理论总结,积累了丰富的教学经验。

(三)核心素养研究背景

教育部《义务教育英语课程标准(2022年版)》中强调关于培养学生核心素养的要求,核心素养是课程育人价值的集中体现,是学生通过课程学习逐步形成的适应个人终身发展和社会发展需要的正确价值观、必备品格和关键能力。英语课程要培养的学生核心素养包括语言能力、文化意识、思维品质和学习能力等方面。核心素养的四个方面相互渗透,融合互动,协同发展。

"英语阅读素养"的概念也开始进入到中小学英语教师的视野。"阅读素养"是对"阅读能力"的进一步发展,其内涵要大于"阅读能力",它不仅涵盖了"阅读能力"所涉及的各要素,还包涵了阅读的动机、态度、习惯等促进个体参与社会活动、促进全人发展所需要的综合素养,也就是阅读品格。外语阅读素养不仅包括学生学习和运用所学语言与其他知识获取信息、建构意义、增长知识的能力,还包括通过阅读,发展跨文化理解、促进多元思维、获得审美体验、形成正确价值观的积极态度和良好习惯。2016年底《中国中小学生英语分级阅读标准(实验稿)》的诞生正符合"英语阅读素养"这一概念。在英语阅读素养越来越受到重视的今天,如何利用现代信息技术从根本上提高学生英语阅读素养,为学生综合应用英语奠定基础,已经成为英语基础教育不可忽视的问题。

(四)学生学情研究背景

本校学生英语水平参差不齐、优生不足。我们的英语课堂主要面向的是中等水平学生,不可避免地出现优质生吃不饱,学困生听不懂的问题,课堂教学过程中难以兼顾培优与辅差工作,课堂效率和课后延伸的有效性仍有待提高。在生源和教学的双重压力下,如何才能更好地在提高课堂效率的基础上,向课外继续延伸,让课堂内外真正成为不同程度学生共同成长的平台?运用现代信息技术,推进扎实、有效的教学改革,提升学生的英语阅读素养,打造生动、活泼的智慧课堂和课后阅读的延伸是解决问题的有效途径。

基于以上的背景,本课题将基于核心素养,利用信息技术,有效引导学生课前有任务地预习;课堂上针对不同文本的体裁、内容、文化内涵、情感目标、写作意图等,采取不同的阅读策略,如:主线策略、Story Mountain 曲线策略、

Mind-map 策略、Reading Circle 分享式交互学习策略、"问题链"的环环相扣学习策略、Key words/Title 由点到面发散式学习策略等，结合泛读、精读、略读、跳读等方式，进行有效教学。关注教学更关注学生的学，注重引导培养学生学习的兴趣以及提高自我学习的能力，从读、思、言三方面多层次训练，深化阅读文本的解析，引领学生在获得语言综合知识的同时，学会鉴赏英语语篇之美。

二、课题研究方法

本课题研究以行动研究法为主，辅以文献研究法和分析法进行研究。

（一）学习准备阶段：文献研究法

课题组全体成员学习《义务教育英语课程标准（2022 年版）》《普通高中英语课程标准（2017 年版 2020 年修订）》，认真研读王蔷、陈则航的《中国中小学生英语分级阅读标准》（实验稿），吕海霞的《基于核心素养下的英语阅读教学设计》，易仁荣的《英语阅读教学中如何让核心素养落地》，卞金华的《信息技术助力英语阅读教学的实践与思考》等书籍和文章。

（二）研究阶段：行动研究法、实验法

课题组老师开设课题实验展示课，总结和反思实验成果；形成课题案例集、课堂实录视频集；收集学生的思维导图作品，举办学生作品展；开展形式多样的英语拓展活动，假期开展同读一本书、英语趣配音、英文报刊阅读等活动，拓宽英语阅读的深度和广度，提升学生的英语阅读素养。

（三）总结阶段：分析法

课题组教师多次组织分享交流会，分享心得和感悟，分析和总结实验成果，形成论文集、课题案例集并收集课堂实录。

三、课题研究的内容

（一）信息技术的研究

将信息化教育技术应用于教学中，教师由知识的传授者转变为教学活动的组织者；学生由知识的被动接受者转变为主动探究发现者。媒体由辅助教师演示、讲解的工具转变为学生手中的认知工具。教学过程转变为"创设学习环境，学生主动探索"的过程。

在英语教学中，如何利用信息技术优化英语拓展阅读活动；如何利用信息技术所提供的自主探究、多重交互、合作学习、资源共享等学习环境，把学生的主动性、积极性充分调动起来；如何利用希沃、Hi-teach 软件平台优化英语阅读课堂教学模式；如何利用 Hi-teach 和智学网的数据分析功能优化英语阅读评价模式，一直是课题组教师非常关注和热烈讨论的话题。利用信息技术，进行探究性学习和任务型学习的研究。以英语阅读素养目标为依据，利用信息技术来呈现教学内容，改进教学方式，优化教学过程，开发课程资源，促进师生交流。发展学生的合作学习能力和自主进行阅读实践、探究的能力，帮助学生逐步形成有效的阅读学习策略，培养学生对待英语阅读的积极情感态度，不断提高学生综合语言运用能力，一直是我们探讨研究的方向。这也是我们课题研究的主要目的和内容。

（二）英语阅读素养的研究

"英语阅读素养"是紧跟英语教学的时代新要求，是对英语阅读提出的新概念。我们以往所说的"阅读能力"的考察和应用范围越来越有限。随着外语教学的不断探索和改进，外语学习者的外语阅读习惯和外语阅读体验在阅读过程中扮演的角色愈加重要，正因如此，传统的阅读能力概念正在逐渐被"阅读素养"这一新的概念所取代。

我们的课题研究，主要方向就是摸索出阅读素养与信息技术之间的有效融合点，让信息技术成为学生提升阅读素养的推动力和引领力。其中，主要从以下方面进行融合。

1. 信息技术来提问：激活学生的阅读兴趣

问题是文本的心脏，也是阅读教学的"助燃器"。在初中英语教学中，教师要让学生敢问、会问、善问、乐问，以"问"引思，以"问"促学。通过多种信息技术手段，例如，图片、音频、视频等，引领学生深入探究英语文本，让学生形成对文本陌生化的洞察力和思维转换的想象力。

2. 信息技术助探究：生成学生的阅读素养

核心素养的重要内涵是让学生形成具备适应终身学习和发展的必备品格和能力。在阅读教学中，用各种现代媒体技术，由浅入深地引领学生探究，给学生打开思路。在学生探究过程中，教师要积极助学，不仅助英语知识，更助阅读方法，助英语学习平台。基于大数据、互联网＋的时代背景，英语教师要引领学生自觉地借助网络、微信、微博等技术平台，借助"观看微课""观看微视频"等学习方式展开跨界、跨域学习。

（三）英语阅读课堂教学模式的研究

我们课题组改进并形成了"课前导学、自主学习（Lend in）—情境创设、激趣导入（Pre-reading）—合作探究、激发思维（While-reading）—活学应用、迁移提升（Post-reading）—评价反馈、拓展阅读（Evaluation）"的与信息技术融合的英语阅读教学模式。

"课前导学、自主学习"环节，引导学生学习记忆单词、短语、重点句型，培养学生自主学习的能力。"情境创设、激趣导入"环节，教师进行文本导入，帮助学生了解文本背景，预测文本内容。在"合作探究、激发思维"环节，教师可以先借助希沃思维导图功能，引导学生绘制生成思维导图，了解文本结构。在"活学应用、迁移提升"环节，教师可以根据不同教学内容分别进行复述、写作、拓展阅读等形式的活学提升。最后的"评价反馈、拓展阅读"环节，教师利用"英语阅读课堂学生评价表"以自评、组评、师评的形式对学生英语阅读素养所涉及的主要要素进行评价。课后利用英语阅读资源库拓展学生学习英语的途径，便于学生更多元地了解世界。

（四）英语拓展阅读教学的研究

成功的英语教学要依赖大量的语言材料和语言实践，阅读则是实现大量语言信息输入的可靠途径。而目前初中生所接触的英语阅读材料却非常有限，主要局限于他们所学的课本以及所用的教辅材料，这远远不能满足课标的要求。英语阅读资源库的开发和建设、英语拓展阅读活动的开展是解决这一问题最有效的办法。

1. 吸收不同教材以及英语报刊中的阅读资源，开发建设英语校本阅读云端资源库

当前初中英语教材有很多，仁爱版、人教版、外研版等等。虽然教材的出版地、编写者不同，但这些教材都是根据《义务教育英语课程标准（2022年版）》编写的，这些教材在阅读材料的内容上是异曲同工的，一般都是围绕一些课标中常见的话题或场景展开。这些教材中的阅读材料与课内所学知识联系非常密切。这些阅读材料的应用既降低了阅读的难度，又便于学生在阅读中及时巩固所学知识。我校主要采用人教版 Go for it 英语教材中的阅读材料作为拓展阅读资源。

《21世纪学生英文报》是我国第一份根据中学生的英文阅读水平和需求而设计的英语时事周报，内容集知识性、趣味性、可读性为一体。选择该报中合

适的英语阅读材料让学生阅读，既可以激发学生学习英语的兴趣，增强其学习英语的动机，也可以引导学生拓展学习途径，提高学习效率，更多地了解、认识异域文化习俗，熟悉中外文化的基本差异。我校英语组的教师们分工对《21世纪学生英文报》中涉及的与课标话题相关的阅读材料进行筛选、整理、归类，归类好的英语阅读资源存在百度网盘中供教师们选择使用。

2. 积极探索挖掘地道的网络英语阅读资源

除了开发建设英语校本阅读资源库，初中英语教师还应积极探索挖掘地道的适合初中生的网络英语阅读资源，活化英语阅读教学，培养学生的自主学习与合作探究的能力。现成的英语分级阅读资源、微信公众号、微信小程序中的英语阅读资源、好的英语阅读网站都可以很好地利用起来。比如，英语网站：British Council、Quizlet、Engoo Daily news；英语阅读公众号：英语教学设计院、致趣杂志；英语阅读小程序：3E阅读计划等。

四、课题研究的具体工作

（一）加强理论学习，提高课题组人员的理论水平

基于利用信息技术优化初中英语阅读教学策略的研究是一项理论和实践都很强的活动，因此本课题的开展非常注重参与课题的教师的理论学习及信息技术的操作。

1. 定期推荐学习教育教学理论书籍专著

课题组成立以来，课题组成员认真学习了2011年版和2022年版的《义务教育英语课程标准》以及2017年版的《普通高中英语课程标准》。课题组重点推荐了一批与课题研究、核心素养、英语阅读素养、英语阅读教学、信息技术在教学中的应用等相关的教育理论书籍及有关教育专著，组织课题组成员学习并要求每位成员撰写读书笔记。课题组定期举办课题研究学习交流、展示活动，及时总结，以促进英语组教师业务水平的整体提高，课题组成员在工作中学习、成长，努力钻研信息技术和教材，找到一个恰到好处的应用切入点，努力推动新课程改革，落实立德树人的根本任务，培养学生的核心素养。

2. 专家引领助力课题研究

在课题研究的两年间，学校非常支持课题组的工作，先后邀请多位校内外专家莅临指导课题研究工作。有了专家引领，加上课题组成员的自主学习，课题组成员的理论水平得到了提升，为课题研究打下了坚实的基础。

2021年4月邀请×××老师到校进行初三中考备考讲座。2021年12月邀

请×××教育研究院教研员×××老师为英语组教师开展市级公开课磨课活动，×××老师还与课题组成员进行相关的理论与课题实践结合的研究交流。经过此次交流，课题组成员更加深入地认识到，如何实现信息技术在英语阅读教学中的有效应用。2022年4月邀请××市电化教育馆×××主任做题为《教师信息素养提升实践优秀作品赏析及评委关注点分析》的专题讲座。2022年5月×××教育研究院教研员×××老师莅临指导英语阅读教学，并做题为《二检后中考英语备考策略》的专题讲座。2022年6月课题组成员线上观看×××教育研究院教研员×××老师题为《从素养本位谈思维课堂》的专题讲座。2023年5月邀请正高级教师、××省特级教师×××老师到校进行2023年中考英语备考专家讲座。每场专家讲座之后，每个课题组成员都认真撰写心得体会，积极内化所学。

（二）组织课题组成员参加各类信息技术培训

从2021年开始，课题组成立实验核心小组，制订课题实验实施方案，并招募愿意参与课题的人员，成立英语教师工作坊，对参加课题研究的教师进行信息技术培训，希沃、Hi-teach、天学网、科大讯飞的技术人员先后对我校全体教师进行了多次应用软件教学的培训，并对教师进行了考核。让参加课题研究的教师迅速熟练应用智学网、天学网、希沃、Hi-teach等软件，学习根据不同体裁选用不同的思维导图来梳理阅读课上的长文本等先进技术。在学习信息技术的过程中，课题组成员之间互动、互补、互学，在培训活动中理论和操作技能出众，获得优秀等级。

（三）立足课堂教学，积极开展课堂实践活动

课题实施以来，课题组教师以课堂教学为平台，按照"课前导学、自主学习—情境创设、激趣导入—合作探究、激发思维—活学应用、迁移提升—评价反馈、拓展阅读"的英语阅读课堂教学模式，认真上好每个话题的阅读课。课题负责人要求每个课题成员每节课认真写好教学反思，为课题研究提供宝贵的实践经验。

课题组教师在两年的时间里先后开设了多节与课题相关的公开课，课题组成员参与课前准备、课中观察、课后评课等各个环节。课题组成员通过现场感受课题研究在课堂教学中的展现，分享成功的经验，反思研究过程中出现的问题，有针对性地调整研究方案，初步构成新型英语阅读课堂教与学的模式。在评课议课中课题组成员的思维得以碰撞，教学实践水平得到提高。所有的课题

研究活动我们都用录像、摄影、笔记等形式做了详细记录，为今后教学及研究工作留下了宝贵的实践学习资料。

在英语教学中恰当使用现代信息技术有助于学生更好地学习英语，提高学生的学习效率。从实际的课堂效果来看，学生对英语课堂教学中使用现代信息技术还是比较欢迎的。图文声像并茂的媒体资源，激发了学生的兴趣，提高了学习的效率；创造人机交互协作的学习环境，尊重了学生的个性体验；发挥了超时空交流的网络优势，重视学生实践获得素养。

疫情期间，课题组的教师们还积极探索研究线上英语阅读直播课的授课模式。

1. 运用现代教育技术，促进课堂教学过程的优化

利用现代信息技术与英语阅读教学整合，可以拓展学生英语学习的途径和空间，促使学生自主学习、协作学习，培养学生用英语搜索信息、处理信息、整合信息、交流信息的能力，促进师生互动、生生互动、校内外互动，提高学生利用互联网学习英语的兴趣，拓宽学生阅读知识面，加大阅读量，提高阅读能力，培养学生的综合英语素质，提高教学质量。

在教学中，将互联网信息技术和英语学科的核心素养运用到初中英语课堂教学中，不仅提高了学生学习英语的兴趣和积极性，增强了对西方文化语言知识、风俗习惯的学习和了解，而且还培养了学生的语言能力、思维品质、文化意识和学习能力，同时也提高了教师的创新意识。

2. 运用思维导图提升学生的阅读思维品质

希沃白板有强大的思维导图功能，将该功能与英语阅读教学相结合可以很好地提升学生的思维品质。

根据阅读课文章的不同体裁，我们总结出用中心环绕式、事件发展式、分论式三种不同的思维导图分别梳理说明文、记叙文和议论文文本的方法。

例如，中心环绕式思维导图适合于梳理说明文文本。它通常围绕一个中心进行发散式扩展与说明，导图的中心是作者的主旨意图，也是文章的中心思想，二级阶梯和三级阶梯都是围绕这个中心开展说明的，如下图所示。

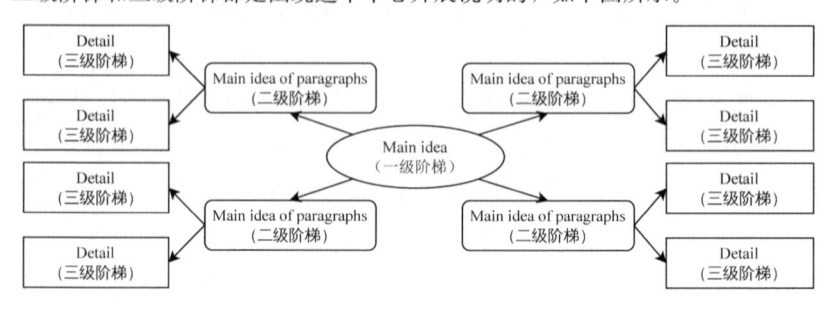

导图说明：

（1）第一级和第二级阶梯以 Skimming 的形式来完成。让学生快速浏览全文，通过关注首句、结尾句、插图以及文章后面设置的题目，了解本文的中心思想和各段落的大意。

（2）第三级阶梯以 Scanning 和 Detail reading 的形式来完成。教师帮助学生梳理出段落细节的框架，对核心词汇和知识进行挖空，让学生精读课文，以填空的形式完成。

（3）学生根据完成的导图复述课文。文本框架建构和文本意义梳理是处理阅读课的难点，"根据不同体裁选用不同的思维导图来梳理阅读课上的长文本"，通过绘制思维导图，训练学生分析文本、理解语篇内容和结构的阅读策略，这一方法在全组推广，教师们在实践中还根据学生的年龄特点，把导图改进成花朵形、动物形、树形等，取得了良好的效果，并在中期成果展的基础上，进一步开展"学生说图比赛"，将学生自主学习思维导图优秀作品进行汇编，并推送到公众号。

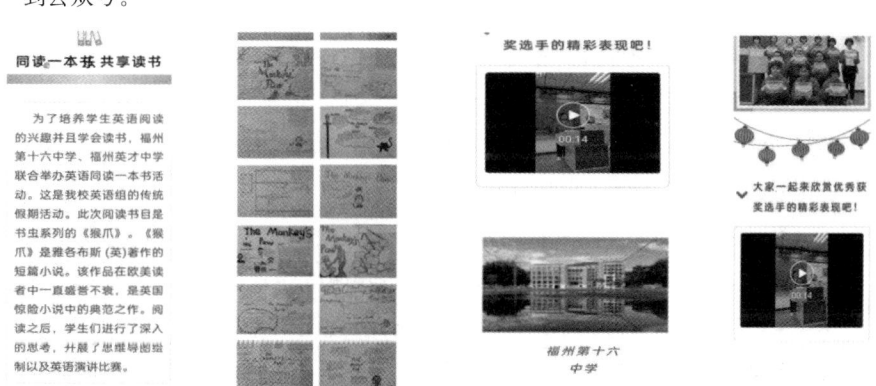

（四）成立英语课题讨论组，定期召开课题研讨会

在近两年的课题研究过程中，课题组成员深感协作精神的重要性与必要性，课题负责人定期组织课题组成员召开课题研讨会，发挥教师群体自主教研的作用。大家共同探讨课题研究中出现的新状况、新问题，通过讨论达成共识。为了进一步加强对课题的平时管理，经课题组全体成员商议后，拟定了有关课题研究的约定，建立严格的签到制度、会议记录制度，对于课题研究的相关工作，指定专人负责，保证各项工作及时落实到位。课题实施的两年时间里，课题组先后组织了多次的课题研讨活动。

（五）建立课题信息资源库

在近一年来的课题研究过程中，课题组非常重视课题资料的收集整理分析工作，到目前为止，课题组已收集了大量的学生作品，教师优秀的课例、课题阶段性总结、教学论文等等，录制了十余节课堂实录，积累了大量的课题过程性材料，如：照片、视频、音频、数据等等。此外，我们课题组还建立课外拓展阅读材料库、信息技术使用案例集、希沃题库等。

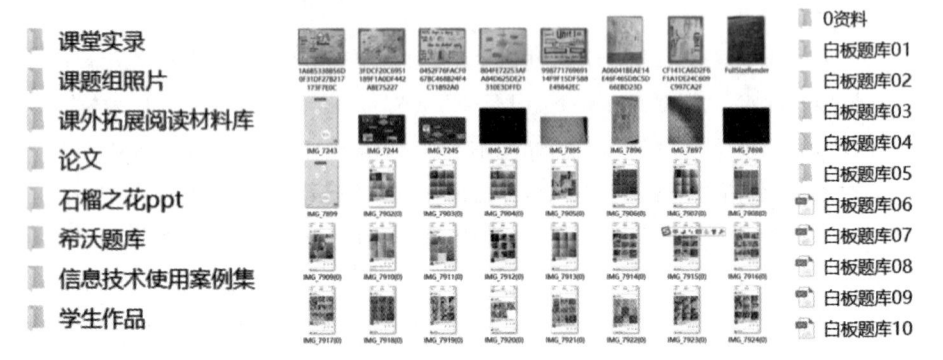

```
课堂实录                                    0资料
课题组照片                                  白板题库01
课外拓展阅读材料库                          白板题库02
论文                                        白板题库03
石榴之花ppt                                 白板题库04
希沃题库                                    白板题库05
信息技术使用案例集                          白板题库06
学生作品                                    白板题库07
                                            白板题库08
                                            白板题库09
                                            白板题库10
```

五、课题研究取得的成绩

参加课题研究实验以来，我们通过组织各项研究活动，加强本校教研组教师间、校级教研组间、教师专家间的沟通联系，延伸实验成果，促进了教师专业化成长，提升了学生英语学习力，取得了突出的成绩。

本课题得到×××中学和×××中学两校英语组全体成员的高度支持。两校三十多位教师在日常教学和公开课教学活动中积极主动地进行课题实践活动，两年来，我们积累了大量将信息技术手段运用于教学活动以提升学生学习力的案例和课件。借助两校青年教师技能大赛的平台、借助多场跨校联合教研活动的交流、借助多次专家进校讲座的机会，英语课题组成员和教研组的全体教师将信息技术手段运用得越来越纯熟，信息技术与课程深入融合的方式越来越先进，借助信息技术手段提升学生学习力的方式越来越丰富。

（一）理论研究成果

核心素养是课程育人价值的集中体现，是学生通过课程学习逐步形成的适应个人终身发展和社会发展需要的正确价值观、必备品格和关键能力。英语课程要培养的学生核心素养包括语言能力、文化意识、思维品质和学习能力等方面。课题组通过理论引领和实践探索，在前期研究中，尝试将各种信息技术应用于英语阅读教学中，以提升阅读教学的效果。通过大量实践，中期初步形成

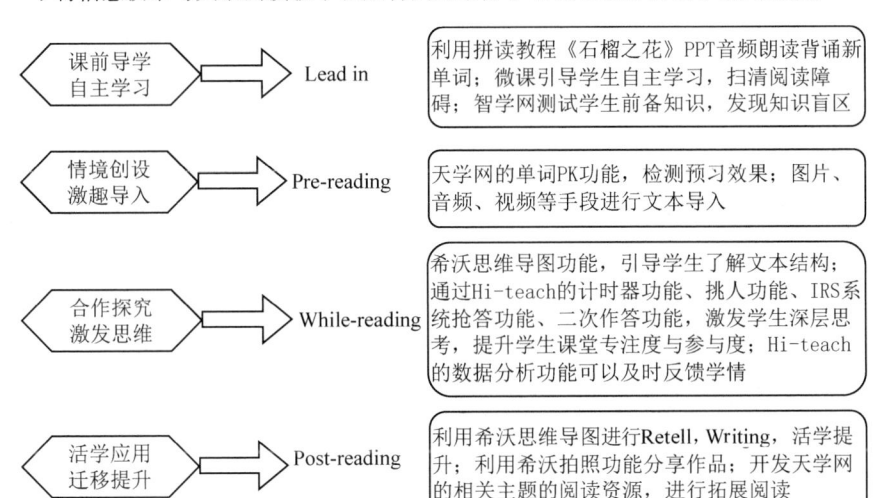

了将信息技术与英语阅读教学相融合从而培养学生核心素养的教学模式框架。

流程	环节	内容
课前导学 自主学习	Lead in	利用拼读教程《石榴之花》PPT音频朗读背诵新单词；微课引导学生自主学习，扫清阅读障碍；智学网测试学生前备知识，发现知识盲区
情境创设 激趣导入	Pre-reading	天学网的单词PK功能，检测预习效果；图片、音频、视频等手段进行文本导入
合作探究 激发思维	While-reading	希沃思维导图功能，引导学生了解文本结构；通过Hi-teach的计时器功能、挑人功能、IRS系统抢答功能、二次作答功能，激发学生深层思考，提升学生课堂专注度与参与度；Hi-teach的数据分析功能可以及时反馈学情
活学应用 迁移提升	Post-reading	利用希沃思维导图进行Retell, Writing, 活学提升；利用希沃拍照功能分享作品；开发天学网的相关主题的阅读资源，进行拓展阅读

在后期，课题组紧紧围绕2022年版英语新课程标准，结合课堂实践，不断探索完善优化课堂流程，课题组成员将新课标提出的大单元教学、教学评一体化等核心理念应用于模式研究中，最终形成了"课前导学、自主学习—情境创设、激趣导入—合作探究、激发思维—活学应用、迁移提升—评价反馈、拓展阅读"的与信息技术高度融合的英语阅读课堂教学模式。

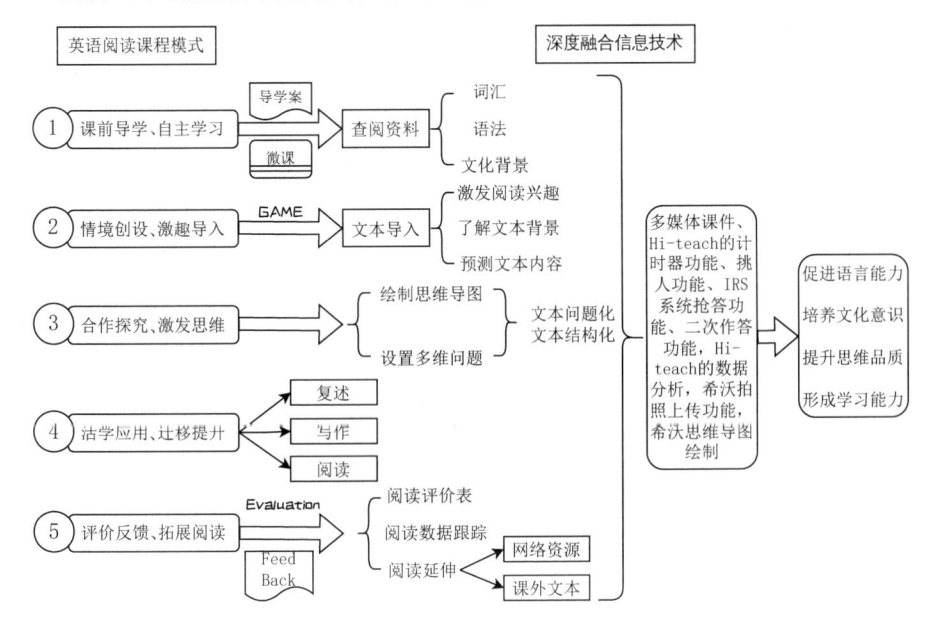

英语阅读课程模式 / 深度融合信息技术

① 课前导学、自主学习 → 导学案 / 微课 → 查阅资料 → 词汇 / 语法 / 文化背景

② 情境创设、激趣导入 —GAME→ 文本导入 → 激发阅读兴趣 / 了解文本背景 / 预测文本内容

③ 合作探究、激发思维 → 绘制思维导图 / 设置多维问题 → 文本问题化 文本结构化

④ 活学应用、迁移提升 → 复述 / 写作 / 阅读

⑤ 评价反馈、拓展阅读 —Evaluation/Feed Back→ 阅读评价表 / 阅读数据跟踪 / 阅读延伸 → 网络资源 / 课外文本

多媒体课件、Hi-teach的计时器功能、挑人功能、IRS系统抢答功能、二次作答功能，Hi-teach的数据分析，希沃拍照上传功能，希沃思维导图绘制 → 促进语言能力 培养文化意识 提升思维品质 形成学习能力

241

其中,"课前导学、自主学习"环节,在英语阅读课前分发导学案给学生,引导学生学习记忆单词、短语、重点句型,要求学生观看相关微课,查找文章相关资料,其目的是为阅读课扫清词汇、语法、文化背景等障碍,培养学生自主学习的能力。

在"情境创设、激趣导入"环节,教师通过图片、视频等手段进行文本导入,生动的导入环节旨在激发学生的阅读兴趣,帮助学生了解文本背景,预测文本内容。

在"合作探究、激发思维"环节,教师可以先借助希沃的思维导图功能,引导学生绘制生成思维导图,了解文本结构。将思维导图应用在阅读课型的文本处理中,可以有效帮助学生梳理文本。在了解了文本框架之后,教师再通过层层设疑帮助学生更深入地了解文本。通过发现问题、解决问题,学生的阅读思维能力得到提升,阅读思维品质得到优化。在设疑答疑的过程中,学生分组合作,教师可以通过 Hi-teach 的计时器功能、挑人功能、RIS 系统抢答功能、二次作答功能,激发学生深层思考,提升学生课堂的专注度与参与度。同时 Hi-teach 的数据分析功能可以及时反馈学情,数据的保留、对比、分析功能为教师精准实施教学策略提供了可能。

在"活学应用、迁移提升"环节,根据不同教学内容分别进行复述、写作、拓展阅读等形式的活学提升,学生的复述主要以思维导图为依据。拓展阅读的材料主要来自于阅读资料库,资料库中教师有意识收集了与课本的题材、话题、阅读技巧相关的阅读材料。无论是叙述、写作还是拓展阅读,这时希沃的拍照上传功能就派上用场。

最后的"评价反馈、拓展阅读"环节,教师利用"英语阅读课堂学生评价表",以自评、组评、师评的形式对学生英语阅读素养所涉及的重点要素进行评价,并通过 Hi-teach 的数据分析功能及时了解学情,使后期教师对英语阅读教学精准施教成为可能,同时也发展了学生的自我调控能力。课后利用英语阅读资源库开展的英语拓展阅读活动既帮助学生巩固了课堂所学,又拓展了学生学习英语的途径,便于学生更多元地了解世界。

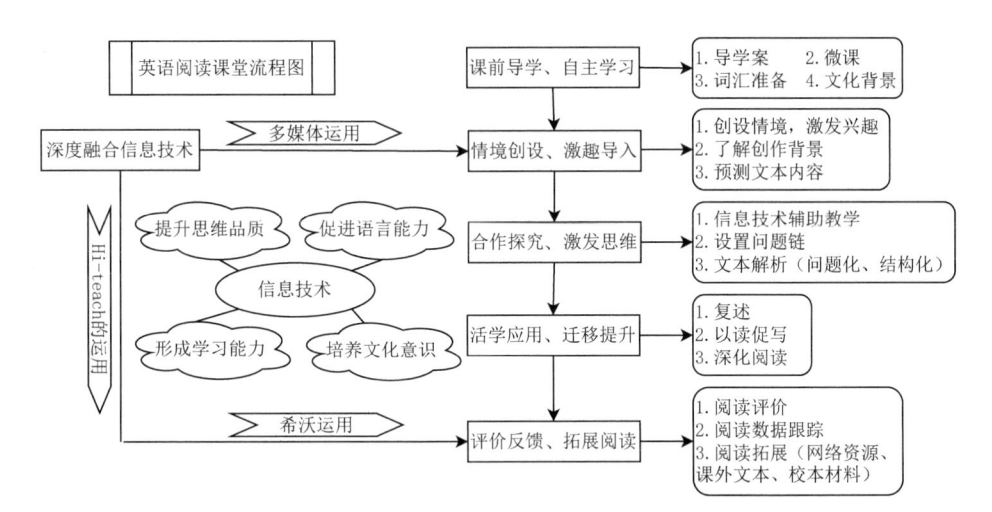

```
英语阅读课堂流程图          课前导学、自主学习    1.导学案    2.微课
                                             3.词汇准备  4.文化背景
深度融合信息技术  ═多媒体运用═▶ 情境创设、激趣导入  1.创设情境，激发兴趣
                                             2.了解创作背景
                                             3.预测文本内容
  提升思维品质  促进语言能力   合作探究、激发思维  1.信息技术辅助教学
Hi-teach的运用   信息技术                        2.设置问题链
  形成学习能力  培养文化意识                      3.文本解析（问题化、结构化）
                            活学应用、迁移提升  1.复述
                                             2.以读促写
                                             3.深化阅读
             ═希沃运用═▶   评价反馈、拓展阅读  1.阅读评价
                                             2.阅读数据跟踪
                                             3.阅读拓展（网络资源、
                                                课外文本、校本材料）
```

同时，我们整理出以下适用于初中英语阅读课堂的教学流程：首先，我们利用拼读教程《石榴之花》的 PPT 和音频朗读背诵新单词，用微课引导学生自主学习，通过智学网测试学生的前备知识，发现知识盲区；在课堂上通过天学网的单词 PK 功能检测预习效果，利用图片、音频、视频等手段进行文本导入，用希沃思维导图功能引导学生了解文本结构，接着通过 Hi-teach 的数据分析功能及时反馈学情；利用希沃思维导图进行 Retell 和 Writing，达到活学提升的目的；最后利用希沃拍照功能分享作品，课后开发天学网的相关主题的阅读资源，进行拓展阅读。

课题组成员尝试每堂阅读课都用这一相对统一的课堂流程，让阅读课型常态化，让老师都能熟练地应用信息技术进行课前导学、激趣导入，也让学生通过自主学习、合作探究培养答题自信，不断进行思维训练，以达到质的飞跃。下面以几节课例为例。

×××老师在七年级 Unit 6 Topic 3 Section C 教学设计中，在"课前导学、自主学习"环节，利用问卷星设置调查问卷，了解学生上学的方式，收集学生在上学路上看到的交通违规现象。问卷星的数据分析功能可以精准地提供班级学生上学方式的占比情况，为后期英语课堂活动做铺垫，提供活动素材。在"情景创设、激趣导入"环节，利用希沃白板的多媒体功能，导入"Road safety song"视频，课堂伊始，切合主题的视频播放活跃了课堂气氛，也有利于情境的创设。借助交通标识图片帮助学生更直观地感知语言。利用希沃"学科工具"中的"英汉字典"功能学习生词，有利于学生模仿正确的语音，培养英语拼读能力，提升英语学习能力。

×××老师在八年级 Unit 3 Topic 3 Section C 公开课中，在课前导学环节让学生制作讲解绘本 PPT，并利用希沃白板插件功能在课堂播放，协助学生完成本堂课的绘本阅读报告，引出谈论故事中人物描写这一主题。学生通过阅读绘本，梳理语篇基本结构，通过进一步推断人物事件的发展制作绘本 PPT，培养学生比较和判断，多角度、辩证地看待事物和分析问题的阅读能力。在"合作探究、激发思维"环节，播放绘本相关录像作为学生复述故事的背景音乐，学生根据视频内容和音乐，为视频配音，为视频做旁白。学生能从视频和音乐背景中感受到作者描绘的社会与人物状态，培养学生分析文本、理解语篇内容的阅读策略和正确价值观与情感态度。

×××老师在八年级 Unit 4 Topic 1 Section C 公开课中，在"课前导学、自主学习"环节，让学生通过 3E App 记忆单词和跟读课文。将导学案和热带雨林相关视频通过微信推送给学生，让学生了解本课的学习目标和重要短语，并初步了解热带雨林，培养学生自主学习能力。在"评价反馈、拓展阅读"环节，呈现评价表，学生根据上课收获情况提交反馈，体验进步与成功。课后，让学生通过 3E App，优化朗读效果，巩固文本知识。并通过微信推送扩展阅读材料，为学生制作有关如何保护热带雨林的海报做好铺垫。

×××老师在市级公开课七年级 Unit 4 Topic 1 Section C 中，在"合作探究、激发思维"环节，运用了 A2 数字教育资源获取技术，针对不同层次的学生创设了不同层次的问题，让学生分别在 2 听 2 读后获取不同的文本信息；跟音频朗读后划出本节课新的购物表达句式。在这个环节中，学生语言能力、思维品质和学习能力都得到了发展。在"活学应用、迁移提升"环节，运用了 A3 演示文稿和 A2 数字教育资源获取信息，应用希沃展示交流。以超市营销手段——砸金蛋方式巩固本节课的 3 个知识点；班主任以微信方式向全体学生对班级元旦晚会零食准备方面进行意见采集，学生以团队讨论方式给出意见，并向全班同学汇报。这个环节能够让学生在感知、体验、积累和运用等语言实践中，发展语言能力；创设的情景让学生保持学习兴趣，主动参与语言实践活动，学会自主探究，合作互助，提高学习能力。

×××老师在八年级 Unit 3 Topic 2 Section C 公开课中，在"课前导学、自主学习"环节，引导学生利用导学案学习记忆单词、短语、重点句型，要求学生观看伟大音乐家的相关微课、电影等多模态资料，查找文章相关资料。在课前还利用问卷星发布了关于这节课文化背景知识和语言知识的问卷调查，为本节阅读课扫清词汇、语法、文化背景等障碍，同时培养了学生自主学习的能力。在"活学应用、迁移提升"环节，先让学生分组讨论、绘制这节课的思维导图；然后再利用希沃的绘图功能在学生导图的基础上制作了这节课的思维导图；最后用 Hi-teach 的计时器功能、挑人功能、RIS 系统抢答功能、二次作答功能，激发学生深层思考，提升学生课堂的专注度与参与度，培养了学生合作学习、独立思考的能力。

（二）实践研究成果

1. 参与课题的学生能够分析文本、理解语篇内容和结构，并绘制形成思维导图集

每个思维导图都是一种将知识点、想法、观点等整合到一起的方式。对于每个思维导图，学生需要注重构造其框架和层次结构。通过整理和筛选来梳理自己的思维，将同类的概念放在一起，并形成一个清晰的层次结构。在构造思维导图时，学生可以使用不同的颜色、标签和图形来表示不同的信息，这样可以增强思维导图的可读性和易用性。绘制好的思维导图集可以帮助学习和思考。学生可以通过自我测试、知识点梳理、理解难点等方式来回顾和使用思维导图集。这将有助于巩固和扩展他们的知识，提高他们的思考能力和创新能力，培养创新意识，从而促进核心素养落地。

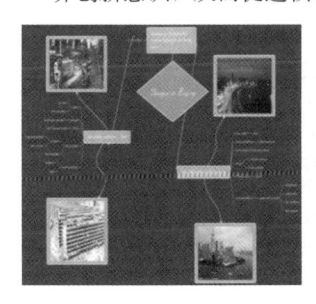

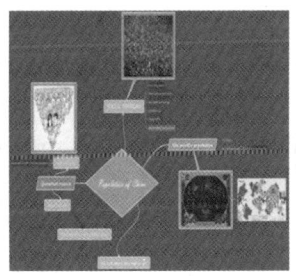

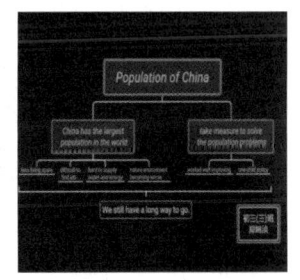

2. 参与课题的学生英语素养明显提升，能较好理解英文经典名著并形成手抄报集

由于信息技术强大的数据搜索跟储存能力，学生可以对不同主题不同题材的内容进行整合与筛选，学会对比不同文献材料，进行深度分析和阅读，从而培养学习能力。参与课题的学生可以通过云端资源库、英语网站、多媒体资料等进行阅读，配合音频、视频等多元素的介入，能更快速准确地读取并理解文本以及欣赏不同的文化传统，理解多元文化的价值与意义。通过多维度的输入，

即使是对于难度较大的名著阅读，大部分的学生也能够高效地进行阅读，并通过手抄报的形式分享自己独特的见解。教师借助班级的希沃平台对优秀的作品进行分享。

3. 学生实验成果：学生通过在智学网阅读打卡，阅读成绩有明显提升

借助智学网平台，参加课题的学生两周进行一次45分钟的阅读打卡。通过智学网平台，教师发布难度相当的阅读任务，阶段性对学生的阅读速度、理解能力等进行全面的评估，帮助教师及时发现学生阅读时的问题和困难，并根据评估结果制订有针对性的教学策略，提高教学质量和效率。借助信息化平台可以实现一定程度的自动化，使评估过程更加高效，缩短评估时间，提高评估准确性。智学网平台可以帮助教师调整试卷的难度系数，使每份试卷的难度保持一致，以更科学地评判学生阅读水平的变化。同时，将学生的阅读水平以数字、图表等形式呈现，可以分析学生的阅读能力和成长趋势，更加准确地分析和诊断学生的问题，为后续教学提供有效的指导。

学生实验成果：学生通过在智学网阅读打卡，阅读成绩有明显提升，以下截图是实验班的学生阅读专项测试情况在智学网上的呈现。

2022年9月　　　　　　　　　　　2022年10月

2022年11月　　　　　　　　　　2022年12月

针对后期智学网的数据，从以下的数据可以直观地看出对学生阅读策略的这项研究初具成效：

六班考试情况：

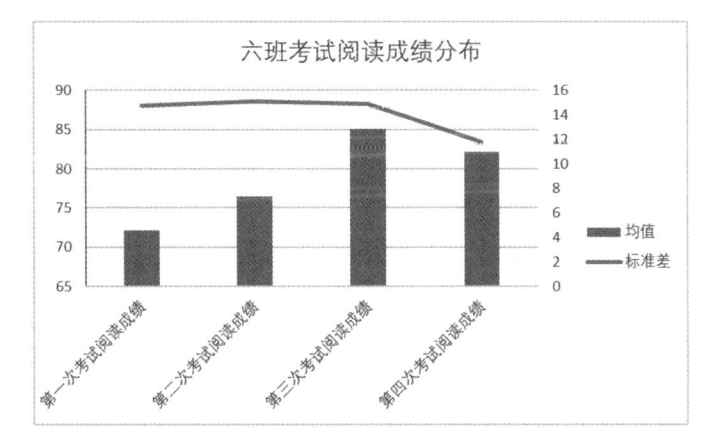

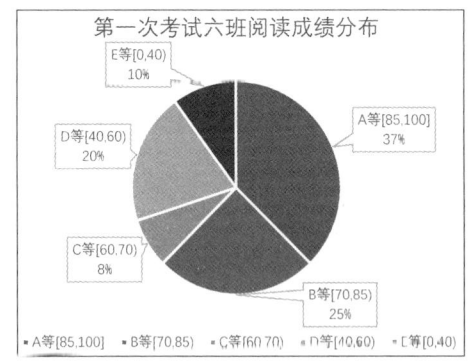

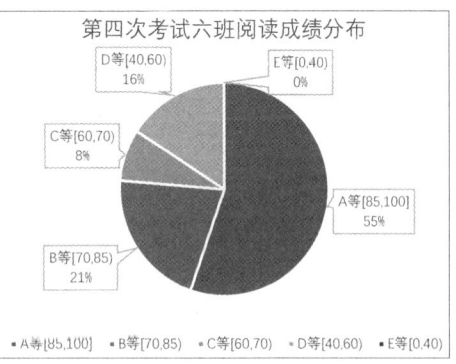

247

八班考试情况：

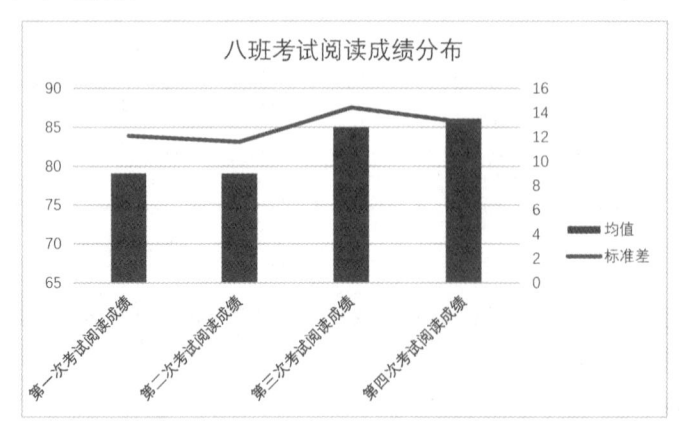

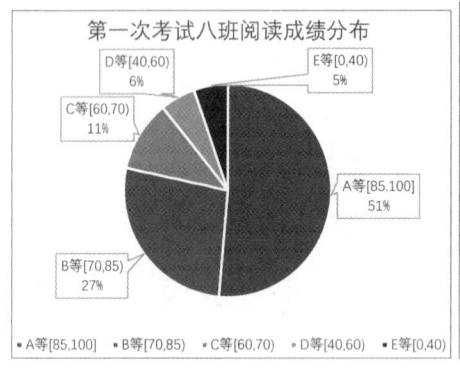

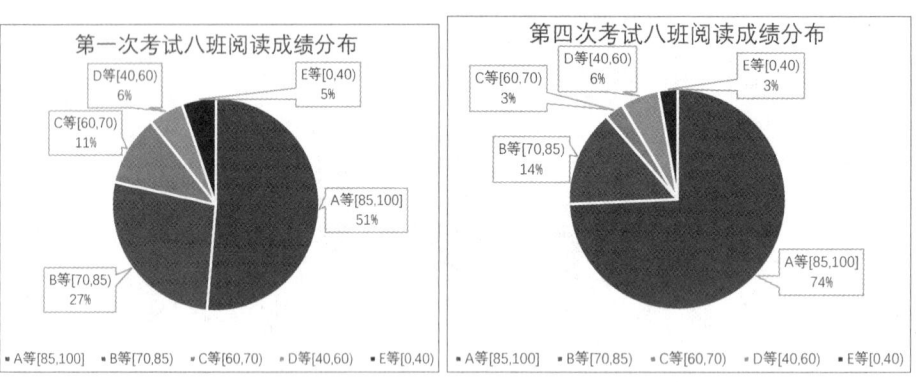

十班考试情况：

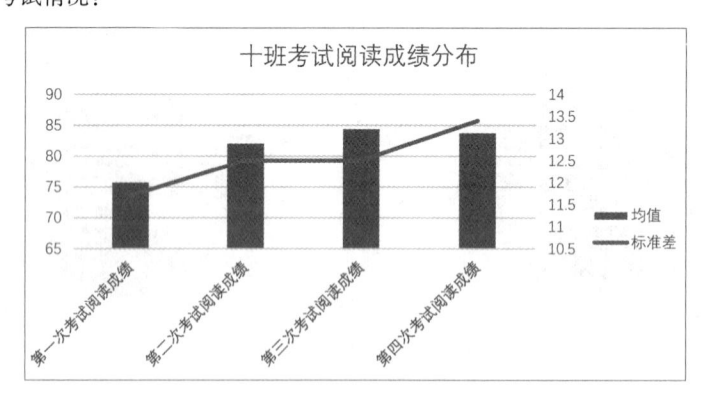

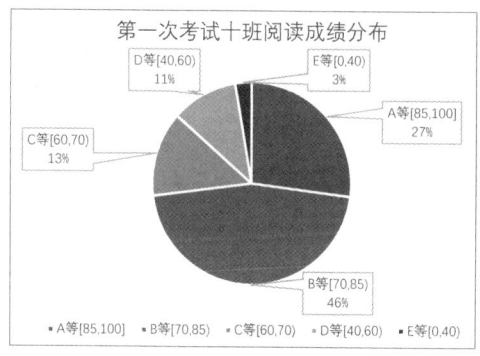

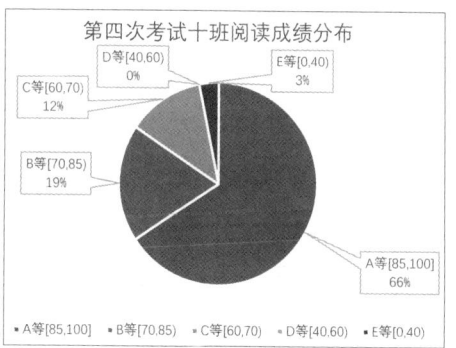

第六章 一线教师课题研究的结题鉴定

第一次考试十班阅读成绩分布

- A等[85,100] 27%
- B等[70,85] 46%
- C等[60,70] 13%
- D等[40,60] 11%
- E等[0,40] 3%

第四次考试十班阅读成绩分布

- A等[85,100] 66%
- B等[70,85] 19%
- C等[60,70] 12%
- D等[40,60] 0%
- E等[0,40] 3%

上面是三个班级四次阅读成绩的对比，通过饼状图可以看出，在前测成绩中，八班和十班的阅读分数分别为 79.09 和 75.7，八班第一次测试中，阅读成绩 A 等、B 等和 C 等人数占比分别是 51%、27%、11%。十班的第一次测试中，三个等级占比分别是 27%、46%、13%。但是经过一段时间的教学之后，教师融合了信息技术，通过应用课前导学、合作探究、迁移提升等英语阅读教学策略不断培养学生阅读学习能力，在最后一次测试中两个班级的阅读平均分都有所提高，八班的后测成绩均分逐步上升，第四次测试达到 86.09 分，十班的第四次测试平均分达到 83.72 分。两个班级各分段的分布也发生了变化。八班的 A 等达到了 74%，B 等和 C 等的人数减少到 14% 和 3%；而十班的数据更为明显，A 等直接过半达到 66%，B 等只有 19%，C 等人数只剩 12%。经过对比看出融合信息技术的阅读课堂对于提高学生的阅读能力和水平有极大的推动作用。

4. 课例集、课件集、课堂实录集和信息技术题库

两年来，课题组教师以课堂教学为平台，认真上好每个话题的阅读课，为课题研究提供了宝贵的实践经验。课题组教师在两年的时间里先后开设了多节与课题相关的公开课。课题组经过整理将其中有代表性的公开课的课例、课件、课堂实录汇集成册。

序号	课题	级别	时间	姓名
1	仁爱英语九年级 Unit 4 Topic 3 Section C	市级	2021.12.16	×××
2	仁爱英语七年级 Unit 4 Topic 1 Section C	市级	2021.12.16	×××
3	仁爱英语八年级 Unit 3 Topic 3 Section C	校级	2021.12.3	×××
4	仁爱英语九年级 Unit 2 Topic 1 Section C	校级	2022.9.30	×××
5	仁爱英语七年级 Unit 6 Topic 3 Section C	校级	2023.4.21	×××

5. 整理研究阶段的总结，形成论文等文字材料，完成论文汇编和成果展示

序号	论文	杂志	级别	时间	姓名
1	核心素养视域下利用信息技术优化初中英语阅读教学策略的研究	考试周刊	期刊	2022.11	×××
2	"双减"政策下初中英语作业革命设计方案与实施	教育学研究	期刊	2022.5	×××
3	在信息技术下运用思维导图开展七年级英语阅读教学		校级	2022.7	×××
4	浅谈如何应用信息技术提升初中生英语阅读素养		校级	2022.7	×××

（三）各类获奖情况

在两年多的研究过程中，课题组教师和学生在信息技术各级各类比赛中，都获得了可喜的成绩。

×××	在2021—2022学年岗位练兵校级技能赛——教师信息技术应用提升工程2.0专项竞赛中荣获二等奖
×××	在2021—2022学年岗位练兵校级技能赛——教师信息技术应用提升工程2.0专项竞赛中荣获三等奖
×××	在2021—2022学年岗位练兵校级技能赛——教师信息技术应用提升工程2.0专项竞赛中荣获三等奖
×××	在2022—2023学年岗位练兵校级技能赛——教师信息技术应用提升工程2.0专项竞赛中荣获二等奖

（四）课题组的辐射引领作用凸显

课题组的×××老师在这一年时间里有两次送教送课活动：2022年4月28日赴××县××中学送教送培，开了一节"中考英语阅读策略指导"的公开课，2022年5月23日赴××中学送教送培，开了一节"福建中考阅读理解"的公开课。

×××老师赴×××讲座：2023年3月21日应邀××学校市级教学活动日做"新课标背景下的英语思维课堂"专题讲座。

回顾这两年多以来课题组走过的探究实践之路，我们深刻认识到，信息技术与英语阅读课堂的融合是非常值得推广的模式，不但年轻教师积极钻研，资

深老教师也乐在其中，这让我们课题组的研究队伍越来越壮大，教师们的积极性越来越高，我们这两年来硕果累累，不仅是论文、课件，以及微课，还有课堂实录，等等，都在各级各类比赛中获奖，这充分证明了本课题具有切实有效的研究效果。

六、改进和完善

两年多来的课题研究表明，信息技术运用与学习力提升理念正在改变我校英语教师的教学方式，学校正在成为我们师生共同成长的智慧家园，在取得了课题研究预期成果的基础上不能回避的问题也依然存在。

（一）信息技术的稳定性有待提高

信息技术本身就是一项常用常新的科学技术，一方面需要先进的技术支持，另一方面需要先进的硬件设备。我校的信息技术硬件设备数量还不够充足，而且质量不够稳定，每次使用前还必须先让技术人员事先导入学生账号才能在课堂上使用，这就让信息技术的使用非常掣肘。同时，软硬件更新速度过快也导致教学研究陷入困难。

（二）精力和体力极大的损耗

信息技术的使用大大增加了老师的工作量，老师们不但要提前上网搜索整合备课材料，而且课后还要花费大量的精力来评阅学生传回来的各种作业和反馈。

（三）课题研究的长效推进仍须跟进

本课题研究取得了一定成果，课题组成员已能熟练运用所形成的基于信息技术的英语阅读课堂教学模式，今后着力于将我们的英语阅读教学模式推广到英语组日常阅读教学中。另外，后续课题"信息技术环境下初中英语学习力提升研究"将对本课题进行更深入的推进，但是后期的成果推广仍然需要全体英语教师不断跟进。

案例 2

"核心素养视域下初中数学校本课程体系建设的研究"
课题结题鉴定书

(本案例由福建师范大学附属中学初中部郑志雄提供)

一、课题研究背景

课题名称：核心素养视域下初中数学校本课程体系建设的研究

二、提交鉴定的成果主件、附件目录

主件：

1. 课题立项通知
2. 课题申请评审书
3. 开题报告
4. 中期检查报告
5. 结题验收申请表
6. 结题验收书
7. 课题研究主要成果
8. 成果公报
9. 课题组成员发表的论文
10. 结题报告
11. 研究大事记

附件：

1. 课题组成员个人荣誉奖状
2. 课题组成员发表的论文及封面、封底复印件
3. 课题组活动照片
4. 课题研究校本教材
5. 课题研究教学设计

三、关于课题研究

(一) 研究的主要内容

1. 制订科学合理的校本课程阶段教学目标

在学生学习的各个阶段中，由于个体之间的成长环境与生活环境不同，学生的认知水平也存在较大差异，他们之间会呈现出不同的心理特征。数学教师在设计校本课程时，如果不考虑学生的具体情况，则很难设计出理想的校本课程，进而无法发挥校本课程的教育作用。为此，数学教师在设计校本课程时，必须深入了解学生的学习情况、心理状况等，分阶段制订适合学生学习的课程内容和计划，从而确保校本课程能够满足不同学生群体的学习需求。例如，在初中数学教学过程中，教师可以依据核心素养的文化基础、社会参与度和自我发展等方面设计符合初中生需求的校本课程目标，并以具体年级的学生为基础，设计具体的校本课程类型与内容，确保各门校本课程能够起到培养学生核心素养的作用，从而促进初中生的全面发展。

2. 面向学生的需要进行开发

核心素养理念的最大特点是"以人为本"，不论是个人发展还是社会参与，都能促进学生的全面发展。校本课程的目的是满足个性化与创新性课程教学，实现课堂教学的提质增效。在传统的数学教学中，教师只是单一地按照国家大纲要求进行课程教学，课堂教学灵活性不足，没有真正地结合初中生的数学学习需求。为此在校本课程开发阶段，数学教师应该坚持以学生为本，从学生的角度思考学生的数学学习需求。大多数的初中生在学习的过程中缺乏精准的学习目标，很少反思自己的课堂学习状态与个人学习需求。鉴于此，数学教师在设计校本课程的过程中应该注重去分析学生在学习的过程中存在的问题，从而优选课题。

3. 基于教科书的内容进行设计

教科书是校本课程开发的一个重要基础，因此，在校本课程开发中，应以教科书为基础，以符合其发展的意义。目前，某些学校在校本课程开发中，常常盲目追求新的变化，对教材的理解不够透彻，导致校本课程与教科书的内容脱节。在基于教科书内容的校本课程开发中，既可以采用代数与几何相结合的方式进行教学，也可以适当地调整教材的常规教学次序，尤其是某些难点、重点知识，有些学生可能会觉得难以理解，所以要按照先易后难的原则进行校本课程的开发。另外，针对某些提高学生数学思维能力的教材，可以从更为科学的视角来安排。

4. 核心素养下对初中生的评价应多元化

基于核心素养背景下，初中数学教师在开展教学工作时，应注重学生多元化评价，所谓的多元化评价，即采取多种方法、多个角度进行评价。传统核心素养下的校本课程过于重视过程与发展的评价，传统校本课程评价体系中采用的是单一性与量化性的方法，这种评价形式并不利于学生核心素养的培养。基于核心素养的前提下，校本课程的评价方式应以重视多维度与多样式为主，评价期间应该结合学生整体表现和学习成果进行综合性评价。例如，评价不仅仅是教师对学生做出评价，学生同样能够对本课程的教师做出评价，将原先的单向评价变成双向或多向评价，通过这种方式可以激发学生在课程评价期间的创造性和自主性。另外，评价过程中应尽量采用量化与质性结合的评价方式，重视学生日常学习的量化反馈，以发展的眼光去培养学生的核心素养，让学生通过校本课程树立数学学习的自信心。

课题研究期间设计了对学生学习过程进行评价的评价量表。

学生学习评价量表

	学习表现	优（5分）	良（4分）	中（3分）	差（2分）	自评
学习态度	1. 学习目标明确，重视学习过程的反思，积极优化学习方法 2. 逐步形成浓厚的数学学习兴趣 3. 保质保量按时完成作业 4. 重视自主探索、自主学习，拓展视野	积极、热情、主动	积极、热情、但欠主动	态度一般	较差	
学习方式	1. 学生个体的自主学习能力强，会倾听、思考、表达和质疑 2. 学生普遍有浓厚的学习兴趣，在学习过程中参与度高 3. 学生之间能采取合作学习的方式，并在合作中分工明确地进行有序和有	自主学习能力强，会倾听、思考、表达和质疑	自主学习能力较强，会倾听、思考、表达	自主学习能力一般，会倾听	自主学习能力较差，不会思考	

续表

	学习表现	优（5分）	良（4分）	中（3分）	差（2分）	自评
	效的探究 4. 学生在学习中能自主反思，发挥求异、求新的创新精神，积极地提出问题和讨论问题					
参与程度	1. 认真参加数学学习活动，积极思考，善于发现问题，勇于解决问题 2. 逐步提高数学表达与交流能力 3. 积极参加数学探究、数学建模活动，加强数学文化的学习 4. 积极参加数学实践活动等	积极思考，善于发现问题，勇于解决问题，表达能力强	积极思考，善于发现问题，勇于解决问题	能发现问题，但解决问题能力一般	不能积极主动参与	
合作意识	1. 积极参加数学合作学习，勇于接受任务、敢于承担责任 2. 加强小组合作，取长补短，共同提高 3. 乐于助人，积极帮助学习有困难的同学 4. 公平、公正地进行自评和互评，评价过程认真、负责，有诚信	合作意识强，组织能力好，与别人共同提高，有学习效果	能与他人合作，并积极帮助有困难的同学	有合作意识，但总结能力不强	不能很好地与他人合作学习	

续表

学习表现		优(5分)	良(4分)	中(3分)	差(2分)	自评
探究活动	1. 积极尝试、体验数学研究的过程 2. 逐步形成严谨的科学态度、不怕困难的科学精神 3. 勇于质疑，善于反思，有创新意识 4. 善于观察分析数学事实，提出有意义的数学问题，猜测、探求适当的数学结论和规律，给出解释和证明，撰写探究活动报告	①对事物的性质、规律及该事物与其他事物的内在联系理解深刻	②（同左①）理解较浅	③（同左①）理解模糊	④（同左①）未理解	
知识和技能的应用	1. 认真观察数学与日常生活和其他学科的联系 2. 积极体验数学在解决实际问题中的价值和作用 3. 自觉养成应用数学知识解决实际问题的意识，增强综合应用能力	能灵活运用知识解决问题	较灵活运用知识解决问题	应用知识技能一般	解决实际问题能力较差	
其他	情感、态度、价值观的转变，数学认知水平的发展	学习态度、认知水平有很大提高	学习态度、认知水平有较大提高	学习态度、认知水平有些提高	无明显发展特征	
综合评价	小组评价等级		任课教师评价等级			

本研究基于核心素养下对校本课程体系的开发，针对不同学生的认知水平

和兴趣爱好开设形式多样的数学校本课程，并在不同校本课程中落实不同的核心素养。在课题研究过程中开发了6类15门校本课程（如下图），其中操作类"趣味数论""趣味组合""生活中的数学——折纸""经济生活与数学""数学家故事"等课程备受学生喜爱，并在开发与实践过程中不断调整、优化课程内容，使得课程更加符合学生的认知水平，更有利于学生理解、掌握数学的基础知识和基本技能，形成数学基本思想，积累数学基本活动经验，发展核心素养。

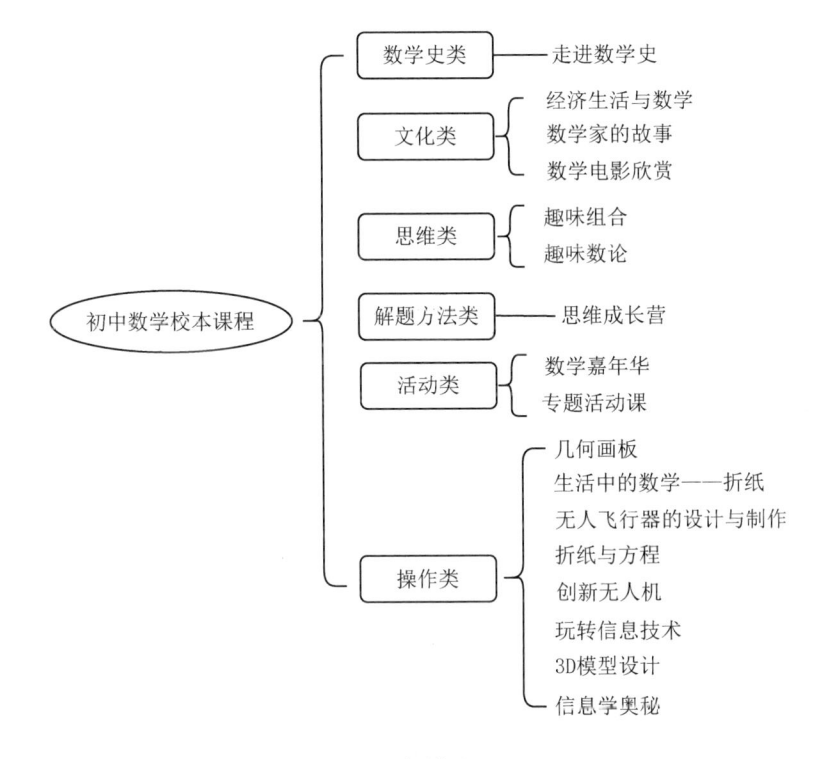

```
                    ┌─ 数学史类 ── 走进数学史
                    │
                    │              ┌─ 经济生活与数学
                    ├─ 文化类 ─────┤ 数学家的故事
                    │              └─ 数学电影欣赏
                    │
                    │              ┌─ 趣味组合
                    ├─ 思维类 ─────┤
                    │              └─ 趣味数论
初中数学校本课程 ───┤
                    ├─ 解题方法类 ── 思维成长营
                    │
                    │              ┌─ 数学嘉年华
                    ├─ 活动类 ─────┤
                    │              └─ 专题活动课
                    │
                    │              ┌─ 几何画板
                    │              │ 生活中的数学——折纸
                    │              │ 无人飞行器的设计与制作
                    │              │ 折纸与方程
                    └─ 操作类 ─────┤ 创新无人机
                                   │ 玩转信息技术
                                   │ 3D模型设计
                                   └─ 信息学奥秘
```

（二）研究过程中采用的主要方法与措施

本课题研究采用行动研究法、调查研究法、案例研究分析法等方法。

（1）行动研究法：在研究过程中，围绕专题，开展集体备课、案例分析、行动调查、课题沙龙等活动。集体备课采取：个人构思（形成初案）—交流讨论（达成共识）—课堂实践—交流反思的模式，不断修改、调整和完善，形成严谨、科学、操作性强的校本课程。

（2）调查研究法：运用问卷、访谈、检测等方式，有目的、有计划地收集有关问题和现状资料，如学生学情资料、课堂教学资料，从而获得本课题研究的第一手资料，对课题研究进展形成科学认识。

（3）案例研究分析法：对课程实施过程中遇到的典型案例进行记录，通过课堂教学个案和学生个案进行分析，从中归纳提炼出实施校本课程的有效策略，寻找规律或产生问题的根源，进而寻求解决问题的方法。

四、关于研究成果

（一）主要成果的内容简介

1. 通过课题研究，提升专业素养

通过开展课题研究，参与老师不仅在认识上得到了飞跃提升，同时对教师个体成长也起到了积极的促进作用。该研究不但丰富了教学研究方式，而且促进了教师间的交流与沟通，使教师在借鉴学习、比较反思中不断地完善自己的教学行为，提高教学水平，更新教育教学观念，同时促进优秀教学经验的学习和推广。课题组成员理论研究水平明显提升，在课题研究过程中发表 CN 论文 7 篇，汇编论文 1 篇，各级各类讲座 2 场，不同等级公开课 5 节，课题组教师的教学水平得到进一步提升，并在教学比武等方面取得荣誉。

2. 通过课题研究，落实核心素养

课题组教师通过开设丰富多样的校本课程，结合核心素养的教学理念，形成优秀校本教材，探索了适合于初中数学校本课程的教学模式，有针对性地培养学生用数学的眼光观察现实世界；用数学的思维思考现实世界；用数学的语言表达现实世界。初步研究得到以下校本课程教学模式与实施步骤。（如下图）

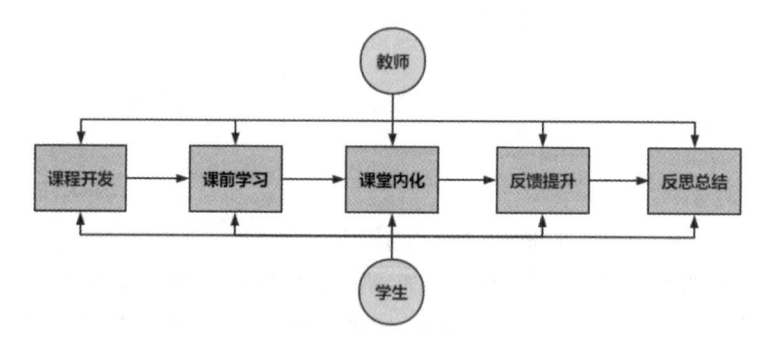

```
          教师
   ┌───────┼───────┬───────┐
   ↓       ↓       ↓       ↓
课程开发→课前学习→课堂内化→反馈提升→反思总结
   ↑       ↑       ↑       ↑
   └───────┼───────┴───────┘
          学生
```

3. 通过课题研究，完善校本课程体系

通过对系列校本课程的实践教学进行研讨分析，并做详细的记录，不断总结调整教学，完善校本课程体系，为后续新教师开设校本课程提供了较好的教学参考依据，并形成教科研论文，使校本课程体系的建设可持续发展。

4. 通过课题研究，提升学生能力

本课题研究过程中，参与校本课程的部分同学参加跨级数学竞赛获得优异成绩,为附中高中输送了一大批优秀生源,同时这些生源在后续高中竞赛中成绩依然优异,校本课程的开设发挥举足轻重的作用。课题研究期间学生获奖情况如下:东南地区数学奥林匹克竞赛(跨级高中)金奖 6 名,银奖 10 名,铜奖 20 名;"大梦杯"初中数学竞赛一等奖 5 名,二等奖 5 名,三等奖 10 名。

(二)成果有哪些理论方面的创新(或在实践中进行了哪些理论验证)

1. 初步形成了课题研究的基本流程(如下图)

2. 初步形成了初中数学校本课程体系建设的研究策略

初步探索了初中阶段适合学生年龄特点的校本课程类型,并结合课程实施过程中学生的反馈优化课程内容。通过开设不同类型的校本课程丰富了学生的数学视野,拓宽了学生对数学的认知,同时培养了学生抽象能力、运算能力、几何直观、空间观念、应用意识、创新意识。通过对参与数学校本课程的学生进行调查,发现有参与到数学校本课程的同学,学习效率高了,成绩进步了,学习更有动力了。

3. 初步形成初中数学校本课程体系建设的研究模式

首先通过问卷调查了解孩子们对哪方面的数学问题感兴趣,再根据调查结果在课题组成员中匹配相应的教师,匹配原则一方面是教师对内容比较有兴趣,另一方面是教师具备相应的专业素养。其次,教师进行相关课程开发,形成校本教材,做好教学课件,准备手工材料等。再次,授课教师在课题组成员面前展示授课内容和设计意图,课题组成员群策群力提出改进建议,然后修改定稿进行授课。最后,在授课过程中根据学生的反馈情况再做调整,最终形成相对成熟的校本课程。在课程结束时再通过测试、成果展示、问卷调查等方式针对不同课程进行教学评价。

4. 初步形成校本课程理念

以学生发展为本，立德树人，提升素养；优化课程结构，突出主线，精选内容；把握数学本质，启发思考，改进教学；重视过程评价，聚焦素养，提高质量。

(三) 成果具有哪些实践指导意义

1. 课题教学案例集的循环使用

本课题研究形成的教学案例可作为后续年级开设校本课程的基础性教材，后续年级可在本案例的基础上再完善、增加更多教学案例，最终形成相对成熟的教学案例集。

2. 课题优秀教学设计汇编

将课题研究过程中的优秀教学设计进行汇编，一方面把研究成果保存下来，另一方面供教研组所有教师学习，共同提升专业素养。

3. 使用校本学案提升学生学习效率

学习过程中用校本学案，明确了学习的目的、任务和方法，极大地提高了学生自主学习的能力，实现了在核心素养理念下学习，逐步形成适应个人终身发展和社会发展需要的必备品格与关键能力。

4. 校本作业，提升学生成绩

本课题研究形成的校本作业较以往征订的教辅材料更加符合学生的学情，自从使用了校本作业，学生不仅作业负担减轻了，而且学业成绩还有明显提升，校本作业也成为本校办学特色之一，还成为了其他学校争相学习和借鉴的教学资源。

5. 撰写研究论文，提升研究水平

本课题研究过程中课题组成员共撰写了12篇论文，其中CN刊物有7篇，市级汇编有4篇，在此过程中课题组成员的研究水平大幅提升。

6. 所开设的校本课程可循环使用

课题研究期间开设的校本课程在不同学期循环使用，累计420人参与了校本课程的学习，受众面广。下表为课题研究期间校本课程开课安排表：

学期	课程名称	开课地点	授课教师	学生人数
2020—2021学年第二学期	趣味数论	初一（1）班		40
	思维成长营	初一（9）班		30
	玩转信息技术	机房		30

续表

学期	课程名称	开课地点	授课教师	学生人数
2021—2022学年第一学期	数学电影欣赏	初一（4）班		30
	几何画板	六楼机房		35
	趣味数论	初一（8）班		35
	无人机	劳技教师		20
2021—2022学年第二学期	趣味数学故事	初一（8）班		20
	走进数学史	初一（4）班		30
	几何画板	六楼机房		30
	创新无人机	劳技教室		20
2022—2023学年第一学期	数学的故事	初一（13）班		40
	组合数学	北大门教学楼教室2		30
	数论	北大门教学楼教室3		30
	创新无人机	劳技教室		20
	3D模型设计	润德楼307 3D打印教室		20
	航空模型制作	润德楼403 薛丙工作室		20
2022—2023学年第二学期	组合数学	北大门教学楼教室1		31
	数论	北大门教学楼教室3		38
	数学的故事	初一（13）班		35
	创新无人机	劳技教室		20
	3D模型设计	润德楼307 3D打印教室		20

五、成果公报会情况

（一）会议简况（时间、地点、参加人员、会议内容与过程，成果内容简述等）

2023年6月2日在×××中学团委二楼会议室，召开课题组"成果公报会"，会上课题负责人×××汇报两年来课题研究的相关情况，获得的成果主要有：(1)教学论文7篇；(2)汇编校本6本；(3)公开课4节；(4)送培送教2节；(5)相关讲座2节。

（二）专家建议

评议专家（至少2名外校具有高级职称专家手写表格中的相关信息）

姓　　名	工作单位	职称/职务	签　　名
			年　月　日

六、课题单位及县（市）区教师进修学校意见

（一）所在单位科研管理部门意见

　　　　　　　　　　　单位（盖章）　　　　负责人：
　　　　　　　　　　　　　　　　　　　　　　年　月　日

（二）县（市）区教师进修学校意见

　　　　　　　　　　　单位（盖章）　　　　负责人：
　　　　　　　　　　　　　　　　　　　　　　年　月　日

第七章
一线教师课题研究的成果提炼

第一节 课题研究类论文的特点

课题研究的论文是在课题研究中期阶段或课题研究结束阶段，对课题研究进行全面、系统的总结，并以学术形式呈现的成果。它可以是一篇综述性论文，对已有研究进行归纳和总结；也可以是一篇研究性论文，提出新的理论、方法或实证结果；还可以是一篇实践性论文，通过实践过程中的案例来佐证课题组提出的相关理论。

严格地说，课题研究的论文跟一般的学术论文还是有些不同的，它有自己鲜明的特征。从课题研究方法中选择其中一个或者几个对结论影响比较大的方法，记录详细的数据收集过程，以及对数据处理的科学性和系统性操作，并对研究过程产生的数据进行定量或定性分析；然后对实证分析的结果进行解读和讨论，并与理论框架和已有文献进行比较和分析；最后需要结合研究结论详细说明研究的贡献和创新之处，并指出可能的局限性和未来研究方向。从这个角度来看，课题研究论文的总体要求跟课题结题报告的要求非常接近。

课题成果类型的论文是基于特定科研课题或项目的研究成果所撰写的学术论文，与其他类型的论文相比，课题成果类型的论文有以下特点。

一、研究的背景和价值

课题成果类的论文需要明确描述研究所针对的具体课题或项目的背景和研究价值,即研究动机和研究问题解决方向。我们的研究出发点和落脚点都是基于现实教育教学过程中遇到的问题,基于问题出发,以研究的视角来对问题进行分析和提出解决问题的假设,然后根据预设的路线进行实践,最终得到问题解决的方案。同样在课题成果类论文的撰写过程中,首先要明确地提出我们研究的问题,这样就可以使得读者直观地了解研究的背景和研究的价值。

二、研究的目标和内容

当确定了研究的问题之后,最重要的事情就是要梳理研究的目标,对于研究目标的确定可以借鉴、参考韩映雄、马迁在《如何选题和陈述研究目标》中提到的克雷斯威尔所做的针对定性研究目标陈述的"脚本":

这则_____(指研究策略,如民族志、个案研究或其他类型)研究的目的(将)是为了对位于_____(指研究地点)的_____(指参与者,如个人、团体、组织)的_____(指将被研究的主要现象)进行_____(理解、描述、形成、揭示)。在这一研究阶段,_____(指将要被研究的主要对象)将被暂时定义为_____(给出一个大体的定义)。

通过这个"脚本",读者就可以快速地知道写作者的意图或主要工作任务。在研究过程中也是梳理了目标之后,根据目标来确定研究的具体内容,主要包含课题的研究对象、总体框架、重点难点、主要目标等。其核心是完成对内容的各个项目任务的详细描述,让读者明白课题研究具体做了哪些项目和具体任务。

三、研究的方法和过程

研究过程一般分为两年,从课题获得立项的时间开始计算,实际上往往在申报课题之前就开始进行研究。但是通常情况下课题研究过程是按照三个阶段来进行描述:课题准备阶段、课题实施阶段、课题总结阶段。课题实施阶段是核心也是重点，从时间上来看，课题实施阶段占的比例约为80%左右。而这个阶段往往又按照学期进行划分，因此，很多时候又按照两年四个阶段来进行实践。在这个过程中，结合课题研究内容的具体项目采用相对应的研究方法，例如：文献研究法、调查法、行动研究法、案例研究法、实验研究法等。

四、研究的数据分析结果

一线教师做课题研究最大的优势就是有实践基地，有师生每天在研究假设的框架下进行有目的和针对性的实验，这些活动能产生非常详细的数据，通过问卷调查、访谈，或现代信息技术手段和大数据在线平台可以非常便捷地收集到数据，然后根据预设的维度进行分析，最后得到相应的结果，通过结果又可以反过来支撑和解释原来的研究假设。

所以在撰写课题类文章的时候，为了使读者能够理解和复现研究过程，论文通常需要详细描述研究所使用的方法和数据的来源、采集方式以及处理方法。这有助于确保研究的可信度和科学性。

五、研究的结论和创新

课题成果类的论文的核心部分是课题研究所取得的结果和讨论。课题组需要清晰地呈现研究的结果，并结合相关的理论进行深入的讨论、分析和解释，以展示研究的发现和观点，并在这个过程中提炼课题研究成果的创新点。一个课题获得立项，并且得到课题管理机构或部门的资金资助，必然要有创新的观点或结论，且具有建设性。同时这样的阐述有助于读者更深入地理解研究的意义和贡献。

六、研究的不足和展望

这部分的不足不是指一线教师在研究过程中自身存在的，尽量不要空泛而谈，例如，理论高度不够，研究水平不高，对课题研究投入的时间和精力不足等。

这部分重点是直接指该课题通过两年的研究，是否达成研究的预期目标，如果没有，是什么原因导致的；以后如果在这个领域继续研究要注意什么问题；针对目前得到的研究数据，分析是否跟原来的研究假设和预期目标有差距，差距体现在数据上如何解读，是否因数据收集的手段和方式而导致；对于数据分析方法和维度是否存在预设方面的问题，如果继续这个方向的研究，在数据收集、处理、分析等方面要注意什么问题；在实践过程中变量有哪些，因变量的控制因素有哪些，实验过程中是如何控制和改变的，对实验结果产生了什么样的影响；如果继续这个项目的研究，可以从哪几个因素去调整和控制以便让实验的结果更加趋于完整和科学。

总体上说，课题成果类论文有自己鲜明的特点，基于实证的研究，都是根据从实际问题解决的需要出发，设置相关的变量，然后得到丰富的数据，根据研究假设对数据进行处理和分析得到结果。相对于其他类型的论文的撰写模式，课题研究类文章更加注重对研究的背景和价值、目标和内容、过程和方法、数据分析处理、结果和展望等模块的描述。

第二节　课题研究类论文的组成要素

通过前面的内容介绍，我们知道课题研究的论文具有独特的要求和鲜明的特征，针对一线课题研究的新手教师，接下来简单介绍课题类论文的基本结构，以及撰写一篇课题类论文时，要注意的一些要素。

（1）标题：论文标题应直观、明了地概括研究课题的主题。一个好的标题可以准确地反映论文的核心内容，直接提出文章的主旨和创新的观点。同时，还需要注意标题应该具有吸引力，能够瞬间抓住编辑和读者的眼球，吸引读者的兴趣，引发他人阅读的欲望。论文标题要避免使用模棱两可的语言或泛泛而谈的描述，应能够具体、明确地表达作者研究的成果。

（2）摘要：摘要的位置处在正文的前面，常与关键词一起作为文章的开头，其作用是对论文的主要内容进行简明扼要的介绍，读者往往根据摘要来决定是否要阅读或下载该论文。摘要在长度上通常限制在150—300个字左右，主要是将研究的目的、方法、结果和结论等关键要点进行概括和提炼。摘要的写作尽量避免使用缩略词或专业术语，更不要使用图表形式的内容，以便广大读者可以快速了解论文的核心内容。

（3）引言：引言部分是论文开头的一段或几段文字，有的论文就直接采用引言作为大标题，用来描述研究课题的背景和意义。在这一部分，作者需要解释为什么选择了这个研究课题，基于什么现实背景和政策背景，它对学术领域或实践有什么重要意义，最后还要提出研究的目的是什么。

（4）综述：这里是指文献综述，这部分可以简明扼要地描述当前领域已有的相关研究成果。文章可以通过总结前人所做的研究，指出他们的研究成果、所采用的方法以及研究的不足，并在这个基础上提出你的研究观点是如何填补知识空白，或改进前人研究不足之处的。文献综述的目的是向读者展示你对该领域已有研究的了解，并为你的研究提供理论支撑和实证基础。

（5）方法：方法部分详细描述课题研究所采用的研究方法，特别是在课题研究的实施过程中是如何应用这些方法解决问题、获取实验数据的。需要详细地说明课题研究中样本的选择方法、数据采集和处理过程、统计分析的工具等内容，以便其他研究者能够理解和复制你的研究，同时还要确保你提供的方法信息足够详细和准确，以验证研究结果的可靠性。

（6）结果：结果部分可以使用表格、图表等方式展示你的研究数据和发现。结果应该准确、详细，并与你的研究目的保持一致。当然，允许结果有一定出入，特别在研究初期和中期阶段，课题负责人就要去检查研究假设是否科学，然后进行必要的调整。有了结果之后，还需要对结果进行深入分析和解释，形成可以推广的成果。此外，课题组还需要讨论该研究的局限性，并提出未来的研究方向和进一步的研究建议。

（7）结论：结论部分就是总结研究的主要发现，并强调研究对教育教学和社会发展的贡献和意义。最核心的是要回到问题的出发点，最后的研究结果对问题的解决起到了什么作用，这是课题研究最终的落脚点。而一线教师的研究最终还是要回到教育教学中，回到学生成长和教师专业发展中，为解决一线教学问题提供理论上的指导，为读者提供整体的研究结论，形成可以推广和辐射的教学成果。

（8）参考文献：参考文献可以为作者的论点提供有力的论据，通过参考文献表明本文引用的理论、观点、方法、数据的来源，既是对原作者的尊重，也是学术规范的一种表现，同时还为编辑和读者提供检索的便利，也为统计人员进行信息研究和文献计量的研究提供了保障，文献的下载量和引用量是学术领域重要的数据，这些与参考文献都是分不开的。具体操作过程中大家可以参考 GB/T 7714—2015《信息与文献参考文献著录规则》。

以上 8 个要素构成一篇完整的课题研究论文的基本结构，每个部分的内容和要求都有自身的特点。在实际操作过程中，并不是每篇文章都要完全符合这 8 个环节，每个内容所占比例多少都没有固定的模式，一是要看论文撰写者的习惯和写作的需要，二是要看具体的学科特点，三是要考虑投稿杂志的具体要求和标准。总之论文能够凸显研究成果，完整表达作者的核心观点即可。

第三节　课题研究类论文的撰写方法

撰写与课题研究相关的论文时，最好是经过一段时间的研究实践，已经取得一定的研究成果，也就是有了课题阶段性研究成果的时候，开始一边对课题研究进行总结，一边撰写与之相关的论文，所以到中期检查阶段开始撰写课题论文是一个比较科学的时间节点。因为文章从写到杂志社刊发还需要较长的一段时间，而现在省、市级课题研究的时间都限制在两年时间内，所以，如果论文撰写、修改、投稿、刊发等一系列流程走下来，稍微不注意就影响到最后的结题。

撰写与课题相关的论文时，有很多功夫其实在撰写之外，比如：提前做好文献综述，明白同领域中已经有哪些人做了哪些比较有影响力的研究和取得了哪些成果，这些成果对我们的研究有哪些影响和帮助，还有哪些是目前没有涉及的方向等，这些都是非常重要的信息。在研究过程中采用了哪些研究方法获得了哪些数据，对这些数据采用什么方式进行分析，得到了什么结果等都是十分重要的前提条件，只有在获得了这些丰富的资料和信息之后开始撰写文章才会容易，也只有这样，写出的文章才具有价值，后期投稿到杂志社才能更加容易获得编辑的青睐。总体上说，以下的 9 个环节是值得一线教师思考和注意的。

一、确定论文目标和范围

(1) 明确文章要表达的意图：结合课题研究的目标和内容，清晰地呈现课题要解决的具体问题，这些问题最好是具有代表性的，对一线教师而言有同感的，即你提出的问题不仅仅困扰了你自己，还困扰着身边的同行，恰好你提出了解决方向，或者是提出了研究假设，并进一步阐明了研究的目标和意义。这样的文章一下子就可以吸引读者和编辑。

(2) 确定研究范围：一线教师课题研究的方向大部分都是课堂教学模式的探究，课标精神的课堂实施和效果研究，学生全面发展的有效途径，教师专业成长的有效路径，学校内涵发展名片打造等，基本上都是基于学校，从教育出发，最终又回到教育，所以研究的范围也是教育、学校、学生、教师，或者限定在某一部分人群中。研究的范围就限定了论文的研究范围，课题研究类论文一定要结合课题研究的范围，然后从课题研究中选择某一个维度进行阐述，确保能够集中精力深入研究一个特定的主题或方面，这样容易出成果。

二、文献综述

(1) 收集文献：通过多种渠道查找与课题相关的学术文献，包括期刊文章、学位论文、会议论文、书籍等。现代信息技术越来越发达，基本上一线教师都有知网或者其他学术网站的账号，可以更加便利地获得与课题相关的资讯。而传统的辞海等对于研究也具有重要的参考价值。

(2) 阅读文献：获得文献后，阅读就成了一个关键，不然课题组下载或者购买再多的资料都是无用的，要有技巧地阅读已有的研究文献，特别是摘录文献中的观点、方法、实验设计和结果。

(3) 总结文献：对文献进行分析和提炼，最重要的是找出已有研究的亮点、进展和不足之处，为后期课题组的研究观点和假设打下扎实的理论基础。

三、研究设计与方法

(1) 描述研究方法：详细描述在课题研究过程中使用的研究方法或实验

设计，包括问卷调查、实验操作和结果、案例分析等。

（2）数据来源与采集：明确数据的来源，例如，实验数据、问卷调查数据、文献收集的数据等，以及样本和样本容量等。

（3）数据分析与处理：说明你用何种统计方法或采用什么分析工具对数据进行分析和处理。

四、数据收集与分析

（1）收集数据：根据你的研究设计，进行数据的收集和整理。随着现代信息技术的不断发展，数据收集越来越便捷，通过小程序、在线平台等，可以保障数据的准确性和完整性。

（2）进行数据分析：根据研究问题和方法，使用适当的分析工具对数据进行统计分析或定性分析。

（3）解读和展示结果：借助现代信息技术手段，对分析得到的结果进行解读，并通过图表、表格等方式清晰地展示出来。

五、讨论与解释

（1）分析结果：根据数据分析的结果，将其与已有的研究进行对比，找出差异和共同点，这其中就包含着课题研究最重要的研究成果。

（2）解释结果：解释研究结果的意义和影响，探讨结果背后可能存在的原因和机制，这些原因和机制就是后期提炼课题研究理论成果的原始点。

（3）探讨假说和局限性：讨论所提出的假说是否获得支持，以及研究中的局限性和不足之处。

六、结论与建议

（1）总结研究结果：结合前期的数据分析结果，以及初步提炼出来的机制和原因，在结论部分概括和总结整个研究的结果，回答研究目标和问题，就形成最终的课题研究理论成果和实践成果。

（2）提出研究建议：根据研究结果，结合当初研究的问题，提出相应的改进建议，为后续他人进入本领域的研究提供方向上的指导，避免学术研究的重复和浪费。

七、引言和摘要

（1）编写引言：在开始之前撰写引言，简明扼要地介绍论文的背景、研究的目的和意义，以期能够吸引编辑、读者的兴趣。

（2）撰写摘要：在完成论文后，撰写一段简短的摘要，一般150—300字，不同的杂志对摘要的具体要求不一样，在投稿之前根据杂志的要求进行适当的修改即可，摘要的主要内容就是概括研究的主要内容、方法和结果。

八、调整和修改

（1）检查文章结构：检查论文的整体逻辑是否清晰，结构是否合理，从一级目录到二级目录整体来看是否符合逻辑，前后是否保持一致，是层层深入不断递进模式，还是并列平行模式，是否有不必要的重复或遗漏，写完之后要进行适当的调整。

（2）校对和润色：可以通过软件在线自动检查论文中的语法错误、拼写错误和标点符号等问题，特别是摘要、关键词、参考文献等都有其特别的要求，通过修改可以使其更加规范和准确。

九、引用和参考文献

在论文中准确引用前人的研究成果，包括直接引用、间接引用都需要在论文末列出引用的文献，对文献的引用需要按照特定的引用格式进行排版。

总之，一篇高质量的课题研究类论文的撰写，不仅仅需要关注常规文章撰写的格式以及注意要点，还要关注到课题研究类论文的特点，需要对课题研究的整个过程进行阐述，以便他人能够重复这个研究和实验，所以从问题的提出到文献综述，以及研究的假设、研究的技术路线、实践研究的数据分析和处理都要有依据，要详细地进行说明。最后要旗帜鲜明地提出研究的结论，发现了什么规律，建构了什么模型，形成了什么策略，在论文中要对其来龙去脉进行清晰而有条理的描述。

第四节　课题研究类论文撰写的一般范式

对于论文的撰写，首先要明白希望通过文章表达什么观点。而对于课题研究类论文，希望通过文章呈现课题研究的成果。在课题研究成果的表达过程中，体现创新点显得尤为重要，注意文章表达的主题和内容，都要与课题研究的目标和内容具有高度相关性，最好是关键词能够保持一致。

其次，按照想要表达的文章主旨，写出一级目录，也就是计划用几个维度，或者从哪几个视角来把文章的主题完整地呈现出来。通常情况下是用 3 到 4 个维度或视角来阐述研究的主要成果。前面加一个前言部分，后面加一个结尾部分，文章的总体框架就形成了。一级目录通常用一、二、三、四的形式来表示。

再次，在一级目录确定的情况下，需要撰写二级目录。在一级目录的某一个维度下，还需要继续对这个一级目录进行分解和说明，每个一级目录下的维度一般也是 3—4 个，从数量上来说多的话不宜超过 6 个，少的话可以是 2 个，有时候在某一个一级目录下不用二级目录也是可以的。但是对于比较重要的部分，则需要进行详细的叙述。写作的时候，需要对每个二级目录的内容和观点进行陈述，这里可以用某一个观点、某一个案例等来佐证前面的观点。常采用（一）、（二）、（三）、（四）来表示。

最后，有时候还需要在二级目录下面进行再次分解陈述，所以我们会采用三级目录的形式，详细地对二级目录的内容进行理论上的补充、细化，或者是用案例和数据来进行佐证。通常采用 1、2、3、4 这样的形式来呈现。

对于课题研究的成果提炼，有时候课题的开题报告、中期报告，特别是结题报告也是可以作为成果直接在杂志发表的。例如：《中学数学教学参考》就有专栏，用于刊登课题研究的相关报告，一般来说结题报告居多，因为结题报告本身就包含了对研究最终成果的提炼。中期报告偶尔也会在杂志刊登，但是数量相对结题报告就少很多，开题报告偶尔会见到，数量相对来说就更少了。

对于课题研究类的论文，很多时候写作的模式跟课题研究过程保持高度的一致。例如：袁健的文章《"概念图在初中数学课堂教学中应用的策略研究"结题报告》，其一级目录、二级目录、三级目录如下：

1　研究背景与研究价值

　　1.1　研究背景

　　1.2　研究价值

2　研究目标与研究内容

　　2.1　研究目标

　　2.2　研究内容

3　研究成果

　　3.1　新授课：课堂教学设计与实施的有效工具

　　　　3.1.1　概念图备课，多方面、有备理建构设计图

　　　　3.1.2　概念图教学，多层次、地毯式归纳知识块

　　　　3.1.3　概念图小结，多形式、全方位展示系统网

　　3.2　复习课：知识类化、方法固化、思想可视化的有效依托

　　　　3.2.1　用概念图建构知识体系

　　　　3.2.2　用概念图固化数学方法

　　　　3.2.3　用概念图可视化数学思想

4　主要创新点

　　4.1　"概念图"是初中数学可视化教与学的重要工具

　　4.2　"概念图"是提高初中数学课堂教学效率的实践手段

　　4.3　"概念图"是提升学习能力和思维能力的重要抓手

5　反思与展望

　　5.1　对课题研究目标评价的反思

　　5.2　对课题研究方法的反思

　　5.3　对课题研究成果的反思

　　5.4　研究展望

有部分课题研究的论文不会完全按照课题研究的整个过程来撰写，而只是把研究的目的和意义，研究的过程和方法，以及研究的成果和社会影响进行详细的描述，最后也会有反思与展望来总结研究中存在的不足，为后续研

究提供一个有价值的建议。例如：刘燕清的文章《以读导写，以写促读——"初中语文读写结合有效策略的研究"课题结题报告》，其一级目录、二级目录、三级目录如下：

1 研究的目的和意义
2 研究的过程和方法
    2.1 组建研究团队，规范管理过程
    2.2 狠抓理论学习，更新教育观念
    2.3 立足课堂阵地，做实行动研究
    2.4 开展交流展示，积极推介成果
3 研究的阶段性成果及社会影响
    3.1 因地制宜，提升教师教学理念
    3.2 推动学校课程改革
    3.3 深化对变式教学的认识
        3.3.1 变式题"为什么要变"
        3.3.2 变式题"变什么"
        3.3.3 变式题"怎样变"
        3.3.4 变式题"变到什么程度"
    3.4 形成基于本原性问题数学变式教学的模式
        3.4.1 设置本原性问题
        3.4.2 完成本原性问题
        3.4.3 进行变式教学
        3.4.4 回顾本原性问题
4 反思与展望
    4.1 本原性问题挖掘，还需进一步深化
    4.2 对变式教学的理论依据理解不够，对其方法认识不足

当然，也有一部分课题类论文跳出课题研究过程的束缚，省略研究的目的和意义、目标和内容、过程与方法、相关的数据分析以及结果和社会影响，直接从问题入手，给出研究最后的成果形式，再用相关的研究案例来进行佐证，最后当然也是反思等。例如：段振富、郭晓灵的文章《大数据背景下基

于过程性评价的初中数学教学实践》，其一级目录、二级目录、三级目录如下：

1　问题的提出
2　评价模式设计
　　2.1　评价相关理论依据
　　　　2.1.1　过程评价
　　　　2.1.2　大数据背景下的过程评价
　　2.2　过程评价模式的构建
　　　　2.2.1　基于评价维度的作业设计
　　　　2.2.2　基于信息平台的数据分析
　　　　2.2.3　基于数据分析的二次备课
　　　　2.2.4　基于二次备课的补救教学
　　　　2.2.5　基于维度标准的二次测评
　　　　2.2.6　基于学习分析的数据保存
3　具体案例设计和展示
　　3.1　科学设置校本作业的评价维度
　　3.2　学生作业完成情况的实时数据分析
　　3.3　基于数据的精准补救性授课
　　3.4　基于二次授课后的测评数据分析
　　3.5　基于大数据评价的校本资源库建立
4　基于实践的反思

以上提供的课题研究类论文撰写的范式和一般流程等都是在课题研究已经取得真实有效的数据和结果的前提下，对课题成果进行表达的一种方式而已，可供借鉴和模仿。

第五节　课题结题之后

前面一章有对课题结题的几个环节和重要报告文件进行详细的阐述，到这个环节，课题研究的整个活动就基本告一段落。

但是活动结束不等于课题研究结束了，我们常说"课题研究的路上，需要一群人，一直走，没有尽头"。生命不止，研究不停。在某一个课题研究时间内达成了预期研究成果，通过专家评定也获得课题管理机构或部门颁发的结题证书，是一个阶段的结束，而真正的研究是从获得第一本结题证书开始的。

以下是这些年做课题研究过程中不断积累、总结出来的关于课题结题之后的一些做法。

一、课题的不断迭代升级

县（市）区级课题结题之后，尽可能地在原来研究的基础上，向上一级课题管理机构继续申报同领域的课题，在已有成果的基础上做进一步的深入研究。这个时候，我们前一个课题最后总结阶段的展望就可以派上用场了，展望可以对自己未来的继续研究提供一个指引方向，也是在这个领域继续研究的一个铺垫。如果此时回头看自己的前一个课题研究，就会有不同的感悟和收获。

其实，当前一个级别课题结题之后，我们就在该领域有了一定的研究基础，并且取得了一定的成果，同时，也形成了一定的范式或者解决问题的策略。在这个基础上再去申报上一级的课题，评审专家一眼就可以看出该课题与其他课题的不同之处，课题获得立项的概率就大大地增加了。

当然，我们在后续研究选题的时候，就可以更大气，维度可以更高。在研究目标和研究内容方面可以更加深刻，更加细致。在预期研究成果方面，可以再多些，取得的成果层次再高些，例如，由原来的发表一篇 CN 文章到多篇文章，从发表普通期刊文章到核心期刊文章，甚至可以从发表文章到出版专著等。

二、基础教育教学成果奖的孕育

从一线教师教学实践的视角来说，基础教育教学成果奖的筹备和孕育可从以下几个维度去思考和积累。

（1）在理论成果上不断地提炼升华：让我们的研究更接近于教育的本质，

发现教育现象背后的一般规律。

（2）在实践成果上不断地丰富：从县（区）级课题，到市级课题、省级课题，最后到国家级课题的层层提升，每个课题都朝同一个方向、在同一个领域，都有着相同的研究目的和意义，最后就形成了强大的佐证材料来支撑你的成果，也可以支撑你的教学主张。

（3）影响力不断地扩大：课题研究的成果需要在结题之后进行推广，让其产生辐射和影响，这种影响需要从自己所在的学校延伸到区域内的许多学校，辐射到整个区域的教育，甚至影响到整个教育行业，也就是掀起了整个教育行业的改革，从而影响到下一轮课程标准的修订。

（4）学生全面发展：在这个主题研究下，学生因为跟着从事研究的教师学习，所以持续获得成长。学生的获奖，取得各种各样的荣誉，5年、10年甚至更长时间，他们所取得的成就都跟当下跟随着从事该领域研究的教师有很大的关联。做这样的学生很幸福，做这样的教师也十分幸福。

（5）教师不断地成长：某一位教师持续地进行研究，带这样一群人对这个主题进行长期研究，基于这样的研究，教师持续地获奖，取得各种各样的荣誉，5年、10年，甚至更长时间内，跟随着课题组不断成长，最终成为在市级、省级，乃至全国都有影响力的名师，取得了终身成就。

三、国家级课题的申报

一线教师从申报省级课题走向申报国家级课题，是有一定难度的，但是如果可以找到志同道合的一群人跨省、跨地区申报项目，这样获得立项的概率会大很多。

首先，你需要找到差不多同时在某一个研究领域多年持续地做同一个方向或主题研究的教师，难度虽然有点大，但不是不可能，可以通过文章去找作者。

在省级课题或省级教育教学成果奖的基础上，不断地积累经验，特别是要在期刊上发表同系列论文，或是在核心刊物上有多篇论文，有省级以上的课题并有多个同方向（领域）的研究成果作为支撑，那么获得国家级课题立项的概率就大大地提升了。前提是有做真研究、持续在同一领域做研究、找到一群人一起做这个方向的研究。

案 例

大数据背景下基于过程性评价的
初中数学教学实践

摘要：初中数学教学过程性评价的关键在于教师教学和学生学习过程中的实时数据收集和统计，随着信息技术不断升级和完善，特别是大数据平台进入教育领域，教学的过程评价就突破了传统人工分析的模式。本文结合实践中提炼出来的信息技术助力初中数学教学评价的操作方法，并在此基础上总结出来的经验具有可推广价值，值得借鉴。

关键词：大数据，过程性评价，初中数学，教学评价

基金项目：福建省教育科学"十四五"规划2021年度课题"大数据背景下的初中数学教学评价研究"（编号 FJJKZX21-111）。

引用格式：段振富，郭晓灵. 大数据背景下基于过程性评价的初中数学教学实践[J]. 数学之友，2023，37（02）：22-25.

1. 问题的提出

《义务教育数学课程标准（2022年版）》明确提出"评价不仅要关注学生数学学习结果，还要关注学生数学学习过程"，在综合与实践领域直接提出来"应当关注过程性评价"。[1] 然而，过程性评价在实际操作中一直存在着缺乏直接、真实，并且能够持续、实时反馈学生学习全过程的有用信息和数据。即使我们在评价过程中意识到应该关注学生课前、课中、课后的每个环节，学生的学习态度、专注力、完成作业时间和正确率等，对于课时知识点的掌握情况如何，具体到哪些知识点没有掌握，哪些思想方法存在缺漏，哪些能力水平还没有达成，不只在终结性评价中体现出来，是否有办法让学生在学习过程中存在的问题能得到及时反馈，还有针对性指导呢？

随着互联网的发展，通过网络能实时收集学生学习过程中产生的大量数据，并及时对数据进行整理、分析，然后反馈，甚至系统能够针对问题自动提出补救措施。这就让基于大数据的过程性评价突破原来的困境，成为教学效益提升的重要工具。

2. 评价模式设计

2.1 评价相关理论依据

2.1.1 过程评价

过程评价起源于上世纪 80 年代，它是利用多种有效的手段和方法收集学生学习过程中出现的有用信息，然后对收集的信息进行整理、分析，借由专业的统计技术与学科专业维度标准相结合，评估学生学习和教师教学过程中的目标达成度。并根据评估结果调整教师的教学设计、教学组织、教学实施，同时也调整学生学习过程中的习惯和方法，是为了促进学生的全面发展和为学生终身发展而进行的评价模式。[2]

2.1.2 大数据背景下的过程评价

大数据背景下的过程评价是对学生在学习过程中的重要环节进行实时跟踪记录。比如在学生预习、听课、完成作业、单元复习、质量监测考试等环节，以信息技术为工具进行无感化实时数据采集，并对数据进行加工、整理、分析，最后针对学生存在的问题提供弥补措施。大数据背景下的初中数学过程性评价，是借助达宸信技术团队开发的笔曰纸笔系统，通过无感化数据采集，实时监控，经过大数据的分析处理，对学生的学习效果和教师的教学效果进行实时测评，有效监督，快速分析，直观呈现，帮助教师及时发现教学中存在的问题，同时也直观地呈现学生的学习效果和需要调整的学习策略。该模式具有可操作性，对提升初中数学教学有效性具有较大的帮助。

2.2 过程评价模式的构建

学生在学习过程中，因为自身知识体系发展规律的原因，一定会存在一个不断试错、修正的过程，如果按照旧有的评价模式，学生知识掌握的具体情况，学习中存在的问题只有在阶段性或终结性考试的时候才能得到反馈。于教师而言，传统作业批改是反馈教学效果的重要手段，但是对于学生存在的问题，基本上是凭感觉和经验在后续授课中进行补救。这样的教学显然缺乏精准性和针对性，但是如果借助大数据平台，这个问题就可以得到大大的改善。

在实践中我们利用智能数码笔和信息技术平台，将数据收集和分析融入课前、课中、课后学生训练的整个过程。在实际操作过程中，根据实验班级三年的跟踪，在数据收集和处理以及使用过程中，形成了相对科学和稳定的基于大数据的初中数学过程评价模式，如图 1 所示：

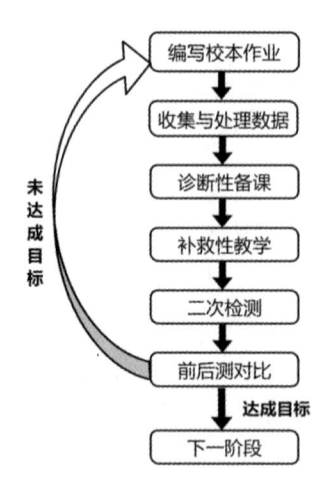

图 1　基于大数据的初中数学过程评价操作流程图

2.2.1　基于评价维度的作业设计

在学科理论指导下，学校骨干教师组成校本作业设计和开发团队，根据新课标要求以及学校生源情况，编写贴有评价维度指标的校本作业（见表1）。然后由技术人员对其进行数据化编辑，最后打印成日常作业本。同时技术平台上对每道题目进行以标签作为身份识别的加工，为后期针对学生个体性错误推送相似题做好铺垫。

表1 基于多向细目表的校本作业标签维度（举例）

题号	章节	课时	知识点	题型	学科能力-数学运算	学科能力-数学抽象	学科能力-逻辑推理	学科能力-数据分析	学科能力-直观想象	学科能力-数学建模	学习能力水平（待定）-了解	理解	掌握	应用	评价	素养维度	预估难度系数-易	中	难	实际难度（正确率）	答题时长参考(min)
9-1	九	1	不等式的意义	选择题	✓						✓					数学抽象	✓			中	≤1
9-11、9-12	九	2,3	不等式的性质	选择题、填空题		✓	✓						✓			逻辑推理		✓		中	1~2
9-15、9-16	九	4,7	不等式（组）的应用	解答题			✓			✓			✓			数学建模			✓	难	8~10

2.2.2 基于信息平台的数据分析

由智能笔曰纸笔系统采集学生课前、课中、课后完成作业的相关信息，由后台系统对数据进行加工处理，最后提供精准的诊断报告，并针对问题自动推送补救性题目到学生个人和教师备课组。

2.2.3 基于数据分析的二次备课

由集备组对平台提供的分析报告进行诊断性备课，负责集备的教师根据后台的诊断报告针对学生存在的突出问题进行第二次备课，并且提供教学设计、课件。

2.2.4 基于二次备课的补救教学

由教师结合班级学生实际情况对教学设计和课件进行调整，在班级进行第二次授课，这个环节称为补救性教学。

2.2.5 基于维度标准的二次测评

由集备组负责教师结合诊断报告命制相关的测评试卷，同样按照校本作业设计的几个维度指标，即多向细目表的标签作为依据命题，然后进行第二次检测。

2.2.6 基于学习分析的数据保存

根据平台收集得到的数据进行前、后测的对比，从而判断补救性教学的效果达成度。如果没有达成预设的目标，则该知识点进入年段集备数据库，在后续复习的时候针对该知识点进行第三次补救性教学。以此类推，中考第一轮复习时，相关知识点成为校本作业的关键点。

这个模式就让我们的教学在过程性评价指导下发生了转型，由原来的经验型教学转向了基于大数据背景下的精准教学，教学的效益大大提升，真正实现了减负提质。

3. 具体案例设计和展示

下面以人教版第 9 章《不等式与不等式组》为例，从校本作业设计，到使用过程中学生学习数据收集、整理、分析、反馈、二次集备、补救性授课、二次检测、数据记录和个性化学习等流程的实际操作进行展示。

3.1 科学设置校本作业的评价维度

根据学科特点，选择数学专业领域的几个维度进行校本作业设计：知识点、题型、学科六大核心素养、学生学习能力 5 个水平等几个方面作为评价维度的标准。例如：在校本作业设计阶段设置多向细目表的标签维度（详见表1）。同时对这份作业设计从知识点的角度进行统计，如图 2 所示。

知识点维度图

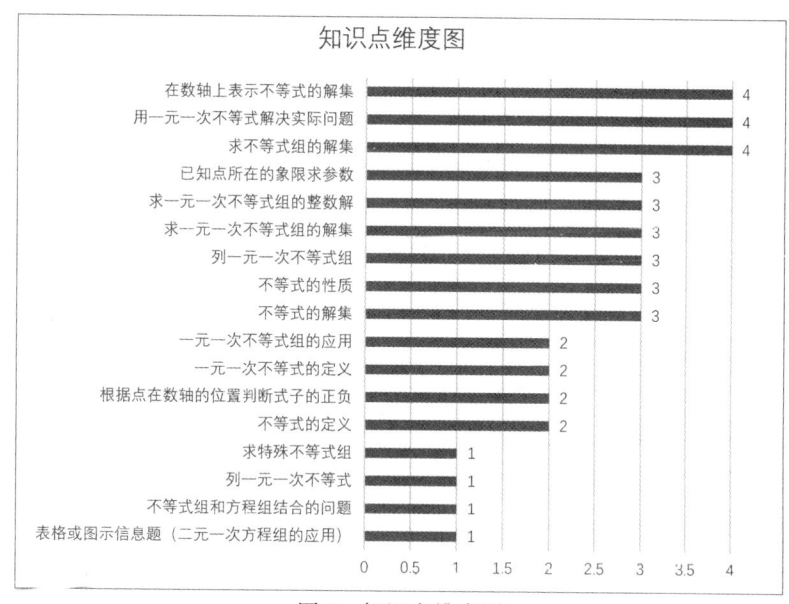

知识点	值
在数轴上表示不等式的解集	4
用一元一次不等式解决实际问题	4
求不等式组的解集	4
已知点所在的象限求参数	3
求一元一次不等式组的整数解	3
求一元一次不等式组的解集	3
列一元一次不等式组	3
不等式的性质	3
不等式的解集	3
一元一次不等式组的应用	2
一元一次不等式的定义	2
根据点在数轴的位置判断式子的正负	2
不等式的定义	2
求特殊不等式组	1
列一元一次不等式	1
不等式组和方程组结合的问题	1
表格或图示信息题（二元一次方程组的应用）	1

图 2　知识点维度图

3.2　学生作业完成情况的实时数据分析

经过授课环节，学生按照教师要求完成本单元的作业，通过纸笔系统进行实时数据采集、整理、分析，最后得到如图 3 的统计结果，教师可以根据课标要求，结合学情通过这个分析对教学效果进行评估。

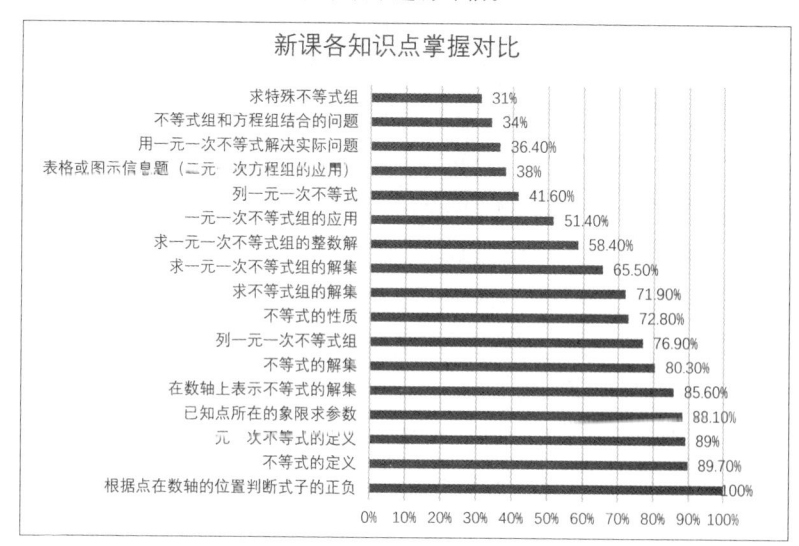

新课各知识点掌握对比

知识点	百分比
求特殊不等式组	31%
不等式组和方程组结合的问题	34%
用一元一次不等式解决实际问题	36.40%
表格或图示信息题（二元一次方程组的应用）	38%
列一元一次不等式	41.60%
一元一次不等式组的应用	51.40%
求一元一次不等式组的整数解	58.40%
求一元一次不等式组的解集	65.50%
求不等式组的解集	71.90%
不等式的性质	72.80%
列一元一次不等式组	76.90%
不等式的解集	80.30%
在数轴上表示不等式的解集	85.60%
已知点所在的象限求参数	88.10%
一元一次不等式的定义	89%
不等式的定义	89.70%
根据点在数轴的位置判断式子的正负	100%

图 3　学生第一次完成之后的数据分析图

通过以上的数据分析，我们可以发现：

(1) 年段整体正确率为65%，说明基础知识掌握较好。

(2) 存在下面几个问题：①关于"不等式（组）的定义与性质"：学生对不等式性质2、3理解没到位，影响后续解法的学习；②关于"不等式（组）的解法"：学生对性质不熟练，导致解法出现问题；③关于"不等式（组）的应用"：学生的阅读能力、建模思想以及运算能力还有待加强；④关于"含参不等式（组）"：学生刚接触到含参问题，理解能力有待提高。

3.3 基于数据的精准补救性授课

对于学生个体而言，智能平台会根据这些分析提出建议，针对不足的知识点提供补救措施，由系统智能提供关联度高的经典例题（含教师教学微课视频），这些关联度就是我们前期预设的，基于数学本质的标签作为评价维度指标的关键词来识别。

对于教师团队而言，在这个环节，平台会针对学生存在的问题提供维度相近的题目，教师团队根据实际教学情况，对例题进行再处理和再选择，一般而言，系统会按照预设要求提供选择、填空、解答等不同类型的题目。最后，主备教师根据补救性授课选择的经典例题，结合大数据分析学生暴露出来的薄弱知识点，命制具有针对性的试题，进行第二次补救性检测。

3.4 基于二次授课后的测评数据分析

补救性授课的效果评价，是通过进行第二次测评来实现的，然后通过数据来说明问题。因为基于数据分析的实时数据收集和传送，后台能够自行进行数据收集，然后对数据进行统计和分析，最后给出评价和建议，如图4所示。

在实操的过程中，这个阶段不再进行全班性授课。通过个性学习，精准辅导来完成，由平台智能推送相似题，学生自主完成相关任务。

通过数据可以发现补救性教学效果明显，体现在：(1) 正确率由65%提升至74%；(2) 知识点方面还存在的问题：①不等式（组）的应用，能够在特定题型中解决实际应用，但灵活一点的题型还需加强训练；②含参不等式（组），中等及以下学生解决含参问题仍然不够。

备注：色线框的为二次授课后，测评结果数据反而下滑的知识点，需引起关注。实际操作中我们是把这个问题提交到指导组，由专家分析后提出解决问题的方案。

3.5 基于大数据评价的校本资源库建立

新课各知识点掌握对比

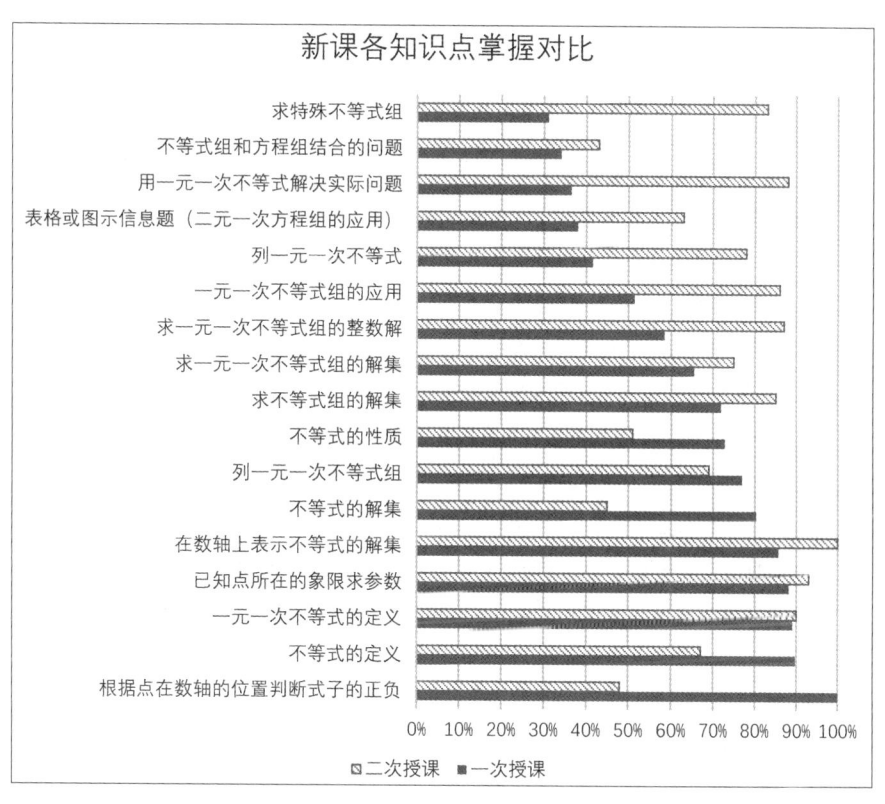

（图表内容，纵轴知识点自上而下：）
- 求特殊不等式组
- 不等式组和方程组结合的问题
- 用一元一次不等式解决实际问题
- 表格或图示信息题（二元一次方程组的应用）
- 列一元一次不等式
- 一元一次不等式组的应用
- 求一元一次不等式组的整数解
- 求一元一次不等式组的解集
- 求不等式组的解集
- 不等式的性质
- 列一元一次不等式组
- 不等式的解集
- 在数轴上表示不等式的解集
- 已知点所在的象限求参数
- 一元一次不等式的定义
- 不等式的定义
- 根据点在数轴的位置判断式子的正负

（横轴：0%—100%；图例：二次授课、一次授课）

图 4　知识点维度——二次测评后数据对比分析

针对两次的测评数据分析得到学生仍未掌握的知识点，平台进行长期保存，在中考总复习阶段平台根据三年的过程性评价记录的数据，自动推送薄弱知识点相关例题和练习，由学校骨干教师组成的教研团队，按照最初设置的评价维度指标，结合学生情况和中考命题走向等因素进行挑选，形成个性化、精准指向的校本教材，真正实现了基于初三学生学习数据统计分析的校本作业。这样的模式既能够减轻学生"题海"训练的负担，又能够让教师的教学更具针对性，这样基于大数据背景下的初中数学过程性评价的价值就凸显出来了。

4. 基于实践的反思

基于大数据背景的过程评价其主要作用在于及时、直观地反映学生在学习过程中存在的问题，以及教师教学过程中需要调整的行为。同时根据前置的评价维度指标给出精准的改进策略和措施，根据题目标签推送相似度高的经典例题（可以含有教师提前做好的微课视频），进一步推送关联度高的试题，让学生进行第二次学习后的再测。如果学生能够顺利完成目标检测，则系统默认其在该知识点已过关。对于班级而言，智能平台借由数据分析，推送具有班级个性化的精准教学案例和习题，供教师第二次授课使用。通过这样的方式，教学评价就转化为以信息技术为主导的智能系统实时数据采集、整理、分析，并提供针对性解决方案的过程性评价模式。为教师制订精准化教学和个性化辅导提供基于大数据的 AI 智能分析支持，有效促进了减负增效提质的进一步落地，同时使教学效益大幅度提升。

当然在过程评价的实践操作中，我们也发现存在的不足：

(1) 前期的试题评价维度标准的制订，虽然我们邀请了省、市级专家进行指导，实际操作中通过检验发现这些评价指标的科学性、有效性还存在不完善的地方，需要进一步调整。

(2) 通过大数据平台实时收集数据，后台对于相关信息的处理有效性，包括对师生教和学过程中存在问题提出相应整改措施的精准性还有待提升。

(3) 过程评价不仅仅限于知识点、数学思想方法、学科能力水平维度的测量与反馈，还应该包括学生学习过程中的情感投入、学习态度、价值感提升等方面的要素。

以上几点需要我们进一步思考和探索，并且力争找到突破口和平衡点，以期让大数据背景下的过程评价模式更完善。

参考文献：

[1] 中华人民共和国教育部. 义务教育数学课程标准（2022年版）[M]. 北京：北京师范大学出版社，2022.

[2] 刘兼，黄翔，马云鹏，等. 数学教育评价 [M]. 北京：高等教育出版社. 2003.

[3] 顾锋，宁连华. 于无疑处教有疑 [J]. 数学通报，2022，61（7）：35-38.

参考文献

［1］中华人民共和国中央人民政府. 教育部关于加强新时代教育科学研究工作的意见［EB/OL］.（2019-11-08）. http://www.gov.cn/xinwen/2019-11/08/content_5450027.htm.

［2］李德煌，阮秀华. 谈科研课题开题报告的撰写［J］. 福州：福建教育学院学报，2004，（01）：77-79.

［3］李冲锋. 教师如何做课题［M］. 上海：华东师范大学出版社，2013.

［4］陈桂生. 到中小学去研究教育——"教育行动研究"的尝试［M］. 上海：华东师范大学出版社，2000：15.

［5］祝庆东. 教师如何做"小课题"［M］. 上海：华东师范大学出版社，2019.

［6］徐世贵，李淑红. 做个研究型教师：微课题研究实施指南［M］. 上海：华东师范大学出版社，2019.

［7］袁玥. 教师微型课题研究指南［M］. 上海：华东师范大学出版社，2011.

［8］徐世贵，刘恒贺. 教师怎样做小课题研究：高效助力教师专业化成长［M］. 重庆：西南师范大学出版社，2011.

［9］费岭峰. 怎么做课题研究：给教师的40个教育科研建议［M］. 上海：华东师范大学出版社，2021.

［10］苏洪雨，冯伟贞，何小亚. 数学教育论文写作与案例分析［M］.

北京：科学出版社，2021.

［11］潘海燕，何晶，卢明. 教师如何撰写教育案例与论文［M］. 北京：北京师范大学出版社，2013.

［12］詹妮. 教师团队合作的影响因素研究［D］. 上海：华东师范大学，2016.

［13］李兴贵. 数学教育课题研究及论文撰写指导［M］. 上海：华东师范大学出版社，2009.

［14］韩和明. 从教育科研的维度思考：教师何以实现专业成长［J］. 郑州：河南教育（教师教育），2021，（03）：11-12.

［15］吴希胜. 如何撰写中小学教育科研课题的设计论证——兼谈教育科研《课题申请·评审书》的填写［J］. 石家庄：教育实践与研究（B），2015，（07）：5-7.

［16］吴铁梅. 课题研究、撰写研究论文对教学的丰富、鲜活作用［J］. 北京：中国电力教育，2012，（07）：94-95.

［17］王本陆. 教育科研课题的设计与申报——教育科研系列讲座之二［J］. 北京：中小学教材教学，2002，（30）：44-46.

［18］梁惠燕. 中小学教育科研的N个问题［M］. 广州：广东高等教育出版社，2014.

［19］李英子，李玉明，黄元胜. 科研课题申报表撰写存在的问题及对策研究——以延边教育学会"十四五"课题申报表为例［J］. 吉林：延边教育学院学报，2021，35（06）：206-209.

［20］李韦，董林伟. 课题研究如何选题［J］. 南京：江苏教育研究，2023，（15/16）：12-15.

［21］周鹏飞，阳成娟，朱远平. 厘清问题：课题申报论证的底层逻辑［J］. 成都：教育科学论坛，2023，（01）：33-35.

［22］王方全，李宇青，曹艳. 基于问题选择课题：一线教师课题研究的现实路径［J］. 杭州：教学月刊小学版（综合），2023，（Z2）：13-15.

［23］郜建辉. 中小学教育科研选题的方法思考［J］. 郑州：河南教育（教师教育），2021，（03）：19-20.

[24] 郜建辉. 从问题到课题：教师教育科研能力提升路径［J］. 杭州：教学月刊中学版（教学管理），2022，（10）：43-47.

[25] 张祥兰. 找准科研选题：走好课题研究第一步［J］. 北京：中小学管理，2022，（07）：40-43.

[26] 费岭峰，陈微. 教师教育科研选题的困境及其突破要点——以我区小学数学教师申报的课题为例［J］. 南昌：小学教学研究，2022，（04）：8-9＋21.

[27] 严星林. 教师如何做研究：以表述课题研究为例［J］. 北京：中国教师，2016，（12）：70-74.

[28] 韩映雄，马迁. 如何选题和陈述研究目标［J］. 上海：出版与印刷，2017，（02）.

[29] 王倩. 我国基础教育研究课题立项的基本状况与发展愿景——基于2001—2020年全国教育科学规划项目的定量分析［J］. 太原：教育理论与实践，2022，42（23）：3-8.

[30] 王真东，杨贤科，尧逢品. 中小学教育科研课题成果的不足与展望［J］. 上海：上海教育科研，2021，（02）：23-28.

[31] 薛法根. 从课堂中来 到课堂中去——课题研究与课堂教学的统整性实践［J］. 南京：江苏教育研究，2023，（15/16）：8-11.

[32] 刘敏岚. 中小学教师开展教育科研的现状与策略［J］. 哈尔滨：教育探索，2003，（09）：93-95.

[33] 解腊梅. 中小学教师怎样进行课题研究（一）［J］. 太原：教育理论与实践，2008，（02）：40-42.

[34] 余闻婧. 研究问题的表达之道——基于417份中小学教师课题申请书的分析［J］. 上海：教育发展研究，2021，41（04）：17-24.

[35] 钟小燕. 提高小学教师课题研究质量的策略探索［J］. 合肥：科教文汇，2022，（11）：106-109.

[36] 王海霞. 课题研究选题的5个建议［J］. 西安：中学生物教学，2023，（02）：1.

[37] 杨艳颖，张春茹. 一体化研训模式下提升教师课题研究能力的有效

策略［J］. 沈阳：辽宁教育，2022，(16)：37-41.

［38］翟运胜. 一线教师如何选定课题［J］. 南京：江苏教育，2022，(86)：34-36.

［39］邱奇智，李会燕，董艳. 关于幼儿园课题申报的典型问题与指导建议——基于113个立项在研课题申请书的内容分析［J］. 杭州：幼儿教育，2023，(18)：42-45＋50.

［40］周莉，肖俊宇. 一线教师这样做课题研究［J］. 南昌：小学教学研究，2022，(36)：5-7.

［41］蔡建华. 一线教师课题申报常见问题分析与矫正［J］. 南京：江苏教育研究，2023，(08)：67-70.

［42］唐殿华. 如何撰写科研课题研究方案［J］. 哈尔滨：教书育人，2021，(26)：41-43.

［43］陆军. 教研课题设计的基本原则［J］. 哈尔滨：中学化学，2021，(12)：4-6.

［44］张卫星. 课题研究框架图的逻辑结构类型及内涵［J］. 南昌：江西教育，2022，(15)：8-11.

［45］李哉平. 教师课题研究技术线路探索［J］. 上海：基础教育，2010，7(05)：47-51＋46.

［46］徐万山. 课题开题报告的格式与撰写［J］. 郑州：河南教育（基教版），2015，(04)：37-38.

［47］张荣. 课题中期检查报告的存在问题及改进建议——基于S市G区省、市规划课题中期检查的样本［J］. 南京：江苏教育，2021，(48)：29-32.

［48］林成生. 教育科研课题开题报告的撰写方法［J］. 吉林：青年教师，2011，(12)：60-62.

［49］张东兴. 瞻前顾后　有效推进　且行且思——课题研究中期报告的几点思考［J］. 太原：小学教学设计，2018，(22)：18-20.

［50］冯卫东. 好课题是"做"出来的——谈规划课题的实施［J］. 福州：福建教育，2016，(24)：31-33.

［51］王涛斌. 中小学课题研究成果的整体建构与逻辑表达［J］. 成都：

教育科学论坛，2022，(25)：36-41.

[52] 赵连顺. 中小学课题研究成果的总结与提炼 [J]. 成都：教育科学论坛，2023，(22)：39-41.

[53] 张志贤. 漫谈选立课题 科研方法 撰写论文（上）——兼述其对试验方法标准的促进 [J]. 北京：化工标准化与质量监督，1999，(06)：30-33.

[54] 叶文生. 中小学教科研课题相关论文的撰写 [J]. 长春：中小学教师培训，2004，(07)：31-32.

[55] 周振芳. 课题研究论文写作的思维要求 [J]. 南昌：江西教育，2022，(35)：9-13.

[56] 李俊. 从问题到课题：如何进行文献分析——中小学教师科研能力提升的培养路径 [J]. 杭州：教学月刊中学版（教学管理），2015，(05)：35 36.

[57] 杨帅，刘晓玫，刘杰. 课题研究引领骨干教师深度培育实证分析 [J]. 天津：天津市教科院学报，2022，34（05）：12-19＋34.

[58] 俞静. 教科研训一体化实践：课题研究的新路径 [J]. 南昌：小学教学研究，2022，(36)：11-12＋21.

[59] 黄文敏. "核心素养视野下初中数学综合与实践教学策略研究"结题报告 [J]. 西安：中学数学教学参考，2023，(08)：53-56.

[60] 冯永熙. 如何做好课题研究及撰写结题报告 [J]. 上海：基础教育，2003，(07)：15-17.

[61] 赖一郎. 中小学教师论文写作指南 [M]. 福州：福建教育出版社，2013.

[62] 袁健. "概念图在初中数学课堂教学中应用的策略研究"结题报告 [J]. 西安：中学数学教学参考，2021，(26)：69-72.

[63] 刘燕清. 以读导写，以写促读——"初中语文读写结合有效策略的研究"课题结题报告 [J]. 太原：语文教学通讯，2013，(04)：16-18.

[64] 段振富，郭晓灵. 大数据背景下基于过程性评价的初中数学教学实践 [J]. 南京：数学之友，2023，37（02）：22-25.

[65] 马耀新，何叶丹. 基于数据分析测验结果的初中数学教学实践 [J]. 南京：数学之友，2023，37（14）：14-16.

致　　谢

本书能够面世，要感谢很多人。

首先，要感谢张文质先生，2017年的夏天，我报名参加了张老师举办的"全国教师写作高级研修班"第一期的课程，当时主要是被他"指导全国100名教师，出版100本书"的梦想所吸引。从那时起，我心中就播下了一颗写一本书的种子。日常的教学生活充实而繁忙，写书的事情也就一拖再拖，张老师见我一直都没动静，于2022年4月的一个下午，在福州温泉公园的大众茶馆与我进行谈心，语重心长地对我进行鼓励、鞭策，给我启发。那一幕场景我至今仍然记忆犹新，感谢张老师的启迪与帮助。

其次，要感谢福建教育出版社的林春森老师，偶然的相遇，让我见识到了林老师身上的豪情、侠气，林老师在出版专著方面给了我很大的启发。林老师退休后，编辑工作由梁怡婷老师负责。在跟梁、林老师的多次沟通中，我对编辑这个行业有了新的认识：一本书得以正式出版，从某种程度上来讲，作者功劳占一半，另外一半该属于编辑。至少于我而言是这样子的，更准确地说，对于我的第一本书而言就是这样子的。

同时，还要特别感谢福州市教育局电教馆的潘国添先生，这本书的缘起是向潘老师请教课题研究方面的一些困惑。他在指导课题方面有非常丰富的经验，在跟潘老师沟通的时候得到启发，是他给我明确的建议：写一本关于一线教师如何做课题研究方面的书，以案例的修改过程为基础，用部分理论来支撑和阐述，这本书的框架就是在那个时候，在他的指导下建构的。

再次，要感谢一起工作的同事和领导，是你们给予我工作上的指导和关心。我于2021年秋季到福州教育研究院挂职，除了负责初中数学教研工作，还负责科研处课题管理方面的工作。在管理课题的过程中，经常遇到老师就课题研究的问题来咨询，时间久了，我发现一线教师在课题研究方面存在的问题背后都有共同的特点，而这共同的特点恰好又是课题研究的关键环节或关键点。所以，我就从近几年日常课题管理工作中，特别是从指导部分教师多次修改课题申请评审书、开题报告、中期检查表、结题鉴定书、成果公报、课题论文等过程积累的案例中，提炼一线教师在课题研究过程中存在的代表性问题，以及改进这些问题的策略和方法。把它们集中起来形成体系，就成为了本书的主要内容。

我也有一些偷懒的念头：如果再有人来咨询要如何做课题研究，我就可以说：关于课题研究的许多环节和常见问题，请直接去看这本书。

另外，我还要感谢提供案例的伙伴，福州第二十五中学何叶丹老师、福州则徐中学邱柠老师、福州高新区第二中心小学陈新霞老师、福州格致中学鼓山校区林茜老师、福州第十六中学张嬿老师、福建师范大学附属中学郑志雄老师。在做课题过程中我们针对某些问题，进行多次沟通和修改，才有了大家书中看到的那些经典案例。感谢所有伙伴对本书的支持，也感谢这些小伙伴多年来对我工作的支持。

最后，要感谢我的家人，爱人刘晓艳、女儿段思羽。刘晓艳女士是本书的第一位读者，她总是很认真地帮忙指出书中存在的问题。同时，撰写此书的过程，女儿正读高二，在同一张书桌前我们相互鼓励，共同学习和写作。感谢女儿陪我度过了一段非常开心、难忘而又充实的时光。

当然书中引用了许多前辈的观点和研究成果，恕不能一一致谢。同时，由于自身水平和精力有限，时间紧迫，本书还存在不足，欢迎大家批评指正，同时也欢迎对教师教科研感兴趣的老师一起交流，我的电子邮箱：408161940@qq.com.

段振富　于福建福州三坊七巷
二〇二三年十一月二十三日